U0920389

2017年度浙江省社科联省级社会科学学术著作出版资金资助出版（编号：2017CBZ10）

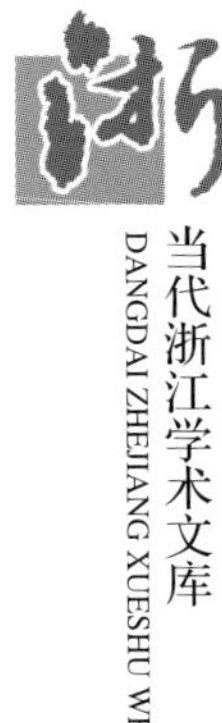

当代浙江学术文库

DANGDAI ZHEJIANG XUESHU WENKU

政府绩效问责的制度逻辑

王柳 著

中国社会科学出版社

图书在版编目（CIP）数据

政府绩效问责的制度逻辑／王柳著．—北京：中国社会科学出版社，2017.4（2018.6 重印）

（当代浙江学术文库）

ISBN 978－7－5203－0304－0

Ⅰ.①政… Ⅱ.①王… Ⅲ.①国家行政机关—行政管理—责任制—研究—中国 Ⅳ.①D630.1

中国版本图书馆 CIP 数据核字(2017)第 099078 号

出 版 人 赵剑英
责任编辑 田 文
责任校对 张爱华
责任印制 王 超

出 版 中国社会科学出版社
社 址 北京鼓楼西大街甲 158 号
邮 编 100720
网 址 http://www.csspw.cn
发 行 部 010－84083685
门 市 部 010－84029450
经 销 新华书店及其他书店

印 刷 北京君升印刷有限公司
装 订 廊坊市广阳区广增装订厂
版 次 2017 年 4 月第 1 版
印 次 2018 年 6 月第 2 次印刷

开 本 710×1000 1/16
印 张 14
插 页 2
字 数 299 千字
定 价 59.00 元

凡购买中国社会科学出版社图书，如有质量问题请与本社营销中心联系调换
电话：010－84083683
版权所有 侵权必究

序

王柳教授的专著《政府绩效问责的制度逻辑》即将出版，这本书是她多年从事绩效问责研究的成果，凝聚着她的智慧与辛劳，我不仅为之感到欣慰，也感到一种成就感。王柳是我的硕士研究生与博士研究生，从2004年开始攻读硕士学位，学位论文就是绩效管理研究，期间她参与了我主持的国家社科基金项目“责任政府与行政问责制研究”，开始涉及问责制研究。后来继续在职攻读博士学位，研究问题从绩效管理发展到绩效问责。因此，王柳完成这部专著的学术积累前后应有十多年，可谓十年磨一剑。

王柳教授是我的学术团队的重要成员。近十年来，我们团队除了完成国家社科基金项目“责任政府与行政问责制研究”，还完成了两项国家社科基金重大项目，研究的议题可抽象为“权力法治”，主要研究两个重大理论问题，一是如何让公共权力成为保障公民权益的公器，二是如何防止公共权力被滥用而侵犯公民的权益。王柳研究的绩效问责正是我们团队构建的权力法治理论体系中的重要组织部分。

问责制的推行是当代中国政治生活中的一个重要现象，然而，表现为事故（事件）追责的官员问责越来越呈现出固有的局限，产生制度虚置的困境，官员问责的现象越来越多，但并没有显著提升政府的绩效。在这样的背景下，本书提出要对政府绩效进行问责，让政府及其部门就不良绩效问题承担相应的责任。研究基于“信息披露—审议讨论—结果承担”的问责分析框架，以问责效用的三个维度（权力控制、民主价值和绩效持续改进）为分析视角，研究绩效评估服务公共行政责任的过程及动因，分析两者互动的逻辑，并从理论上提炼绩效问责的制度类型及其结构功能。

王柳教授的研究发现，问责承载着实现权力控制、民主价值和绩效持续提升的期待，三者之间相互交织，任何一个问责制度都位于这三个向度所构筑的问责制“立方”的立体坐标轴之上，都不同程度地发挥这些功能，只是在各个向度上有不同的赋值。绩效问责就是位于这个问责制“立方”之中的一种问责方式，在不同的公共行政发展时期，经历了科学管理范式下的合规性控制向分权治理背景下结果问责的演变，并因治理环境的快速变迁和治理结构的多元开放，呈现出向参与导向绩效问责的发展趋势。在这个过程中，绩效评估发展出目标导向和参与导向的两种路径，而相应的绩效问责也不同程度地服务等级控制、绩效改进和民主回应。因此，绩效问责是一个包含着不同问责体系的制度群，治理环境、公共行政责任属性与绩效评估方法之间的互动决定了制度的特性和功能，而国家和社会关系的变化所导致的权威的转移则是绩效问责制度演进的本质动因。

基于近距离观察与案例研究是我们学术团队重要的研究方法，王柳教授在绩效问责研究过程中对杭州综合考评进行了深入地观察与分析。杭州综合考评是中国地方政府绩效评估实践的典范，它经历了由传统的目标责任制考核向多元的现代评估方法、由单一封闭的政府组织内部考核模式向开放的现代绩效管理体系转变的发展过程。我有幸从 2000 年开始参与杭州综合考评的相关制度建设，也深度观察了绩效评估在地方的生动实践。研究表明，杭州多年的绩效管理探索萌发着绩效问责的实践，近年来，传统惩戒性质的结果控制式问责逐渐隐退，表现为绩效整改的积极问责开始出现。

王柳教授对绩效问责的研究在一定意义上开启一个新的研究领域，与我的另一位博士生谷志军（深圳大学副教授）开展的决策问责研究形成了分工互补的理论创新，扩展并深化细化了问责制研究的研究视野，具有重要的理论价值。

陈国权

浙江大学公共管理学院教授、博士生导师

浙江大学中国地方政府创新研究中心主任

目　　录

第一章
绪　论

第一节　研究背景与研究意义

一　事故（事件）问责的局限

问责是当代中国政治生活中的一个重要现象，表现出组织处理、行政处分、党纪政纪处分或者司法处理等多种形式。2009 年 7 月 13 日中办国办印发《关于实行党政领导干部问责的暂行规定》，标志着我国在制度层面上努力完善责任追究、纪律追究、法律追究三大机制。2016 年 7 月，中共中央印发《中国共产党问责条例》，使问责制从“暂行规定”上升到了“条例”的权威高度，并抓住党员领导干部这个关键少数，使权责对等原则得到了党内法规的严格规范。问责已经成为从严治党、整肃吏治的常态机制，建设符合中国国情的问责体系，进一步强化对权力的制约监督，已经成为我国政治体制改革的重要议题。

对重大责任事故和产生严重影响的群体性事件的事后责任追究是我国官员问责的主要表现方式。[①] 重大事故（事件）因损失巨大，影响恶劣，社会关注度高，通常由上级主动启动问责并主导整个过程，自上而下高效率地实施对下级的问责。然而，事故（事件）结果的单一性与事件原因的复杂性之间存在矛盾，责任的归因和认定科学性不足；回应民意的即时性与制度化问责的程序性之间存在张力，汹涌的舆情对追责形成倒逼之势，问责过程存在牺牲程序、逾越程序的可能，并进一步强化上级党政机关在问责中的主导地位；惩戒性质的问责以高强度的回应姿态，强化事后

---

① 《关于实行党政领导干部问责的暂行规定》第五条规定七种问责情形，其中有四条明确与重大事故（事件）或群体性事件相关，而且七种情形基本上都附加了诸如“造成重大损失或恶劣影响”等法定处罚情节。

的责任追究和人员处分，而忽视基于问题反思的制度优化和职责改进。有人认为，在分权的威权体制（regionally decentralized authoritarianism）下，这样的问责构成了中央政府为降低执政的社会风险而设置的激励结构，具有维系政权合法性和稳定性的功能（周杰，2013）。它以非制度化人事控制的形式服务于中央对地方的控制，对维护党和国家统一、完成超大社会的治理具有重大意义，因此，受路径依赖影响，缺乏行政问责制度化的动力（魏云，2011）。

然而，不可否认的是，当代中国政治产生了越来越多地与问责相关的现象，却也引发对政府责任越来越多的争议和遗憾：虚置的问责，实质的复出；官员问责的现象越来越多，但失责行为依然出现。问责法治缺失、问责主体单一、问责客体模糊、问责范围不明、问责程序不完善等诸多问责制问题不同程度地呈现在事故（事件）问责的过程中，并因事故（事件）问责的性质而进一步并放大。换言之，关于问责的规章制度和手段机制越来越多，但叠床架屋的问责制度并没有必然地带来负责任的政府，这是个显而易见的问责困境。

二 治庸治懒的紧迫性

在2015年的全国两会上，政府工作报告首次提及治理庸官懒政问题，强调要对为官不为、懒政怠政公开曝光，坚决追究责任。此后，李克强总理在不同场合反复强调治理庸政懒政的态度和决心。由此表明，治庸治懒将走向常态化。懒政庸政怠政是对“勤政、务实、清廉、高效”的服务型政府目标的偏离，不仅阻碍改革的进一步深化，影响改革的效率，而且也会降低政府的公信力。党的十八届三中全会将完善和发展中国特色社会主义制度、推进国家治理体系和治理能力现代化，确立为全面深化改革的总目标。总书记强调，必须适应国家现代化总进程，提高党科学执政、民主执政、依法执政水平，提高国家机构履职能力，提高人民群众依法管理国家事务、经济社会文化事务、自身事务的能力，实现党、国家、社会各项事务治理制度化、规范化、程序化，不断提高运用中国特色社会主义制度有效治理国家的能力，国家治理体系和治理能力是一个国家的制度和制度执行能力的集中体现。要实现国家治理体系与治理能力的现代化，必须治理庸官懒政，治庸治懒意义重大，急不可待。懒政表现为怠于完成既定的职责和任务，未完成该完成的任务以及当为不为，导致行政效率低下。因此，懒政就是绩效不佳的根源，绩效不佳是怠政的结果。然而，当前行政问责对这种无为或者不积极作为的责任认定和追究是不充分的，仅仅区分责任有没有落实，而没有区分责任有没有很好地落实，过于强调有错问责，而忽视无为问责。然而，如果依旧以惩戒错误的视角对绩效不佳的责任予以追责，则可能激发干部的保守行为，从而影响改革创新的积极性和活力。这也是李克强总理在2016年3月5日政府工作报告中提到的“健全激励机制和容错纠错机制，给改革创新者撑腰鼓劲，让广大干部愿干事、敢干事、能干成事”的重要背景。总之，治庸治懒迫在眉睫，然而治理方式需要进一步探索。

三　政府绩效问责研究的意义

责任与绩效是政府管理的双重追求。近年来，党中央、国务院高度重视政府绩效评估和行政问责制，把开展绩效评估、推进行政问责作为加强政府自身建设、推进政府管理创新的重要途径。党的十七大报告指出，要抓紧制订行政管理体制改革总体方案，形成权责一致、分工合理、决策科学、执行顺畅、监督有力的行政管理体制，要健全政府职责体系，这为新时期我国行政体制改革明确了方向。2007年2月，国务院召开深化行政管理体制改革联席会议，提出行政管理体制改革的五项基本任务：转变政府职能、推进依法行政、推进行政审批制度改革、开展政府绩效评估、推进行政问责制。党的十八大报告指出，要创新行政管理方式，提高政府公信力、执行力，推进政府绩效管理。党的十八届三中全会明确提出，严格绩效管理，突出责任落实，确保权责一致。这是以绩效管理推动责任政府建设的现实要求。

制度服务于其目标不是靠其单独地得到遵守，而靠其形成相互支持的规则群（柯武刚、史漫飞，2003：162）。问责制和绩效评估作为行政管理体制改革的重要内容，不应该孤立存在，而应相互联系，不是单独产生作用，而是要与其他改革措施相互作用、相互配合。在中国，绩效评估不仅以其技术性而具备科学理性，还有政治理性和社会理性，承载了提高政府治理能力、寻求变革的重任，具有推进责任政府建设的战略价值和发展空间。绩效评估对责任政府建设的意义及其蕴含的问责理念已是较为普遍的共识。

那么，作为问责工具的绩效评估反映了怎样的问责理念？发挥了怎样的问责功能？具有怎样的制度特征？适用空间和条件又是什么？探索一条通过绩效评估提高政府责任性的绩效问责道路具有重要的理论和现实意义。

第一，深化问责制分类研究。问责制是一个包含了多种价值取向和多元类型的复合制度群，不同类型的问责效果，需要不同的问责机制予以实现，而不同的问责机制有其特定的适用范围，不能相互替代，更不能期望用一个问责机制实现所有的问责目标。当前中国问责制研究过于笼统和泛化，未对具体的问责机制做类型分析，本研究从非财政的、结果导向的绩效问责角度，尝试问责的分类研究。

第二，推进绩效评估价值理性的探索。政府绩效管理是政治理性与技术理性的统一体，但目前我国学术界在该领域的研究存在明显的重技术理性而轻政治理性的倾向（陈天祥，2011）。本研究基于问责的政治性，对绩效评估和民主治理的关系进行理论的回应和推进。

第三，化解当前行政问责的弊端。推动突发事件后撞击式反应的和媒体舆论倒逼的问责模式，发展为基于政府管理绩效的常态化、制度化的问责模式，真正建立以行政管理过程及结果为中心的责任追究制度，完善政府及干部的激励约束机制，并为当前“为官不为”的庸政懒政问题提供有效的治理手段。

第二节　核心概念界定

一　问责（accountability）

进入大众视野的问责话题始于 2003 年“非典”时期的高官问责，问责首先是一个实践性的概念，表现为组织处理、行政处分、党纪政纪处分或者司法处理等形式。责任追究的具体方式有多种表现，可单独使用，也可合并使用，彼此的边界也不清晰，尤其是除司法处理之外的其他几种形式，诸如停职、辞职、免职、降职等具体问责方式都会出现在各种问责规定中。[①] 而且，这些与干部人事制度密切关联的问责现象，多基于行为结果，呈现个案化、个性化的特点，制度的整体推动比较缓慢。

问责研究的兴起具有明显的现实指向，是对特定实践问题的反思（谷志军、王柳，2013）。在理论研究上，对问责的界定没有形成一个统一的概念，仅“行政问责”这个概念，就有“高官问责”“官员问责”“政府问责”“领导干部问责”等多种表述。而且，在问责的内涵界定上，主要围绕“问责客体、问责主体、问责内容、问责方式”等要素展开。然而，这些要素只是提供了一个静态的描述，一方面，无法显示问责的过程和机理，这是问责研究亟须突破的重要方面；另一方面，这种罗列的方式容易因列举不完整而导致概念的碎片化。因此，当国内理论界对“问责指的就是对权力行使中的不当和失责行为进行责任追究”这样的判断已经达成共识的情况下，却缺少一个指向明确的分析性的问责概念框架。

国外问责制研究也面临着因概念不明确而导致的研究可积累性、可通约性不强的问题（Schillemans & Bovens，2011：3）。研究者发现对不同的人群，问责可以有不同的含义（Behn，2001：3—6；Dubnick，2005），有一些学者很松散地使用问责概念，而一些则给出了更为狭隘的定义。不连贯的问责研究对话的结果就是使问责成为一个过度扩展的概念，代表一个一般意义上的术语，表示让行使权力的机构负责的机制（Mulgan，2000a）。[②] 因此，本研究的起点是构建一个可分析的问责概念框架。

在关于问责的认知中，Bovens（2005：183—189）提供了一个清晰的分类框架。他区分了作为符号（an icon）的问责、作为制度安排（an institutional arrangement）的问责、作为承担过错责任（a scheme for bla-

---

① 《中国共产党问责条例》规定，对党的领导干部的问责方式包括：通报、诫勉、组织调整或者组织处理、法律处分，其中，组织调整或者组织处理包括停职检查、调整职务、责令辞职、降职、免职等。《关于实行党政领导干部问责的暂行规定》规定，对党政领导干部实行问责的方式分为：责令公开道歉、停职检查、引咎辞职、责令辞职、免职。《中国共产党纪律处分条例》规定，对党员的纪律处分有五种：警告、严重警告、撤销党内职务、留党察看、开除党籍。《中华人民共和国公务员法》和《中华人民共和国行政监察法》规定，行政处分有六种：警告、记过、记大过、降级、撤职、开除。违反《干部任用条例》《组织人事干部行为若干准则》等有关规定的组织处理主要有批评教育、通报批评、调离、降职、责令辞职、免职等形式。

② 国外问责研究详见下文的文献综述。

ming）的问责。

作为符号的问责是概念过度扩展的结果，指的是问责在现代政治叙事中承载了公正和公平治理的强烈承诺，成为了一种修辞的工具，一些定义松散的政治活动所欲之物的同义词，如透明、平等、民主、效率和正直，由此也导致问责这个概念对分析问题很少有帮助。于是，学者呼吁要拯救（salvation）问责概念（Dubnick，2002），要从修辞意义上的分析转向更加描述性的分析（Bovens，2005：183—184）。因此，问责不能仅仅是一个政治口号，而是指给予报告（account-giving）的制度化实践，这就是作为制度安排的问责的第二个角度。问责被界定为一种社会关系，其中行动主体感到有义务向一些重要的行动主体解释他（她）的行为，并证实他（她）的行为的合法性。此外，在现代公共管理中，问责是一个当出现不好的状况时实施责备的重要机制，这就是作为承担过错责任的问责，负有责任意味着必须接受责备。事实上，作为承担过错责任的问责可以视为第二种问责角度中的最后一个环节，即，行动主体承担相应的后果，只不过作为承担过错责任的问责主要聚焦于负面性的后果承担方式。

本书借鉴 Bovens（2005：183—189）区别的第二类问责研究视角，即，将问责理解为一种发生在行动主体与讨论、判定其过去行为及责任的审议场所（forum）之间的制度化的社会关系或者机制。所谓问责，就是一种给予报告（account-giving）的制度化机制（图 1.1）。一方是需要提供信息或者解释的行动主体，即问责对象，可以是个体，如，官员、公务人员，也可以是组织，如，政府部门；另一方是接受这些信息，并作出责任判断的审议场所（forum），即问责主体，可以是一个具体的人，如，上级、记者，也可以是组织，如，议会、法院，或者审计办公室，甚至可以指虚拟的实体，如大众（Bovens，2007）。

呈现行为信息的行动主体和审议场所之间的互动关系以正式的授权关系为前提，审议场所有正式的权威，拥有获取信息的权利、实施判断的义务和对不满意行为施以制裁的可能性，而且行动主体也感到有义务必须向审议场所提供行为及其绩效的信息。这个正式关系的特征区分了政府与其他主体之间的各种信息沟通行为（Schillemans，2008）。

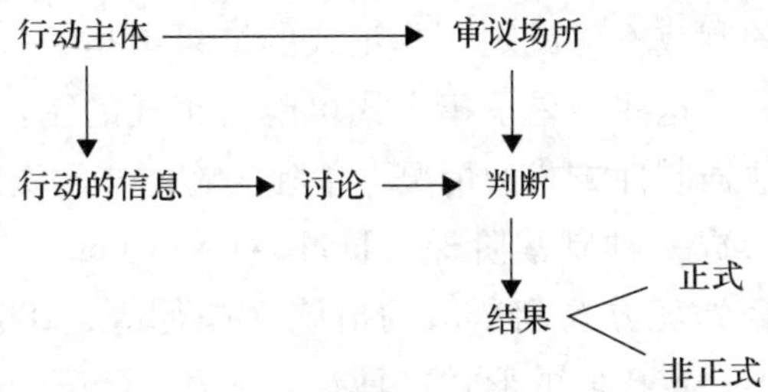

图1.1 作为一种社会关系的问责模型

资料来源：Bovens（2007）.

因此，问责蕴含着一种基本的理念，即，问责与公开、透明相关，与公共组织外部的主体辨别、质疑公共组织行为的可能性相关。行动主体与审议场所的关系及给予信息的过程至少包含三个要素或阶段（Bovens，2007）：

一是信息阶段（inform），行动主体向审议场所报告其行为，并提供各种大量的数据，包括行为结果、财政指标或者程序问题。①

二是讨论阶段（debate），审议场所质疑行动主体所提供信息的充足性或者行为的合法性，行动主体则回应这些质疑，并予以辩解，提供行为正当性的理由。讨论阶段可以采取多种形式，从正式的年度工作评估或者议会辩论，到一个简单的对话；讨论在强度上也有很多变化，可以只涉及行为细节，也可以围绕政策制定的原则；可以进行单边对话，几乎不给问责双方就任务是否完成及是否进步表达观点的机会，也可以允许责任双方分享观点，开展充分的交流（Brandsma & Schillemans，2013）。

三是结果承担阶段（judge and consequences），审议场所对行动主体的行为给出最后的判断，并让行动主体承担相应的后果。行动主体承担问责后果的方式有正式和非正式之分，也有积极和消极之别，尽管消极的惩戒更普遍。正式的方式包括否决或修订政策、收紧规制、罚款、解除管理职责，甚至对组织的终止。从法律和制度设计的角度看，审议主体必须拥

① Behn（2001：6—10）认为，传统的问责概念包含着对正式规则和程序的遵从，体现政府的财政责任（accountability for finances）和公平责任（accountability for fairness），反映政府完成任务的方式，然而，需要进一步发展绩效责任（accountability for performance），反映政府完成任务的实际成效。这里采用他确立的对政府责任的三维区分。

有充分的调查权和制裁权以实现控制的目标，尤其在委托代理关系的视角下，这种强制性的制裁不可或缺。非正式的结果承担方式包括公开道歉、蒙羞、公开揭短等，这些结果承担方式可能与正式的制裁方式相伴而行，也可能在缺少其他强制性方式的情况下单独实施。在问责的制裁阶段所采取的行为方式会形成一种制裁阶梯（ladder-of-sanction）的方式，从低调的或非正式的从轻处理方式到严厉的措施（胡德等，2009：56）。但是，严厉的制裁方式不一定比弱的形式更具有影响力。严厉的制裁可能产生预期外的负面影响，比如激发行为主体防御性的反应，而相对弱的制裁方式有时也会给组织带来巨大的影响，如声誉的破坏和职业生涯的损害。而且，非正式制裁和正式制裁之间有信息交流渠道，公开可以为正式制裁提供"火警式"的监管信息，并激活严厉的制裁。因此，非正式制裁方式的意义在于结果的公开，无论是面向委托代理等级链上端的公开，还是面向大众的公开。在 Bovens（2007）看来，制裁行为也不一定由审议场所直接实施，如，审计部门能够发现权力运行中涉及违法的问题，但却没有实施法律制裁的正式权威。①

三阶段的问责概念主要是一个启发式的框架，帮助研究者分析真实世界中凌乱的问责现状（Brandsma & Schillemans，2013）。事实上，真实世界的问责会偏离这个简洁而有序的模型，三个阶段的界限不是这么明显，可能会同时发生，或以逆序的方式出现，或者跳过其中一个阶段。比如，在等级问责中，有两个对问责很关键的要素：上级了解下级行为的程度（信息阶段），以及上级对下级提供的激励约束（结果承担阶段），而讨论阶段通常不显著，因为"最终是上级的偏好才有决定意义"（Brandsma & Schillemans，2013）。通常我们在描述问责实践时必须回答问责的现象是否存在，然而，"问责"这个概念却缺少这么一个二元核心的定义特征（a core of binary "defining characteristics"）来判断这个是与否的问题，它是一个持续变量，在不同程度都能看到问责的现象（Schedler，1999：17）。信息、讨论和结果承担这三个问责阶段在现实政治生活中都是存在的，只是三个阶段有变化的组合和重点，因此，即使缺少其中的一个或两个阶段，我们仍旧可以合法地判定问责行为。问责不是一个一般传统意义上（classical）的概念，呈现出永恒

① 《关于实行党政领导干部问责的暂行规定》中对问责建议机关和问责决定机关的区分，指的就是这种情况。

不变的基础特征从而构成它的概念核心，相反，必须把它视为一个发散性（radial）的概念，它的类型不共享一个普遍的核心，甚至反而会缺少一个或更多的要素，但却能刻画出最具有代表性的原始类型（Schedler，1999：17）。

本书之所以从结构化的视角定义问责，是因为它有助于更好地分析真实世界中的问责现象及存在的问题：

第一，概念的包容性。

作为一种社会关系或者社会机制的问责概念与以往我们比较熟悉的问责有一定的区别，但是，它可以将曾经讨论的诸多问责形态囊括其中，可以为不同的问责现象提供一个统一的评价和分析尺度。根据图 1.1 所示的问责模型，围绕着一些基本的问题，我们可以清晰地描绘问责的概念集（图 1.2），即，行动主体向谁提供信息？报告什么内容？以及为什么行动主体觉得必须要报告？由此产生了多种类型的具体问责类型（Bovens，2007）。这些问责类型基本涵盖了现实政治生活中的问责现象。①

基于审议场所（forum）的性质	基于行动主体（actor）的性质
● 政治问责 ● 法律问责 ● 行政问责 ● 专业问责 ● 社会问责	● 共同问责 ● 等级问责 ● 集体问责 ● 个人问责
基于行为（conduct）的性质	基于义务（obligation）的性质
● 财政问责 ● 程序问责 ● 结果问责	● 垂直问责 ● 斜线问责 ● 水平问责

图 1.2 问责的类型

资料来源：Bovens（2007）.

① 这里对基于义务性质而区分的三种问责做一简单说明，尤其是斜线问责。垂直问责包括行政部门对部门负责人或议会的责任关系、基于委托代理关系的政治问责、基于法律和规则的法律问责，以及基于各种规则委员会的专业问责。此外，在行政问责中，对公共组织而言，大多数的巡视员、审计官、监察员、监督机构，没有形成直接的等级关系，也没有权力来施以强制性的顺从。但是这些人员和机构向部门负责人或议会报告，从而获得了非正式的权力。这种非直接的、分两个阶段的问责关系称之为斜线问责——等级关系影子下的问责。而非正式的义务形成的问责包括社会问责等。参见 M. Bovens，Analyzing and Assessing Accountability：A Conceptual Framework［J］. European Law Journal，2007，13（4）：447—468。

第二，概念的抽象性。

现实中的问责是一个复杂的制度群，任何一个接受问责的行为主体都将面临“多眼的问题”（the problem of many eyes）（Bovens，2005：186），需要向各种不同的主体、根据不同的责任期待提供各种性质的信息，并接受不同标准的责任审查和判断。而且，不同的官员在很多方面对政府的决策和政策作出了贡献，很难判断谁应该对结果负责。那么，谁应该是报告者和责任承担者？这多手的问题（the problem of many hands）（Bovens，2005：189）也不容忽视。因此，分析一种问责类型或者问责方式，都会面临着如何处理与其他问责方式的相互关系的问题，即问责体系的结构化问题（Yang，2011）。而作为一种社会关系的问责模型是对具体问责方式的抽象，它剥离了具体问责类型的静态要素，如问责主体、客体、对象、内容，而从动态的角度抽象出了各种问责类型的程序性要素。因此，本研究试图将问责的制度集作为一个整体来探索，考察各种问责方式都要面对的共性问题，如问责主体与责任承担主体之间的关系、用什么方式影响责任承担主体的行为，以及如何实现问责的既定目标等。

第三，概念的可分析性。

用三个阶段对问责做理论抽象，可以以一致的方式定位问责的强度，反映问责不足的具体问题，从而得以分析凌乱的、复杂的和交叠的问责过程。通过这个三阶段的问责框架，我们可以研究问责不足是某个阶段的问题？如，信息不完整？没有充分的讨论？无力让问责对象承担行为后果？还是某几个阶段的问题？从而避免从一般意义上讨论问责存在的问题，形成泛泛而谈的制度优化建议。例如，在等级问责中，因为委托代理关系中的信息不对称，上级掌握的下属机构的行为信息往往是不完整的，上下级之间也没有高强度的辩论过程，但是责任追究的结果处理很清晰，上级能够强制性地纠正下级的行为而无须真正地知道他们的行为。换言之，问责不足可以指向各种情况。基于三阶段问责框架进行问责分析，有助于真正发现问题，推动问责制的完善。比如，Brandsma & Schillemans（2013）根据问责三阶段模型构建了一个问责立方体（图 1.3），然后以执行欧盟政策的委员会 Comitology 为例，对荷兰和丹麦这两个欧盟参与国的 Comitology 委员会实施的问责情况作了定量的评估和测量。

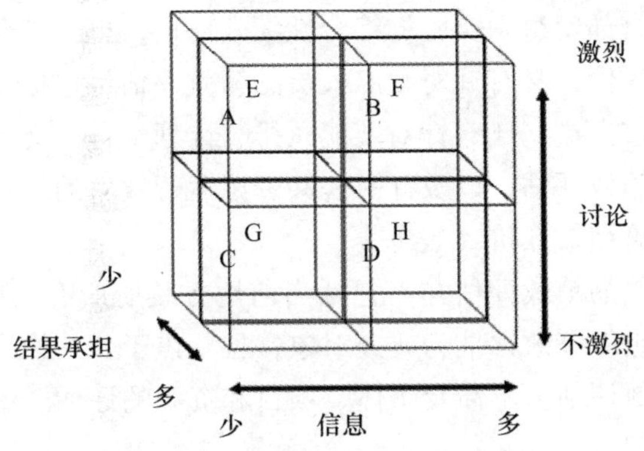

图 1.3 三阶段问责立方体模型

资料来源：Brandsma & Schillemans（2013）.

总之，本研究将问责理解为负有责任的行动主体和实施问责的审议场所之间的一种社会关系，其中行动主体有义务解释他（她）的行为，证实他（她）的行为的合法性，审议场所可以提出质疑并得出责任判断的结论，行动主体据此承担相应的后果（Bovens，2007）。这个角度的定义主要关注就责任行为的信息进行披露、审议、判定的制度化例行程序（routine），从而从完整的行为过程的视角提高问责概念的可分析性。

二 政府绩效评估（government performance measurement）

政府绩效是公共管理学领域理论创新的重要成果之一，西方国家又称为“公共生产力”“国家生产力”“公共组织绩效”“政府业绩”“政府作为”等（中国行政管理学会联合课题组，2003）。政府绩效评估是根据效率、能力、服务质量、公共责任和公众满意程度等方面的分析与判断，对政府公共部门管理过程中投入、产出、中期成果和最终成果所反映的绩效进行评定和划分等级（蔡立辉，2003）。

我国对政府绩效的评估工作，始于干部人事制度（中国行政管理学会课题组，2006）。在新的形势下，随着科学发展观和正确政绩观的提出，中国各级地方政府对这一领域进行了探索实践，尤其在西方国家政府绩效评估理论与实践的影响下，走出了一条具有中国地方特色的政府绩效评估道路，形成了多种方式的政府绩效评估类型。既有一级政府对下一级政府或本级政府部门组织实施的综合性绩效评估，也有社会公众对政府及部门的满意度评价，又有针对政府人员的绩效评估，包括领导班子、领导干部和一般工作人员，还有针对节能减排、计划生育、义务教育等专项政策或者项目的绩效评估，以及针对公共资源运行效率的绩效评估，典型的包括财政、预算绩效评价（表1.1）。

本书拟研究的绩效评估并不包括当前地方政府所有的绩效评估类型，而以综合性的组织绩效评估为研究对象，且聚焦于公共物品和公共服务提供的非财政绩效评估，不涉及个体、项目和资源的评估。做这样的框定主要基于以下原因：

一是从政府绩效的全面性考虑，与项目绩效评估相比，综合性的组织绩效评估更能全面呈现政府管理和服务经济社会发展的绩效，而且在实践中，通常将项目评估作为指标之一纳入综合性的政府绩效评估体系之中。

二是从政府绩效的合法性考虑，与人员绩效评估相比，政府绩效优劣的最终影响者和判断者是公众，对公众而言，更可感知的是作为整体意义上的政府绩效，而不是领导干部的个体绩效，后者内部管理的色彩更为浓郁。

三是从政府绩效评估的发展方向考虑，管理主义取向的评估工具会导致政府偏离公共利益和公平性的价值追求，出现重效率、轻公平等问题，因此，需要发展体现公共价值的政府绩效评估，不仅要探讨公共产出最大化，而且要关注民主、公平、信任等价值，从单纯的结果产出、成本分析，发展为融入责任、公民、合作、社会资本等价值因素（包国宪、文宏、王学军，2012）。评估绩效要从效率范式（the efficiency paradigms）发展为信任范式（the trust paradigms）（Morgan & Shinn，2012），需要超越成本收益分析的效率导向的资源绩效评估。

四是从政府绩效的可问责性考虑，组织绩效表达组织的责任，基于组织绩效评估的绩效问责是对组织责任的积极探索。通常，责任承担主体是个人，“欲使问责有效，责任必须是个人的责任而非组织的责任”（Thompson，1987：65），当绩效评估的对象是组织时，绩效问责的一个重要挑战是如何将组织绩效方面的责任归因为某个个人的责任。政府机构在绩效方面的不足或者失败的原因往往非常复杂，从最高行政长官到具体执行人员，从

表1.1　　我国政府绩效评估的类型

类　型	子类型
组织绩效评估	与目标管理责任制相结合的绩效评估
	提高公民满意度为目的的绩效评估
	专业职能部门开展的绩效评估
	以效能监察为主要内容的绩效评估
	由“第三方”专业评估机构开展的绩效评估
人员绩效评估	领导干部政绩考核
	公务员绩效考核
项目绩效评估	专项政策评估
资源绩效评估	财政绩效评估
	预算绩效评估

资料来源：中国行政管理学会课题组（2006）；中国行政管理学会联合课题组（2003）；祁凡骅、张璋（2013）。

决策到执行、监督，每个个体的行为和权力运行的各个环节均与政府绩效有着千丝万缕的联系。如果政府部门的绩效有不足或者失败，那么有个人失败的原因，也有组织失败所致。为了实现绩效问责，当务之急必须完善组织责任的相关理论（Mulgan，2003：69）。

三　政府绩效问责（performance-based accountability）

国内对绩效问责的概念界定比较宽泛，主要在绩效评估与行政问责的相互关系中界定绩效问责的概念，指向绩效评估的结果使用。绩效问责是在考察政府绩效水平的基础上启动问责程序的一种行政问责形式（徐元善，2007），将绩效评估结果用之于促进未来的政府管理，本身就属于对政府管理绩效、服务绩效展开的问责，即“绩效问责”（尚虎平、张怡梦，2015）。绩效问责关注的责任内容是履职责任，是依据行政组织的工作绩效，分配预算、改变其权力大小和权力关系、配置职能、影响其成员的薪酬待遇和职务晋升等（檀秀侠，2013）。而且，国内研究多强调绩效评估包含的问责理念。政府绩效评估由于倡导公众本位理念、多元化评估体系、科学的结果运用，绩效评估系统结构中各要素具有内在的问责理念和功能（彭国甫、陈巍，2009；陈巍、盛科明，2012）。也有研究强调绩效评估中包含的责任要素，认为目前每个阶段渗透的责任要素发展不均衡（尚虎平、张怡梦、钱夫中，2016）。也是在这个意义上，目标责任制被视为一种以绩效为核心的绩效问责机制，委托者与代理者的互动关系围绕绩效责任而发生（阎波、吴建南，2013）。

上述定义基本上指明了绩效问责的基本特性：第一，绩效问责是政府绩效评估活动与行政问责活动的有机结合；第二，绩效问责是行政问责的一种形式；第三，绩效问责关注的责任内容是履职责任，表现为工作绩效的优与劣。但是，如同前文讨论的问责概念一样，这样的定义没有提供一个可分析的绩效问责概念，它没有明确绩效评估是以怎样的具体方式作用于行政问责，从而产生绩效问责的现象与功效。

因此，根据上文所定义的行为过程的问责角度，本书对绩效问责做进一步明确：绩效问责是基于政府绩效评估的行政问责模式，意指对政府绩效评估反映的治理绩效问题实施问责，它以评价绩效的方式实现对政府及其部门履职责任的激励和约束，要求政府及其部门对工作绩效进行信息披露、解释说明和合法性证明，就绩效问题承担相应后果。绩效问责的本质就在于以绩效评估为轴心，推动责任政府建设。

为了更准确地理解绩效问责的概念，还需要做以下两点说明：

第一，绩效问责是以绩效信息的应用为核心的问责过程。

如上所述，本研究将问责理解为负有责任的行动主体和实施问责的审议场所之间的一种社会关系，其中行动主体有义务解释他（她）的行为，证实他（她）的行为的合法性，审议场所可以提出质疑并得出责任判断的结论，行动主体据此承担相应的后果（Bovens，2007）。这个角度的定义主要关注就责任行为的信息进行披露、审议、判定的制度化例行程序。绩效问责就是在这个意义上的一种问责形式，要求责任主体披露的信息主要指工作绩效信息，实施问责的审议场所主要依托评估的程序和过程，评估主体可以根据评估的结果，向相关责任主体发起责任追究，也可以将评估结果作为履责情况的审议结果递交给其他问责主体，并由其他问责主体启动问责程序。换言之，绩效问责实现以绩效信息为核心的“信息披露—审议讨论—结果承担”的问责过程。

第二，绩效问责的关键在于在政府管理系统、绩效评估和责任之间建立关联。

绩效问责的基本原理是发挥绩效评估和行政问责的协同效应，实现制度整合。然而，绩效评估的过程不是天然地与政府问责过程环环相扣，程序一致，政府绩效评估不会自动提升政府责任和绩效。它需要在政府管理系统、责任和绩效评估之间建立关联（图1.4），其中，绩效评估的结果使用是绩效问责的关键环节，即，与职责履行相关的其他管理系统根据评估结果采取一定措施，落实对政府部门的责任追究，推动绩效提升，而其中暗含的前提是政府及部门的管理绩效与其责任之间具有一致性。

评估结果的使用连接两个管理过程：一是绩效评估系统，讨论绩效信息如何产生；二是政府管理系统，讨论绩效信息如何使用。换言之，什么方式的绩效评估产生了可辨别、可审议、高品质的有关绩效责任和治理行为的信息？哪些主体将由此产生的绩效信息应用到了哪些与问责相关的管理制度和管理环节中？这些不同主体在问责强制权分配上呈现什么关系？问责对象会为失责行为承担什么后果？诸如此类的问题隐藏在这两个管理“黑箱”之中，却又直指绩效问责的核心。由于绩效信息的性质影响评估结果使用的方式和成效，所以，绩效评估的过程虽然不是研究的核心，但依然是不可回避的研究对象。对两个管理系统的进一步揭露以及绩效与责任的一致性的审视是本研究的重点内容。

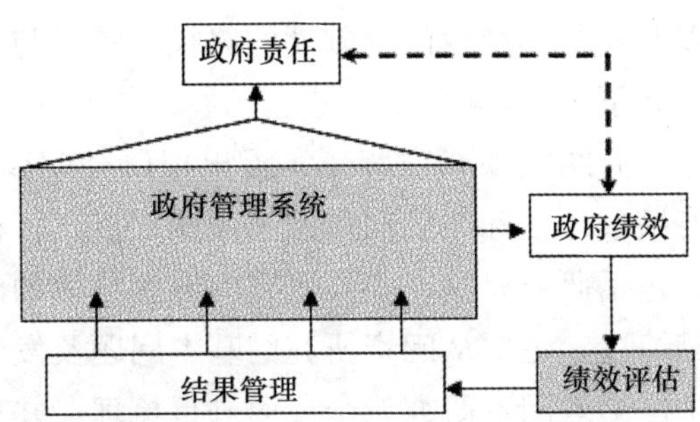

图1.4 政府管理系统、绩效评估与政府责任之间的关联

第三节 研究设计

一 研究思路

绩效问责是绩效评估和行政问责的制度整合，研究绩效评估和行政问责的制度特点是绩效问责研究的起点。本书首先参考借鉴国内外相关研究成果，辨析问责的基本内涵，以及复杂的问责制度的三个功能，构建一个分析所有问责制度的基本框架，从而为下文的绩效问责分析构建一个基本前提，提供理论参照；然后回到绩效评估，在公共行政的发展脉络中，梳理绩效评估的演化过程，在不同的治理环境下，分析评估技术方法与行政问责的互动所形成的绩效问责现象及其特点，并构建绩效问责制度群，归纳绩效评估与问责匹配整合的基本模式，分析不同模式下绩效问责的制度结构和功能；接着，选取杭州绩效评估的案例，按照前文所形成的理论框架，依据归纳、复现和对比的逻辑，做全景式的案例剖析，呈现地方政府绩效问责的特点和成效，总结中国地方政府绩效问责的一般与特殊；最后，综合全部的研究结果，分析有效绩效问责的基本要素，并提出相应的优化建议。

二 研究内容

本研究的核心问题是绩效问责是如何发生和运转的，围绕这个核心问题，需要研究两个基本内容：第一，刻画绩效问责，对绩效评估做分类分析，并研究不同评估工具所发挥的差异化问责功能；第二，分析绩效问责的运转与成效，以及不同的绩效问责制度的路径、特点与成效。本书分七章，各章主要内容如下：

第一章是绪论，介绍本项研究背景，提出拟研究问题及其研究意义，并界定问责、政府绩效评估和绩效问责这三个核心概念，在此基础上介绍研究的整体设计，包括研究思路、主要研究内容和具体的研究方法。

第二章是文献综述，主要从问责研究的基本问题及发展、绩效评估的问责功能争辩及中国绩效问责研究三个方面进行梳理，并从研究的本土化视角缺失、分类机理研究不够、实证研究不足等方面探讨进一步研究的空间。

第三章是问责制研究，分析问责的制度多样性及其多元的价值，为下文的绩效问责分析奠定基础。本章概括分析问责制效用的三个角度，即，控制权力、实现民主价值以及绩效持续提升，分析不同的制度功能之间交叠的关系，以期更好地理解现实世界中问责的复杂性，帮助分析、评价和设计具体问责制度。

第四章分析绩效问责的制度逻辑、结构和功能。主要依循归纳的思路，先从历史的视角，梳理20世纪初以来绩效评估的演进过程，分析绩效评估服务公共行政责任变迁的过程及动因，归纳两者之间互动的逻辑和轨迹。然后，从理论上归纳目标导向和参与导向的两种绩效问责类型，及其制度结构和服务于控制、民主价值和绩效持续提升的功能。最后，总体上回应绩效问责的演进逻辑，分析治理环境和结构对绩效问责情境性和多维性的影响。

第五章以杭州市政府绩效评估为例，分析中国地方政府绩效问责的现象、运行和功效。首先依循绩效评估的采用（adoption）和落实（implementation）两个阶段，对杭州的绩效评估实践做了细致的梳理，然后从中提炼绩效问责的现象，分析当前绩效问责运行的特点与成效。

第六章是绩效问责有效性及优化分析。这是基于案例分析的进一步理论阐释。从推进绩效信息的有效使用、弥补绩效信息质量的固有缺陷、实现绩效问责的制度目标和为绩效问责注入持续发展的动力这四个方面，提出了绩效评估系统的整合度、建立绩效数据分析讨论程序、设计合适的激励结构以及深化评估中的公民权等建议。

第七章是总结和展望。归纳研究的主要结论，分析可能的创新，并提出下一步研究的方向。

三　研究方法

本研究以定性研究为主，拟采用个案研究、文本分析、历史比较研究等方法。

1. 个案拓展法

个案研究是对某社会现象的例子进行深度检验，其主要目的是描述性的，也可以提供解释性的洞见，而拓展的个案法还有发现理论的缺陷并修改先有理论的目的（巴比，2005：286—287）。个案拓展法遵循分析性概括的逻辑，注重理论的角色，并跳出个案本身，借由具体个案反观宏观因素，发挥个案辅助理论建构的力量（卢晖临、李雪，2007）。在理论研究

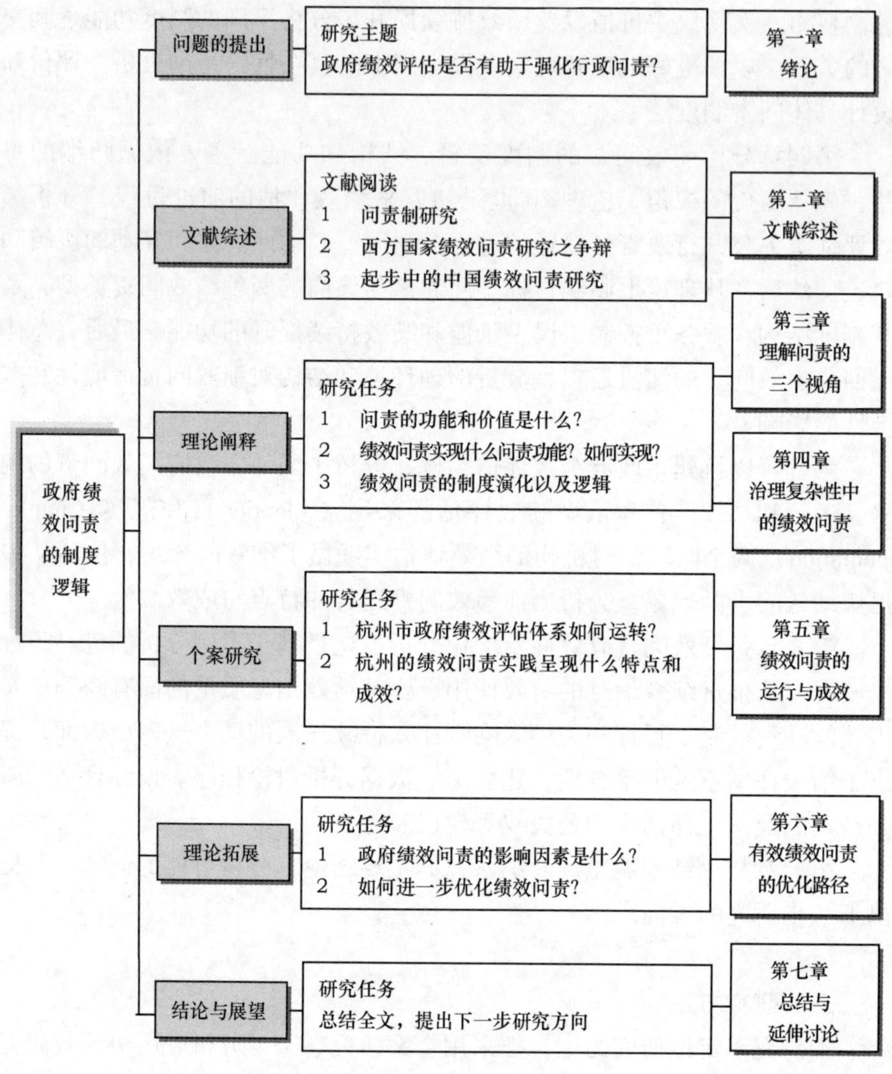

图 1.5 研究思路与框架结构

上，绩效问责是一个比较前沿的话题，在实践中，也是一个处于不断探索中的领域，对绩效问责的理解也尚未完全达成共识。在这样的背景下，以杭州绩效评估为例，有助于把握绩效问责的现象，揭示绩效问责的制度逻辑。当研究目标是探究现象背后的机制，而现象又没有很好地加以理解的时候，深度的案例研究最适合（Ragin，1987：44）。

2. 文本分析

制度往往会通过相应的文本来体现其运行。通常认为，中国政治一个很显著的特征是文件政治（documentary politics），政策文件传递大一统国家治理中的关键信息，就像一个神经枢纽联结所有的政治实体，它是抽象的意识形态与实际的政治运作之间的桥梁，由此官方的意识形态铸就政治合法性，并为实际政治判断和政策选择提供价值标准，它构成了控制的一种重要的宣传工具（Wu，1995：26—27）。因此，文本分析是一个分析中国政治问题的有效方法。杭州市政府绩效评估历经数十年的发展，产生了极为丰富的政策文本，本研究将对绩效评估政策文件、绩效报告、工作文件进行整理、分类比较、对比分析，帮助理解现象，抓住问题，分析中国地方政府绩效问责的制度特点和有效性。在个案研究中，将综合使用实地访谈、参与式观察、文献和档案资料查阅等方法。

3. 历史比较分析

历史比较分析法研究社会（或者其他社会单位）的历时变化，并对不同的社会进行比较（巴比，2005：324）。时间因素对考察一个制度的演化及内在的因果关系十分关键，制度的变化往往蕴含着制度的动因和趋势。本书将绩效评估置于公共行政的变迁和公共行政责任属性的演化之中，动态地分析所呈现的问责现象和功能，从而概括抽象绩效问责的制度结构。在案例研究中，也重点对杭州几十年的评估实践做了细致的梳理，在变化中把握绩效问责生长的路线和空间。在时间轴的比较中，在中外绩效问责的环境和制度的比较中，深化对案例的理解和问题的把握。

第二章

问责、绩效评估与绩效问责：文献综述

第一节　问责研究的基本问题及发展

一　多维的问责含义

问责（accountability）一直是西方理论界热议的重点主题之一，尽管目前各国有关问责的特定含义和制度设计存在差异，但无论是理论上还是实践中问责这一概念都已被广为接受，认为是现代民主治理的标志和公共管理的核心概念（Bovens，2005：182；Dubnick，2005）。在过去的二十多年，公共管理领域在问责的本质、维度、方法、技术、结果和困境等问题上取得了大量的研究成果。尽管学界对问责的界定并不统一，但可以明确，问责是一个基础的而同时又是不断发展的概念（Romzek & Dubnick，1987）。尽管几乎所有公共行政研究中的问题都可以与问责相联系，然而明确的问责关系研究并没有一个悠久的历史——问责研究还处于萌芽状态（Dubnick & Frederickson，2011：xiii—xxxii）。

从历史来看，accountability 一词与 accounting（解释）一词关联密切，事实上，它来源于 bookkeeping（账簿）（Bovens，2005：182）。根据 M. J. Dubnick 的考察，accountability 一词可追溯到威廉一世统治时期，即 1066 年诺曼征服后的十年里。1085 年，威廉要求他王国内的所有土地拥有者提供他们所占有土地的清单（count），这些土地被估价并被皇家特派员登记造册，这就是所谓的《末日审判书》（*Domesday Books*），这次普查不唯有征税用途，也确定了王室统治的基础（Dubnick，2002）。

现在 accountability 已经摆脱了最初簿记这个语源意义上的束缚，表达了对以下这些概念的持续关注：调查、监督、对权力行使的制度化制约（Schedler，1999：13）。然而 accountability 是一个复杂性、难以理解的，而且是颇具争议的概念。问责的使用领域如同对它的认知一样宽广，它是一个未被仔细研究的概念，其含义是闪烁其词的，其边界是模糊的，内在的结构是混乱的（Schedler，1999：13）。Sinclair 提出“变色龙般的问责”，指出这个概念是珍贵的、受人追捧的，但却是难以捉摸的（Sinclair，1995）。Weber（2003：203—224）将问责描述为一个体系，或者是一系列机制，设计的目的在于保障承诺的履行、职责的行使、规则的遵守。问责既可以指被问责者对自己的行为和举动给予回答和解释（内部视角），也可以指启动、执行和反馈责任追究的整个过程（外部视角）（Fox & Brown，1998：12），还可以仅仅理解为具体的责任追究或责任承担行为（Friedman，1979）。

问责是一个视不同情境而定的概念，情境导致问责关系的产生，情境很多，且会发生变化。Dubnick（2002）认为，问责至少存在于四个情境之中：第一是制度框架下的问责，表现为一系列控制权威的规则，来保证其恰当合适地运转；第二是社会交换背景中的问责，一个提供报告和接收报告的持续性过程；第三是组织框架下的问责，它是正式的和非正式机制的制度化和法制化；第四是包含着多重、分散和冲突的期望的复杂环境之下的问责，以此管理各种期望的混沌状态。不同的理解依然让问责成为一个模糊的、不可通约性的概念，这些角度依然不可避免地遭受批评和质疑。然而在所有这些角度的问责概念中，有一个共同的东西，那就是问责是与治理活动相关的理念，致力于建立和维系治理的秩序。

Schedler（1999：14—18）提出了理解问责的三个维度：信息（information）、辩解（justification）和强制（enforcement）。问责概念最接近的同义词通常是回应（answerability），保证政府官员对他们的行为给予回应的能力，即，向问责方就不愉快的问题作出反应和回答。在这样的角度下，存在两种维度的问责：信息维度的问责——告知（inform），将责任方已经发生的和将要发生的决策告知问责方，并提供可靠的事实；辩论维度的问责——解释（explain），向问责方解释决策行为，并提供有效的理由。因此，问责意味着问责主体有权力获取信息，获取解释。它在责任方和问责方之间建立了对话关系，让双方展开陈述，并进行公开的辩论。因此，问责不仅反对沉默的权力，也反对单边的没有对话的权力控制。然而，问责不仅仅是温和的质询和友好的对话，还包括强制，奖励正确的行为，惩罚不正确的行为。这意味着问责方不仅仅提出质疑，而且也最终惩罚不正确的行为，相应地，责任方不仅仅告知做了什么和为什么做，而且还要忍受行为的结果，包括消极的惩罚。如果只解释错误行为而不施以后果，那么问责是弱化的、无力的，问责就成为了窗户上的装饰而没有产生对权力的约束。惩罚能力构成了问责的核心。同时，Schedler（1999：17）还指出，信息、辩解、惩罚这三个维度在现实政治生活中都是存在的，但是没有形成一个二元核心的定义特征（a core of binary "defining characteristics"）来判断是否存在问责现象。因此，问责不是一个一般传统意义上（classical）的概念，呈现出永恒不变的基础特征来构成它的概念核心。相反，必须把它视为一个发散性（radial）的概念，它的类型并不共享一个普遍的核心，反而会缺少一个或更多的要素，但却能刻画出最具有代表性的原始类型。

在关于问责的认知中，Bovens（2005：183—189）提供了一个相对清晰可操作的分析框架。他区分了作为符号（an icon）的问责、作为制度安排（an institutional arrangement）的问责、作为承担过错责任（a scheme for blaming）的问责。Bovens（2010）之后又进一步精确了这个分析框架，区分了作为一种美德（virtue）的问责和作为一种机制（mechanism）的问责。前者是积极意义上的问责概念，是评价公共机构行为的准则，负责任被认为是公共组织或官员值得拥有的积极品质，然而很难对这个优秀品质给出一个单一的、明确的定义或标准，因为这样的标准会随着组织或个体角色、制度环境、政治体系的差异而不同；后者是在一个狭隘的、描述性意义上使用的问责概念，更多的指向一种消极意义上的控制，指的是一种包含着解释和证明行为正当性的社会关系及制度安排，因此，这个角度下的问责研究关注的不是机构或个体的行为，而是制度运行的方式。两种视角的问责解决不同的问题，强调不同的标准和分析维度。

总之，由于很多学者自行定义问责的含义，导致关于问责的学术文献缺少系统性和连贯性。有一些学者很松散地使用问责概念，而一些则给出了更为狭隘的定义，但是很少有概念彼此兼容，这导致很难产生可累积的和可通约的研究（Schillemans & Bovens，2011：3）。不连贯的问责研究对话的结果就是使问责成为一个过度扩展（ever-expanding）的概念，代表一个一般意义上的术语，表示让有权力的机构对他们特定的公众负责的机制（Mulgan，2000a）。

二 交叠的问责方式

一般认为，公共行政领域围绕如何问责的问题可以追溯到卡尔·弗里德里克（Carl J. Friedrich）和赫尔曼·芬兰（Herman Finer）之间的一次著名辩论，这场争论提出了一些关键性问题，至今仍然是当代民主责任的中心问题，也奠定了问责模式研究的基本思路。芬兰认为只有以法律和行政程序的形式建立一套外在约束机制来惩戒违反者是唯一有效的措施；弗里德里克则指出，根本不可能创造一个可以发现并控制所有权力滥用行为的结构体系，实现责任行为的唯一途径就是吸收各种正直的人到公务员队伍中，然后通过社会化的方式把一整套公共服务的价值观灌输给他们，强化基于专业理念和个体责任感的问责机制（Friedrich，1940；Finer，1941）。

关于怎么问责的问题表现为向谁负责（accountability to whom）、问什么责任（accountability for what）等问题引发的多种类型。大多数关于问什么责的研究基本使用或拓展了 Romzek & Dubnick（1987）提出的模型：法律问责、等级问责、政治问责和职业问责。她们的一个出发点是，合乎法律的不同权威主体对于利益，以及他们与政府间的相互间关系有不同的认识，这决定了他们对于政府官员的行为和绩效标准也会有不同的判断，因此，问责制应该区分不同的层次或类别以满足不同权威主体的期望（Romzek，2000）。在这种观念的指引下，Romzek & Dubnick（1987）提出了分析行政问责的两个重要维度——控制途径（authoritative source of control）和控制幅度（degree of control）。其中，控制途径分为来自自身内部的问责和来自政府之外的外部问责两类，控制程度则有强弱之分。Romzek & Dubnick（1987）以这两个维度为基点构造了一个四格矩阵，最终构成了法律、政治、等级、职业四种典型的问责形式。所谓法律问责，是指公共行政必须遵守宪法、法律和行政管理规章的相关规定；政治问责是行政部门及其管理人员必须对来自外部的重要意见积极回应；等级问责则是指在公共行政的体系内，其所形成的等级权力组织架构中的每一个等级的人员都有相应的职责，并接受上级官员对其工作绩效进行的责任评估；职业问责是指行政人员必须按照职业标准和职业道德的要求开展自我反省，从而能够以自觉的意识来更好地履职。等级问责和职业问责主要通过内部控制机制来实现，由行政组织内部进行责任管理。法律问责和政治问责主要通过外部控制机制来实现，由行政组织之外的其他机构和社会成员进行责任管理。而管理者可以根据行政管理者所面临的工作任务实现路径的简易化程度（degree of simplicity）和行政管理者在工作中所面临的最基本或最突出的行政行为绩效期待（behavioral expectations in performing）两个要素选择适宜的问责类型。这就是行政问责理想化配置模式，学者们将这个模型应用于其他各种情境中。

关于向谁负责（accountability to whom）的问题上，通常用垂直问责和平行问责这两个维度加以区分（O'Donell，1994，1998）。垂直问责源自传统的权力空间隐喻，描述了一种不平等对象之间的关系。然而，垂直问责在关键性的方向问题上存在不确定：自上而下还是自下而上？平行问责在字面上描述了平等对象之间的关系，即，国家机构被合法授权，且愿意也有能力对其他国家机构或部门的非法行为或疏忽采取日常监督、刑事制裁或弹劾等措施。也就是说，只要监督、制裁、弹劾等措施的行为主客体之间不存在垂直的权属关系，即可视为平行问责。然而，权力是一种属性，很难衡量它的大小，也难以在民主政治的真实世界里辨别大体相等的政治权力。因此，平行问责应理解为相对独立的权力之间的问责，具体包括政治机制、财政机制、行政机制及法律机制，以分权为前提。

在西方民主国家，传统上主要的问责关系都是垂直的，尤其是议会制国家，因循“部长问责公务员、议会问责部长、人民问责议会”的委托代理关系链。然而，随着独立检察官、审计员和巡视官（ombudsman）的出现而带来的行政问责关系变化、不满足于议会集体责任和最高层的部长责任而对官员个人责任的关注、新公共管理运动带来的公共服务合同治理和有自主权的独立机构的出现，以及在政府信任低下的情况下出现的公共机构与公众之间的直接责任关系的建立，传统的垂直问责面临巨大的压力，而发展为更多元的问责关系（Bovens，2005：196—199）。其中引人注目的是社会问责，作为对选举问责、平行问责以及市场化问责局限性的反思（Przeworski，Stokes & Manin，1999；世界银行专家组，2007）。世界银行把社会问责定义为“一种依靠公民参与来加强行政问责的问责途径，它通过普通的市民或公民社会组织，以直接或间接的方式来推动行政问责”，认为当社会行为体能在问责中扮演主要角色时，对传统问责的改革将会更富有成效（世界银行专家组，2007：20）。

三 问责的困境

由于问责概念的多维模糊和问责实现方式的交叠，在操作中会产生如 Bovens 提出的多眼的问题（the problem of many eyes）和多手的问题（the problem of many hands)：每一个审议场所（forum）需要不同的数据，有基于不同理念的差异化的责任期待，因此也会形成不同的责任判断，那么，谁是他们需要报告的对象，以及他们会依据怎样的标准而被审判？（Bovens，2005：185—188）公共服务中的责任问题极为复杂，公共行政官员对一批制度和标准都负有并且应该负有责任，这些制度和标准包括公共利益、成文法律和宪法、其他机构、其他层级的政府、媒体、职业标准、社区价值观和标准、情境因素、民主规范，当然还包括公民，他们应该关注我们复杂治理系统的所有规范、价值和偏好。结果，“在确立期望，检验绩效，保持主体的回应性，评价责任，分拣责任，确定谁是主人及在多重责任系统的境况下进行管理时”（Romzek & Ingraham，2000），就包含着一些重要的挑战（珍尼特·V. 登哈特，罗伯特·B. 登哈特，2010：86）。另外，不同的官员在很多方面对政府的决策和政策作出了贡献，那么很难判断谁应该对结果负责，谁是报告者？（Bovens，2005：189—192）

而接下来产生的另一个现实问题便是：一个多元的、交叠的，甚至或多或少存在竞争关系的问责体系如何运转？因为，控制官僚的行为在宪法的角度来看，是一种“负和游戏”（negative-sum game），一种控制手段所获得的价值、政治利益及制度优势不可避免会损害另两种控制手段的价值、政治利益及制度特权（威廉·F. 韦斯特，2001：2）。而且，不同的控制机制有其特定的适用范围，不能相互替代，更不能期望用一个控制标准实现所有的目标，否则政府将面临“多责任混乱症”（multiple accountabilities disorder）的挑战，不仅发生责任错位，而且会因为想在任何方面负责任（accountable in every sense）而最终损害组织本身（Koppell，2005）。

事实上，学界对这种多元重叠的问责问题非常关注，认为过于依赖于某一类型的问责会导致一系列问题，处理差异和冲突的问责压力成为问责研究的中心（Romzek & Dubnick，1987）。但是，也有学者认为这种冗余（redundant）的问责也有益处。它是最务实的选择，能缓和信息不对称，并提供了吸收内嵌于公共政策中的不同价值的机会。因此，在等级控制遭遇挑战的地方，多元的、竞争的价值就会成为讨论的核心，那么这种冗余的问责就很有价值了（Schillemans & Bovens，2011：18—19）。

此外，还有学者提出另外一些问责困境，如问责悖论（accountability

paradox)，过多的问责手段挫败了任何有理由的目的，没有必然地产生好的政府，反而因问责过度而扼杀了创新和企业家精神（Dubnick，2005）；问责陷阱（accountability trap），管理者频繁接受测评，而且评价的强度不断增加，那么他们会在被测量的方面做得越来越好，但不必然带来真实世界中更好的管理绩效（Thiel & Leeuw，2003）。然而，更多的关注还是来自对问责赤字（accountability deficit）的担忧（Behn，2001：76），这种担忧源于行政机关规模的增长和组织复杂性的增长，以及网络化治理的兴起（Bovens，2010）。无论在理论界还是实践领域，问责的缺失通常被定义为问题，而解决之道就是简单地建立更多的问责体系，期望这些体系能魔法般地产生好的结果，然而不幸的是，越来越多的问责体系不仅没有解决问题，反而加剧问题（Yang，2012）。

总之，问责依然是一个令人不愉快的问题，在管理者如何处理冲突的问责压力和问责体系如何发挥积极的影响等问题上依然很不清晰。这个问题在越来越充满不确定和复杂性、地位比较平等的行动者之间共享权力的治理新环境下，显得更加突出了。

四　问责研究方法和内容的新发展

Yang（2012）回顾了公共行政领域的问责研究文献，认为已有研究得出的结论很大部分是描述性的和归纳性的，而不是规范性的和演绎性的。研究结论通常包含六个问题：第一，存在冲突的问责压力，这些冲突导致诸如灾难、危机和管理不善等问题；第二，过于依赖于某一类型的问责会导致一系列问题；第三，没有完美的问责模型，每一个模型都会产生没有效果的（unproductive）的结果；第四，建立在委托—代理模型和市场路径基础上的问责存在很大的局限，尤其在合同化和私有化的背景之下；第五，合同、私有化和混合组织引发了更大的问责挑战，需要发展特定的问责能力；第六，诸如绩效评估和重塑政府等管理改革给传统问责模式造成了混乱和挑战。这六个结论很大程度上是有关问责问题，而不是行动者如何处理这些问题，或者行动者如何建立有效的问责制度安排，行为层面的问责研究不足。而在他看来这与忽视行动者的角色有关，这种有关行动知识（actionable knowledge）的不足是当前问责研究最关键的局限。

有学者建议未来的问责制研究应借鉴中层理论（the theory of middle range），基于机制的理论化中层模型揭示不同问责形式和功能之间的关联，揭示他们如何相互作用以影响绩效，这能够很好地解决问责研究的困境。一个典型的例子是 Yang（2011）的研究。他在借鉴吉登斯的结构化理论的基础上，建立了正式的问责（formal accountability）、感知的问责（felt accountability）和组织绩效之间的关系模型。第一，指出模型的关键是感知的问责，它审查官僚作为问责的承受者如何处理他们接受的信息（或信号），并据此作出决策。第二，揭示连接问责制度、行动者行为和组织结果的因果关系和机制。问责体系不可能独立，它影响其他重要变量，也受其他变量影响，因此，必须考察其间的连接机制及其阶段性发展的环境背景。第三，揭示行动者如何生产和再生产问责机制，从而建构个体行为与正式问责体系的关系，这个过程也受外部行动者和内外政治环境的影响。也有其他学者关注问责中行动者的影响，提出了新的问责形式，如对话问责（dialogue accountability）（Roberts，2002）、协商问责（deliberation accountability）（DeHaven-Smith & Jenne，2006）、谈判问责（negotiated accountability）（Kearns，1994）、相互问责（mutual accountability）（Whitaker et al.，2004）和突发性问责（emergent accountability）（O'Connell，2005）。

问责研究的新探索也对研究方法创新提出新的要求。传统的定性研究不能满足对问责的语境、嵌入和变化过程的分析——如问责需求的变化、协商问责及谈判过程和对话过程的出现，于是，呼吁将过程分析路径（process approach）应用于问责研究。参与性的行动研究（participatory action research）和实验研究（experimental studies）也被认为是可供选择的研究方法，通过实验设计研究个体的认知和情感如何受觉察到的问责压力的影响，以及两者之间的关系如何被时机、信任和任务环境所缓和。此外，使用问卷调查做定量研究也是一个有效的问责研究方法，比如，用结构方程模型分析问责压力（类型）、组织特征、个体态度（行为）和组织绩效之间的复杂关系；回归技术中的交互项可以用来评估不同问责形式之间、问责体系与其他管理体系之间及问责结构与个体特征之间的相互作用。更为完整问责考察，需要观察不同分析层面的问责以及不同层面之间的联系，即，治理层面的问责安排、组织层面的管理实践及个人层面的态度和行为。（Yang，2012）

五 国内问责研究

国内理论界普遍认可的行政问责始于2003年“非典”时期的“问责风暴”，近几年突发事件问责的频频实施以及各地行政问责制度的出台又给学界提供了丰富的研究素材。自2003年起，学界对于行政问责研究的成果有了明显增长。

1. 发达国家和地区问责制度的评价与借鉴

李军鹏（2009）在《责任政府与政府问责制》中全面总结了西方责任政府理论研究的新进展，着重介绍了当代世界主要政体下的不同责任政府体制以及多元复合问责机制，并提出了中国特色责任政府建设的思路与对策。周亚越（2008）基于代议制与行政问责制的内在逻辑，从制度、文化和案例三个层面比较中西方行政问责制度的差异。宋涛（2006）介绍了等级问责、职业问责、法律问责和政治问责四种典型的西方现代行政问责范式，及其问责主体、问责对象、问责内容和实现机制，并总结对构建我国行政问责体系的借鉴意义。作为典型的民主宪政国家，美国依托于宪法中所确立的三权分立及分权制衡的基本原则，在联邦政府层面形成了具有特色的问责发展轨迹，曹鎏（2013a，2013b）全面研究了美国问责制的基本构成，并着重研究了两个最具美国本土特色的专门问责机构——美国政府问责办公室和总监察长办公室，全面梳理了从设立至发展的历程。高官问责制自从2002年7月1日在香港特别行政区实施以来，引起了国内学术界的高度关注。陈瑞莲、邹勇兵（2003）对香港高官问责制的背景、成效、问题及其成因进行了较为深入的分析。汪永成（2004）和周平（2005）分析高官问责制的内容和成效，并指出问责的标准不明确、政府政策制定自主性减弱、民意基础不足等问题，认为，高官问责制的实施离责任政府的目标还有一定的距离。赵蕾（2011）以中国内地和香港地区的问责制度为案例，对两地的制度出台背景、内涵特征做了集中比较，探讨了两者在模式构建上的差异。

2. 关于我国行政问责制度存在问题的研究

陈翔、陈国权（2007）比较分析各地问责制文本，发现我国地方政府对问责各要素的规定存在偏差与不足。与此项研究形成呼应，宋涛（2008）采用定量分析方法，对我国官员问责案例做统计分析，总结我国官员问责的一般特点，并据此归纳出内容单一、原因单一、处理形式起伏较大、问责的时间周期较长等问题。周亚越（2005）认为问责法律缺失是行政问责面临的主要问题，问责制仅是中央政策而非法律，或者只是地方政府规章而非全国性法律，而问责规定又不完整和规范，由此导致问责面前不平等、问责客体不清、主体缺位、范围太窄、力度不强等消极后果。韩志明（2008）指出问责还是政府内部自上而下的纵向监督，属于“同体问责”的范畴，而非由人大机关、司法机关、民主党派、社会团体和公民等这些政府外行动者启动的“异体问责”，由此加重下对上负责的官僚制意识。张贤明（2012）认为当代中国问责制度建设及其实践取得了巨大的成就，但是，由于国家权力结构、党政关系、行政管理体系和干部人事制度等方面的制度安排以及实际运行方面存在的缺陷，因此，当代中国问责制度存在人大作用不能很好发挥、问责启动事由过多，对重大实践的事后追究、规范性程度不高以及问责过程中存在偏差等诸多问题。

3. 行政问责制度改革的路径选择研究

毛寿龙（2004，2005）认为行政性问责是责任政府的开始，然而，行政性问责需要进一步走向程序性问责，才能使责任政府稳定而有效地运作，并指出引咎辞职和问责制对于推进中国政府治道变革的意义。张创新、赵蕾（2006）从制度变迁角度，认为，行政问责可能在一段时间内发生较大或更大的成本支出，但在若干次的变迁进程中最终形成了一种相对完善和有效的责任约束体系，进而形成真正意义上的责任政府。韩志明（2007，2010）主张实行公民问责，认为公民问责是行政问责的深化，当前需要降低实施公民问责的“门槛”，增强对公民问责的支持和援助，给予公民问责以充分的保护和激励，提高公民问责的技巧和能力。张贤明（2011）认为，进一步完善中国的问责制度应以理顺权力关系为前提，以明确责任划分为关键，以加快问责体系建设为根本，推进问责实践深入实施。

4. 突发事件问责研究

除了从一般意义上泛化地讨论我国问责制度之外，学界开始对特定领域或者特定类型的问责开展研究，并开始讨论问责的政治逻辑，比较集中的是对突发事件中的问责现象的研究。林鸿潮、黎静（2014）以青岛“11·22”输油管道泄漏爆炸事件为例，分析公共危机问责制中归责原则的确定原则，认为危机问责制是对官员的一种激励机制，同时具有回应社会压力的政治功能，应当体现结果导向，满足激励约束，并适当权衡民意。马怀德、周慧（2011）认为，不能仅仅将问责制理解为责任追究制，否则会不可避免地带来诸多问题，尤其是突发事件的事后问责，它不利于突发事件的整体应对，也难以保证应对过程责任的层层落实，针对突发事件应对的问责制度必须转变问责观念，并将之作为应急管理体制的一部分。曹鎏（2012）认为“7·23”甬温线特别重大铁路交通事故的处理折射出我国问责制的进展和进步，更预示了问责制未来的发展方向，深化问责制必须解决的现实难题就是全面彻底的问责制规制、问责制本身的明确性和可预测性，从根本上提升问责制度的权威和公信力。周杰（2013）认为，在分权的威权体制（regionally decentralized authoritarianism）下，问责与事后的复出构成了中央政府为降低执政的社会风险而设置的激励结构，具有维系政权合法性和稳定性的合理性，从而，一方面通过问责相关官员达到化解社会风险、维护社会稳定的目的；另一方面让被处理的官员复出，为其提供一种“保险”机制，激励官员的努力程度。

第二节 争议中的政府绩效问责研究

一 绩效评估的兴起与功能

国外学术界和实践部门对政府绩效评估理论的研究主要伴随着新公共管理运动的兴起而重新勃兴。为应对科学技术发展变化、全球化和国际竞争的环境，为解决财政赤字以及政府回应性和公信力下降的问题，西方国家纷纷拉开以倡导“管理主义”为特征的行政改革帷幕，主张在传统公共部门引入竞争机制，借用私营部门的管理哲学、模式、原则和技术来重塑政府，绩效评估作为一种测量政府服务绩效和提高政府绩效的治理工具，备受各行政改革国家政府的垂青，其核心精神就是如何使政府工作做得更好和更富有绩效（Hood，1991）。

事实上，最早的政府绩效评估实践可以追溯到一百年前，其发展过程大致可以分为四个阶段（蓝志勇、胡税根，2008；包国宪、董静，2008）。第一阶段：萌芽阶段，从20世纪初至20世纪40年代。早期的绩效评估实践始于1907年的纽约市政研究院（The New York Bureau of Municipal Research），运用社会调查、市政统计和成本核算等方法和技术，建立成本投入评估、产出评估和社会条件评估三种类型的绩效评估。在该阶段，绩效评估大多采用基于技术效率（机械效率）的研究方法，这是受科学管理运动和一般管理理论影响的结果。第二阶段：起步阶段，从20世纪40年代至70年代，这是政府绩效预算的新时代。40年代，在美国胡佛委员会的推动下，政府的行政机构，特别是预算署，开始制定工作绩效考核办法和工作绩效标准（亨利，2002：209）。60年代末至80年代初，计划—规划—预算（PPB）、目标管理（MBO）和零基预算（ZBB）等绩效预算技术和方法相继出现。第三阶段：发展阶段，从20世纪70年代至80年代。这是政府绩效评估大规模发展的阶段，也是最具里程碑意义的发展阶段。美国联邦政府的生产率改进工作取得了显著的成就，如全面质量管理、结果导向的评估等；英国在撒切尔政府时期开始较为彻底的行政变革，推行私有化、竞争机制、分权化、服务质量、绩效评估的改革理念，雷纳评审、部长管理信息系统、财务管理新方案等改革措施推动绩效评估应用。第四阶段：深化阶段，从20世纪90年代至今，一是1993年美国政府绩效与结果法案（The Government Performance and Results Act，GPRA）代表绩效评估逐步走向制度化、规范化和法制化；二是信息技术成为现代政府绩效评估的主要手段；三是对评估主体多元化和公民参与评议逐渐形成共识；四是绩效评估的理念、方法和技术推广到一些发达国家之外的发展中国家，尤其是OECD国家都采取了绩效评估（OECD，1997），西方国家展现出一种"评估国"（evaluation state）的发展趋势（Cave，Kogan & Smith，1990：179）。

绩效评估本身不是最终目的，而是服务于不同的管理目的，具有多种管理功能。在Behn（2003）看来，评估行为和产生的数据不会自己去实现什么，只有人们以某种方式使用这些评估时，才会实现不同性质的目的。作为整体战略管理的一部分，公共管理者能够使用绩效评估实现评估（evaluate）、控制（control）、预算（budget）、激励（motivate）、宣传（propagate）、庆祝（celebrate）、学习（learn）、提高（improve）八个功能（表2.1）。然而，没有一个单一的绩效评估能够适合所有这八个目的，因此，管理者需要从管理目的出发来选择绩效评估，以及他们使用绩效评估的方式。

表 2.1　　绩效评估的八个功能

目的	绩效评估能够帮助回答的问题
评估	公共组织绩效如何?
控制	如何确保下属正在做正确的事情?
预算	公共组织应该对什么计划、项目、人群投入公共资金?
激励	如何激励一线员工、中层干部以及盈利的/非盈利的合作伙伴、利益相关者、公民做有助于提升绩效的事情?
宣传	如何说服上级政治家、利益相关者、记者和公民，让他们相信组织运转良好?
庆祝	什么样的成就值得举行重要的庆典?
学习	为什么一些工作有效而另一些无效?
提高	还要做些其他什么来提高绩效?

资料来源：Behn（2003）

绩效评估可以处理三种关怀：第一个关怀是技术关怀，意味着政府绩效可以通过发展评估技术加以提高和改进。在这里，技术只是意味着排除人力资源因素。这时期的绩效评估也主要聚焦在技术层面，如全面质量管理、战略计划、绩效监控、标杆管理、顾客调查等（Wholey & Hatry，1992；Poister & Streib，1999）。第二个关怀是公共问责，Epstein（1984）认为最基本的绩效评估使用方式就是与公众就改进了的责任开展沟通，一是政府绩效报告和年度预算过程的公之于众；二是鼓励绩效评估中的公民参与。通过这样方式的沟通和联系，绩效评估事实上帮助改进公共问责（Osborne & Gaebler，1992；Halachmi & Bouckaert，1994）。第三个关怀是绩效提升，激励人们通过提高个人工作绩效来提高组织绩效（OECD，1994）。

二　绩效评估的问责功能及其积极意义

绩效评估不仅巩固内部控制，而且强化外部责任，其中，绩效合同、绩效报告、绩效信息和公众参与绩效评估是强化责任的具体机制，而且促使问责重点由过程发展为结果（Wholey & Hatry，1992；Osborne & Gaebler，1992；Halachmi & Bouckaert，1994；Kelly & Swindell，2002）。这类观点常见于政府官方的文件中，如，美国 1993 年的政府绩效与结果法案明确指出："通过系统化地让联邦机构对项目结果负责能够提高美国公民对联邦政府的信心……通过推动对结果、服务质量和顾客满意度的关注，能够提高项目的效率和公共责任。"（U. S. Congress，Committee on Governmental Affairs，section 2，1993）

1. 兴起的背景与基本理念

绩效评估与问责的关联性研究始于新公共管理运动盛行时期（Dubnick & Frederickson，2011：xiii—xxxii）。西方民主国家已经发展了一些的工具来问责官员，如自由选举、独立审计、政治中立的官僚、公民社会的监督等等，这些工具主要关注向谁负责的问题（Chan & Gao，2009）。20世纪80年代以后，新公共管理成为世界范围内行政改革的主流，新公共管理的支持者认为，传统公共行政的理论假设是通过科层的等级控制而形成程序化的责任机制，并通过政治责任机制与行政责任机制的衔接而解决责任性问题。但是，由于政治领导缺乏专业知识，利益集团和党派利益的制约又使其决策不一定能如实反映选民意志，从而导致政治责任与行政责任之间的脱节，传统公共行政不能真正解决公共责任问题（休斯，2001：23）。而且，他们还认为，在一个全球化、知识密集型和快速变化的20世纪晚期，官僚机构变得没有效率了（Kettl，1997）。它集中的组织形式、繁文缛节和投入规范限制了政府部门的灵活性和责任性。新公共管理的解决之道就是，一方面给予管理者更大的分配资源的自主权；另一方面是对取得的结果承担更大的责任，而不仅仅是遵循规章制度（Behn，2001）。在这样的背景下，绩效评估进入西方国家，成为一个加强责任的主要工具（OECD，1997），并使得问责重点从行政过程问责（process accountability）转向更为重要的行政结果问责（results accountability）（Hood，1995）。政府绩效评估就是改变照章办事的政府组织，谋求有使命感的政府；就是改变以过程为导向的控制机制，谋求以结果为导向的控制机制（Osborn & Gaebler，1992：108—138）。

绩效评估在这场席卷欧美的改革政府运动中重新勃兴，而分权与公共服务市场化是改革的重要特征，由此表明政府绩效评估的功能和性质（蔡立辉，2007）。它构成一种市场责任机制：采用经济学的效率假设和成本—收益的分析方式，按投入和产出的模式来确定绩效标准，注重对产出的评估，而且以顾客满意为基础（范柏乃，2007：17）。"经济学效率假设""成本—收益分析""以顾客满意为基础"体现的就是一种市场和顾客至上的价值理念，其实质是要在公共部门内部确立一种基于市场和顾客满意的公共责任机制。

因此，随着西方公共管理改革运动的深入发展，对政府的绩效评估逐步走向责任化，也就是将绩效固化为政府的责任，通过问责机制强化对政府绩效的评估与管理。在西方绩效管理理论中，也开始逐步出现“绩效责任”这一重要概念。Behn（2001：6）将责任分为三类：财政责任（accountability for finances）、公平责任（accountability for fairness）、绩效责任（accountability for performance），绩效责任是政府责任的一个重要类型。绩效责任机制是建立公共部门对结果负责的机制，实行“结果导向型管理”（outcome-oriented management）或“基于绩效的管理”（performance-based management）。

2. 绩效问责的双重逻辑

绩效评估的重新兴起赋予了绩效评估提高绩效和提升为问责的双重目标，以及背后的双重逻辑。Jones 等人（1978）从效率、效果、责任和公平四个方面区分了政府服务绩效的政治逻辑和经济逻辑。政府服务绩效的经济逻辑包括效率和效果：所谓效率就是在一定资源投入后产出结果的最大化，衡量效率的有效工具是成本收益分析法；效果是指目标的实现程度，项目评估是衡量政府政策效果的主要工具。值得注意的是，效率和效果并不只和经济有关，有时也会成为政治上的考虑。责任和公平属于政府服务绩效的政治逻辑：所谓责任是政府满足公众需求和偏好的实现程度，可通过政策结果的满意度评估进行衡量；公平是指根据不同的规范标准考量服务的分配问题，特别是公共服务在人口阶层、空间群体中的分配公平问题。与效率和效果相比，责任和公平的度量超越了政府服务绩效的成本和量化分析，而把重点转向政府服务对公众或特定群体的影响程度。经济和政治的逻辑引导政府服务绩效评估关注不同的侧重点，采用不同的评估方法。绩效评估揭示公共服务的提供情况，即，是否有效地提供，以怎样的质量水平被提供，以及它对接受者和整个社区的影响。

在地方分权与公共服务市场化背景下，绩效评估与责任政府建设的内在关联进一步凸显；在放松规制的背景下，绩效评估成了中央政府监督地方的项目进展、资源配置与公共服务的一种重要的控制与管理工具；公共服务市场化打破了传统行政在公共服务供应中的垄断地位，非政府组织、私人企业与政府一起构成多中心的治理体系，共同成为相互竞争的公共服务的提供者，在市场竞争条件下，结果和绩效是确定优胜者的重要依据，绩效评估则成为衡量结果与绩效的工具（刘春萍、徐露辉，2007）。

除了对管理责任的价值，绩效问责还有促进公共责任的重要意义，政府绩效评估的实质在于重建公共责任机制。市场化的治理系统容易导致公共责任的缺失与公共服务道德的沦丧，而绩效评估以顾客与结果为导向，能够确定公共服务的公共性、合意性与绩效，有助于规避因市场化所引起的契约风险，更好地满足社会公众的多样化需求（刘春萍、徐露辉，2007）。绩效评估对问责的价值和意义首先体现在市场化改革理念下政府与公众问责关系的重构和强化（Glynn & Murphy，1996）。在新公共管理的改革背景下，绩效评估提供了一种市场化的问责机制，实施问责的最好方式是市场问责，至少在理论上，市场的无形之手会提供问责机制——如果政策和项目不是终端的使用者所需要的，他们就会使用市场权力，选择其他地方。但是，真正竞争的市场是不存在的，或者不能用真正经济学意义上的市场概念来创造这样的市场，于是政府引入了替代物来实现这样的目的，这些替代物聚焦于原本在真正市场能够展现出来的问题：公众获取信息的可能，对绩效的评估（不仅在财政意义上，而且通过结果评估），区分不同性质组织的管理绩效等（Glynn & Murphy，1996）。

因此，西方国家政府绩效评估的目的是发展和完善一种新的政府责任实现机制：既要放松具体的规制，又要谋求结果的实现；既要提高政府部门及公务员的自主性，又要保证政府部门及公务员对公众和结果负责；既要提高行政效率，又要切实保证政府服务的质量，实现效率政府、责任政府和法治政府的内在统一（蔡立辉，2007）。

3. 绩效问责的机制与方法

在西方国家的政府绩效管理实践中，主要有两种类型的绩效责任机制（李军鹏，2010）：第一类是基于立法监督的绩效责任机制，以美国为代表。绩效与结果法案要求政府机构定期向有关国会委员会提交结果导向报告，实现立法机关对行政项目结果的关注；第二类是基于决策与执行分开基础上的绩效责任机制，以英国为代表。英国设立承担政策执行和服务提供的执行机构，履行主管部长制定的政策和资源框架文件，实行结果责任机制。2000 年后，工党政府开始颁布“公共服务协议”，执行机构相应与主管部长签订“服务供给协议”，执行机构负责人对运营状况承担个人责任：一是回答议会有关委员会的质询，执行机构负责人依据框架文件，为自己的工作绩效和结果进行说明和辩护；二是对执行机构负责人实行为期3年左右的合同期，期满进行新一轮的竞争上岗，如果未能完成既定目标就不能继续担任领导职务。

因此，绩效信息和绩效报告是实现绩效问责的重要机制，发挥了关键性的作用。从内部责任而言，绩效评估提供关于一定时期内政府想实现的目标和他们实际达到目标之间的差距的重要信息，这些信息能够让政府组织及时调整正在进行的政策和战略。当地方政府采取目标管理时，这种监控尤为重要，绩效合同和报告被用来让管理者对目标负责（Epstein，1984；Ammons，2007）。从管理者的角度，绩效信息是一个有价值的资源，帮助决策和战略思考（Kettl，1997；Moynihan，2002），绩效信息必须成为组织战略管理和策略管理的来源（Kettl，1997）。由此，当绩效信息纳入预算分配过程时，绩效信息产生了最大的收益。成本信息能让官员和管理者更加意识到竞争性的目标之间的平衡，强调不同预算分配选择方案的相对成绩和收益（Kettl，1997）。绩效信息与预算分配的结合通常被认为是绩效预算（General Accounting Office，2002）。然而，新公共管理的经验研究表明，将绩效信息开始用于决策的目的，将是个长期的过程（de Lancer Julnes & Holzer，2001）。

从公共责任的实现而言，Epstein（1984）认为，良好的沟通很关键，一个提高沟通的途径就是公开政府的绩效报告和每年的预算过程，让官员的目标完成情况在公众的监督之下；另一个途径就是提高公民参与评估公共服务的有效性。公众的观点能够帮助政府在资源分配和问题定义上确定优先顺序，从而帮助政府改善工作（Whoely & Hatry，1992；Kelly & Swindell，2002）。通过收集绩效指标，监督者可以确保一线雇员的责任；定期公布评估报告，为整体政府的工作向公众负责。问责不仅仅向公众保证，税收是合理收集和报告的，开支是根据确定的程序实施的，同时，问责还向公众保证，政府资源是理智的、合法地使用的，高品质的服务是有效率地生产的（Ammons，2007）。

三 对绩效评估问责功能的质疑和反思

1. 牺牲民主责任的可能

通常认为，新公共管理运动孕育的结果导向的管理改革有强化政治问责和代议制民主的潜力（State Services Commission，1999），然而，一些学者对此有不同观点。绩效问责强调追求效率、质量和其他市场价值，却以牺牲民主问责为代价（Behn，1998，2001；Box et al.，2001）。效率或企业化运作的原则将违背民主程序中分权与制衡的理念，以市场机制解决公共问题基本上违背了政府存在的目的（Moe，1994），对市场驱动的改革构成了对民主责任传统的放肆攻击（Kettl，1997）。从政治问责向管理问责的重心转变带来了“对传统的民主治理原则彻底决裂”的可能（Wise，2002），或者“一种消除作为公共管理指导原则的民主的威胁”（Box et al.，2001）。以市场为导向的管理主义与民主政治价值之间存在冲突，即，自主性与问责（autonomy VS accountability）、个人视野与公民参与（personal vision VS citizen participation）、秘密与公开（secrecy VS openness）、风险承担与公共物品的监管职责（risk-taking VS stewardship of public good）（Bellone & Goerl，1992）。民营化以及试图模仿私营部门的种种努力缩小了责任的范围并且把关注的焦点放在了达到标准和使顾客满意上，这样的方法没有反映公共部门中多重的、重叠的责任途径（Mulgan，2000a）。绩效评估试图客观地评价项目所产生的效果，但是，由于行为的复杂性和各种地方利益的影响，这种客观评价很难实现（Newcomer，1997）。新公共管理使责任问题过于简单化。

Glynn 和 Murphy 观察英国20世纪八九十年代的改革对问责带来的变化，认为就目前形式的问责而言，它不同于传统的公共部门问责理念，它更多地关注投入和产出，而不是提供公共服务的程序，它在牺牲政治问责的基础上强调了管理问责，因为它强调政府是公共服务的使能者（enabler），而不是提供者（provider）。从一个民主政体的恰当运转的角度来看，在所有问责中，政治问责是最核心的组成部分。但是必须思考，在多大程度上，政治问责能跟上政府边界、规模、复杂性变化的步伐？这不是一个新问题，也不是纯粹由最近二十几年的公共部门改革引起的问题，这是由改革的多样性和改革导致的领域多样性交织在一起而产生的问题。在英国政府的改革中，最上层的政治问责结构没有发生变化，在这个上层结构之下，则是有着激进改变的问责机制。必须思考，政治问责的上层结构在多大程度上，能对付这些变化？——甚至是他们想不想对付——以及下面的问责机制怎样处理他们面对的多样性问题。（Glynn & Murphy，1996）

政府绩效评估措施本身有着种种缺陷和难以解决的矛盾，而其既要提高政府行政效率，又要确保社会公平和对公众负责，要统一这种效率目标和解决各种利益冲突的民主目标，在实际运作上通常很难达到。同时，以绩效为本的责任实现机制与西方国家民主共和制的责任机制、与西方文官制度的核心价值也有矛盾冲突（蔡立辉，2007）。结果导向的问责与民主治理之间的关系很复杂，需要发展新的民主问责范式来适应新公共管理的教义（Behn，1998）。

2. 责任与绩效的兼容问题

Halachmi 提出了责任与绩效的兼容问题（2002a）。为了问责的评估和为了绩效的评估可能不相容，两者具有不同的逻辑。绩效关乎管理、创造和对过去的突破，而问责关乎在既定的契约（envelope）内活动；绩效是对好的结果的感知，而问责是对正确的、安全的结果的感知；绩效与自我检查和内在探索有关，而问责与外部审查和使用事先确立的相对严格的法律或专业标准有关；为了提高问责的绩效评估回答：事情是否做对了，而为了提高绩效的评估回答：是否做正确的事情了。如果根据以上观点，那么，为了问责的评估和为了绩效的评估就不是同一个事物了。

为了实现问责的绩效评估不能产生组织最大化运作能力之外的绩效，因为它的审计特征。当绩效评估被用来实现责任追究的目的时，管理者没有激励来偏离确定的计划，即使这样的偏离可能以公共利益的名义。偏离计划的行为，会要求额外的工作来证明这样的偏离行为的正当性。这种消极激励很有可能阻碍公职人员采取创造性的主动行为来对快速变化的环境和充满不确定的情境作出必要的适应。在一个快速变化的环境下追求行为及其结果，会阻碍生产力的提高。

如，根据 GPRA 的要求，各机构制订的计划和事先确定的结果指标有助于推进问责的实施，但是这样的过程将会阻碍创新。它能帮助审计者清楚地了解资源是否按照承诺加以使用，以及使用这些资源所取得的进步，然而，它阻碍中期的纠正、尝试、实验，以及对即将发生的负面事件和趋势的前瞻性的预见和选择。

3. 绩效信息使用的复杂性

在绩效信息的可获得性和实际使用之间存在一些问题。在绩效评估的过程中，绝大多数的绩效信息被管理者忽视了，这种情况发生在英国（Johnson & Talbot，2007）、美国（格姆雷、巴拉，2007：14—17）、加拿大（Treasury Board of Canada Secretariat，1996：21）、荷兰（Ter Bogt，2004）。绩效信息通常被认为用于决策过程之中，从而带来绩效的改进和责任的实现，然而实际的信息使用是绩效信息系统中最薄弱的环节，绩效信息是否用于决策过程的证据是很少的（de Lancer Julnes & Holzer, 2001），绩效评估是否真正对决策起作用的观点也是分歧的（Pollitt, 2006）。莫尼汉和拉沃分析了美国联邦政府的绩效评估，认为1993年的政府绩效与结果法案（GPRA）以及布什政府的项目评估定级工具（the Program Assessment Rcoting Tool, PART）已经建立了一种新的政府管理惯例，两者的目的均在于促进美国联邦政府绩效管理的发展，但从绩效信息的使用方面来看，两者所作出的努力都极其有限，绩效管理系统是否有效的终极判断是绩效信息是否被应用，而不是创造了多少个目标、多少次评估，由此来看，联邦绩效管理距离这一标准相差甚远（莫尼汉、拉沃，2012）。对公众而言，忽视绩效信息的情况也存在（Marshall et al., 2000）。而且，公众处理信息的能力很有限，他们通常放弃或者诉诸武断的简单化。更何况，处理复杂信息是对积极和消极使用绩效信息的折中，这是一个非理性的过程（Hibbard et al., 1997）。而且当绩效信息所涉及的服务或者情况是公众所未曾经历过的，那么，公众判断的合理性就要下降（Van Ryzin, 2007）。

还有大量的研究涉及绩效信息使用中的曲解、博弈行为（Hood, 2007; Smith, 1995）。当绩效评估用于问责或者控制的目的时，管理者会选择“表现”（perform）绩效，而不是真正地去实现它。

因此，绩效信息的使用是一个复杂的过程，Weiss（1979）研究项目评估结果对政策的影响，认为绩效信息的使用可以是象征性的，即，信息用来实现劝说或者合法性证明的目的，也可以是概念性的使用，信息用来支持一般意义上的教化和开导。绩效信息不是以直接的方式加以使用，而是渗透或者不知不觉地进入组织的思维模式之中（Weiss, 1980）。这个绩效信息的使用方法准确地再现了大多数绩效信息不完整性和模糊性的特征，并提供了解释的理由。

4. 少量的经验性研究

绩效与问责之间的关系是真正存在的，还是修辞意义上的表达？对这两者关系的经验性研究非常少（Halachmi & Bouckaert, 1994; Halachmi, 2002a），没有充足的文献能够得出关于两者关系的结论，也无法根据已有的问责文献作出回应。Dubnick 运用社会机制（social mechanisms）路径分析表明，这两者之间的关系是似是而非的，在以此为基础的改革中，这种关系或者不存在，或者依情况而变化（Dubnick，2005）。绩效评估能带来绩效的改进和责任的强化，但是并不意味着相同的评估议程能同时满足两者，或者平等地满足两者（Halachimi，2002）。

三位学者（Ospina，Grau & Zaltsman，2004）认为至今出版的关于新公共管理经验型研究的文献，事实上没有提供作为新公共管理工具的绩效评估服务于加强民主的例子。他们研究了智利、乌拉圭、哥斯达黎加和哥伦比亚四个拉美国家的评估系统，认为智利和乌拉圭的绩效评估机制围绕着预算周期而加以组织实施，目的在于提高和支持预算设计和资源分配过程，进而支持战略规划和决策，帮助提高公共部门的效率和效益。这一预算导向模式与大多数新公共管理运动改革一样，强调管理问责的基本特征。哥伦比亚和哥斯达黎加的绩效评估系统主要支持宏观的政策层面或者中观的组织层面的战略规划和决策，评估系统与国家发展规划（the National Development Plan）相联系，而国家发展规划主要反映总统及其行政班子在选举成功时承诺实施的各项政策的优先次序。被称为计划导向模式的绩效评估系统的主要特征是强调政治问责，保证总统和其他高级官员能够让下属为他们的绩效负责，从而让这些选举的官员能够对公民负责。通过比较研究，作者得出结论，绩效管理对民主治理产生积极影响的两个条件：第一，绩效信息反馈给了能够改变行政系统现状的关键行动者（管理者、预算分配者）；第二，产生的信息能够让行政系统对公众更透明，公民才是民主的治理体系的关键构成部分。在这个意义上，预算导向模式对民主的影响是间接的，强调将绩效信息反馈到内部的行政系统；计划导向模式的影响是直接的，强调外部的信息反馈。而所有案例中的目标要实现，取决于产生的信息被使用，然而由于缺少清晰的激励机制、绩效评估系统整合度不高，以及这些国家的改革措施没有给予管理者更大的自主性和灵活性，绩效信息缺乏有效的使用。

Pollitt（2011）以英国国家健康服务系统（The U. K. National Health Service，U. K. NHS）和世界银行的全球治理指标（The World Bank's World Governance Indicators，WGIs）为例分析绩效评估体系中的问责。英国国家健康服务系统是早期应用绩效评估系统的典型，最早的国家绩效改进（National Set of Performance Improvements，PI）始于1083年，从20世纪90年代发展起来的NHS可能是全世界公共服务绩效评估体系中最复杂的一个。从1996年开始，世界银行公布的世界治理指标（话语权和问责、政治稳定和去暴力、效率、规制质量、法治、控制腐败）是世界范围内最广泛采用和引证的指标体系之一。研究结论表明，在使用绩效信息实施问责方面，政府才刚刚起步，很少有系统性的关于政治家和公众处理绩效数据的证据。相对于外部问责，绩效评估更常见地用于内部控制。

Radin（2011）根据 Romzek & Dubnick（1987）建立的问责框架描绘了问责的多元和多维，并以绩效与结果法案（GPRA）和项目评估定级工具（PART）为代表的美国联邦政府绩效评估为例，分析绩效评估在上述问责框架中的维度及其带来的问题。研究结论显示，绩效评估的支持者所声称的评估促进问责的承诺没有认识到问责的复杂性，由此让 GPRA 和 PART 在运行过程中产生了诸多不适和问题。两个绩效评估举措都聚焦于官僚体系的等级问责机制，忽视了复杂的政治结构中的其他视角，也破坏了职业问责①所必需的自主性和自由裁量，从而在官僚体系中产生玩世不恭（cynicism）的心态，造成目标与手段之间关系的混乱，缺乏对绩效信息的真正使用。

第三节 起步中的国内政府绩效问责研究

国内对绩效问责的专门研究不多。在中国知网的“中国学术期刊网络出版总库”上，截至 2016 年 1 月 2 日，以“题名 = 绩效问责”为搜索条件，共获得 69 篇相关论文，而且引用率较低，被引频率普遍不高，最高的一篇是 2007 年的文献。② 然而，绩效评估是当前研究的热点议题，绩效问责的研究多内含在绩效评估的相关文献中。

一 绩效评估的兴起与发展

推行政府绩效评估和建设高绩效的政府组织，借鉴西方发达国家的实践经验，这是我国深化行政管理体制改革的重要内容和转变政府职能的必然要求（唐铁汉，2006）。自 20 世纪 90 年代以来，中国政府对绩效评估日益关注，各级地方政府积极探索，形成了一条具有中国地方特

① 按照 Romzek & Dubnick（1987）的界定，职业问责是指行政人员必须按照职业标准和职业道德的要求开展自我反省，从而能够以自觉的意识来更好地履职。

② 截至 2016 年 1 月 2 日，徐元善、楚德江（2007）的论文被引频率为 100，排名第一。

色的政府绩效评估道路（中国行政管理学会课题组，2003；蓝志勇，胡税根，2008）：第一阶段：从20世纪80年代中期到90年代初期，主要表现为作为绩效评估前身的目标责任制和1989年开始的效能检查，绩效评估并没有真正在中国政府部门展开；第二阶段是绩效评估发展的鼎盛阶段，从20世纪90年代初到90年代末期，各种类型和方式的组织绩效评估相继出现：社会服务承诺制与组织绩效评估，自上而下目标责任制的系统推进，以市民为评价主体的绩效评估制度逐步形成。第三阶段是各具特色的中国地方政府绩效评估模式形成的阶段，20世纪90年代末至今，如青岛模式、杭州模式、福建模式、甘肃模式等，这些模式还处在完善阶段。

在实践应用上，我国政府绩效评估的形式主要有三大类（中国行政管理学会课题组，2003；蔡立辉，2007；蓝志勇、胡税根，2008；周志忍，2007）：第一类是普适性的政府绩效评估，通常表现为目标责任制、社会服务承诺制、效能监察、效能建设、行风评议、干部实绩考核等评估形式。这种评估形式主要在政府组织内部进行，目的是要通过目标责任制等评估手段追求传统行政模式下行政效率的提高。第二类是行业绩效评估，将评估应用于具体行业，由政府主管部门设立评估指标，并组织对所管辖的行业进行定期评估。第三类是针对某一专项活动或政府工作的某一方面开展专项绩效评估。

迄今为止，我国公共组织绩效评估具有几个比较明显的特征（周志忍，2007）：

第一，评估的“内向性”，组织绩效评估主要是一种政府的内部行为，由政府部门发动和实施，评价结果主要用于“内部消费”。第二，评估的“单向性”，绩效评估主要是上级对下级的评估，政府主管部门对所属企、事业单位的评估。第三，评估的“控制取向”，政府组织绩效评估可以划分为“外部责任”和“内部控制”两种基本类型，发达国家政府绩效评估偏重于外部问责，即报告绩效水平以推动公民监督，我国的政府绩效评估多着眼于内部控制和监督。第四，评估的“自发性”，组织绩效评估至今未能形成一个统一的模式和实施规范。

二　绩效评估对行政问责的意义

徐元善、楚德江（2007）较早提出绩效问责的概念，认为它是在考察政府绩效水平的基础上启动问责程序的一种行政问责形式，体现了社会对政府绩效水平的一种基本期待以及政府对其行为效果所承担的责任。绩效问责关注“无为”责任，体现一种约束功能，是政府及其公务人员应该达到绩效目标的底线责任。

政府绩效评估通过四个层面形成问责功能（彭国甫、陈巍，2009）：(1)政府绩效评估以科学发展观和正确政绩观形成问责导向。(2)政府绩效评估整合问责资源：首先，政府绩效评估有利于优化和开发行政问责资源；其次，政府绩效评估通过绩效信息的公开形成有效的责任监督；最后，政府绩效评估有利于发展体制内的行政问责资源。(3)政府绩效评估通过整合执行过程以统合问责内容。(4)政府绩效评估通过强化政绩合法性以提升问责效益。

国内学者普遍认同绩效评估对行政问责的意义，认为绩效评估具有问责功能，有助于建设责任政府。

1. 绩效评估蕴含内外责任控制的理念

国内研究认为绩效评估具有强化政府对公众的外部责任的重要价值。责任政府的理念要求政府必须回应社会和民众，必须积极地履行社会义务和职责，政府绩效评估体现服务和顾客至上的管理理念，有利于改善政府与公众的关系，加强公众对政府信任（范柏乃，2005：41）。政府绩效评估包含顾客至上、结果为本和责任理念的管理理念，体现寻求社会公平与民主价值的政府管理发展方向（陈巍、曹丹，2008；彭国甫、陈巍，2009）。政府绩效管理是一个民主行政的有效途径，问责是绩效评估的政治功能的体现，即，绩效报告和绩效计划作为多层监督的手段，衔接政治责任性与科层责任性；创造评估中的公众参与，公开绩效标准和绩效结果，便于公众监督政府；公众直接参与制定政府管理目标、绩效指标和标准，从而使政府工作更好地反映公众的需要，可以解决传统公共行政不能真正解决公共责任性问题的缺陷（陈天祥，2005，2011）。从绩效问责的外部责任功能而言，绩效报告和报告绩效是实现政府绩效评估外部责任的基本形式和重要途径（陈巍，2012；陈巍、盛明科，2012）。

同时，绩效评估可以强化内部责任配置与层级控制。有研究者用德尔菲法，通过对 11 种地方政府绩效评估结果使用情况的调查，研究了绩效评估结果使用现状，研究发现，地方政府绩效评估结果使用多出于政治考虑，偏重将结果用于“实施奖惩”和“控制下级”（刘蕊、刘佳、吴建南，2009），而这种根据政府绩效状况实施奖惩的结果使用被认为是中国本土化行政科层制创造的绩效问责机制（阎波、吴建南，2013）。中国政府自上而下层级间的行政管理体制，一直实行由上级政府向下级政府下达指标、分解任务、量化考核的目标责任制，并对结果实施考评奖惩，加强行政问责制，在运作中将政治锦标赛与政治淘汰赛相结合，呈现出压力型体制的本质特征（渠敬东、周飞舟、应星，2009；王汉生、王一鸽，2009）。从内部控制而言，绩效沟通、绩效协议是重要的工作机制，绩效沟通建立信息共享机制，调节政府部门之间的责任关系，绩效协议则调节政府上下层责任关系，实质是完成政府上下层的责任监督（陈巍，2012；陈巍、盛明科，2012）。

2. 绩效评估和问责具有程序的一致性

从广义的角度看，问责的环节和绩效评估的环节大致趋同。行政责任机制包括明确和健全责任、责任履行、责任监督、追究责任四个环节，且四个环节构成循环系统，而这四个环节也是一套发现责任失范行为，解释判断与评估责任，以及追究责任的过程（赵蕾，2006）。通过绩效评估可以实现对政府失责行为的发现、判断以及追究，推动问责制走向程序化和制度化，并以评估工具的创新不断探索问责的有效切入点（王柳、陈国权，2007）。从狭义的角度看，绩效考评为问责提供责任的依据，即，工作履行过程和结果方面的数据，绩效考评是责任政府建立的基础工程（景云翔，2004）。

三 绩效问责的问题与建议

政府绩效问责制存在一些亟待解决的问题和困境，这些问题影响具体责任判定（徐元善，2007）：第一，绩效评估本身的特点制约着绩效问责适用范围和功能；第二，绩效评估过程中存在的一些问题影响到绩效问责的合理性和公正性；第三，绩效水平与责任确定之间的复杂关系使绩效问责的落实存在着许多不确定因素。政府绩效责任机制不健全，还存在指标体系不科学、公众参与不充分、评估制度不健全、评估程序不规范等问题，由此导致指标体系的约束性弱、公众难以对政府问责、问责的客观公正性欠缺以及绩效评估的问责功能难以落到实处（陈巍、曹丹，2008；彭国甫、陈巍，2009）。

通过绩效目标的达成情况来控制基层公务员的行为是一种新型的问责

模式，与新公共管理“结果导向”的管理理念具有内在契合之处。但达成绩效目标所要求的基层公务员能够根据具体情境行使自由裁量的权力，同样蕴含着潜在的风险，在问责过程中带来可计量任务“驱逐”不可计量任务、选择性执行以及绩效悖论等困境。此外，环境的复杂性、“运动式治理”方式以及冲突性的问责要求等不可控因素，使基层公务员的绩效问责充满不确定性。因此，有必要对“绩效”与“问责”的假设关系进行更深入地反思（颜海娜、聂勇浩，2013）。

当前我国的绩效问责实践中还严重缺乏“全过程绩效问责”和“全面绩效问责”的理念，在“救火行政”思维与“青天文化”的相互交织下，政府还迷恋于以政治手段来决问题，迷恋于“斩立决”式问责，却对“保健”式问责不感兴趣，对绩效评估的功能理解不到位，使用不周全，将“问责”狭隘化成了“追责”，从而导致绩效问责的实施面临诸多困境（尚虎平、张怡梦，2015；尚虎平、张怡梦、钱夫中，2016）。总之，目前政府绩效评估没有与体制改革结合起来（蔡立辉，2007），绩效问责缺少系统化的制度支撑。

周志忍（2007）则对于内部控制的绩效问责提出了担忧，认为要避免绩效评估结结果运用的极端方式，即，在绩效评估结果利用上急功近利，不分场合地推行“一票否决”“末位淘汰”等貌似激进、实则不尽科学的制度，相对于评估结果与干部任用、奖惩和资源配置相互脱节的另一个极端方式而言，这种结果利用方式更值得警惕。

为了更好地实现绩效评估的问责功能，学者从不同角度提出了很多建议。宏观层面，认为中国未来的绩效管理制度必须有效整合政府组织内部的其他管理制度，避免与其他相关管理制度“两张皮”的现象（高小平、盛科明、刘杰，2011）。绩效管理是政治理性与技术理性的统一体，应探讨绩效管理的学科“大问题”（陈天祥，2011），建立基于公共价值的绩效管理体系（包国宪、文宏、王学军，2012）。微观层面，学者指出应该树立科学的政府绩效评估理念、拓展绩效评估主体范围、确立绩效评估指标、规范绩效评估程序、加强绩效评估制度建设、健全电子政务绩效评估制度，来建设良好的问责文化，促进问责主体明确化、问责内容具体化、问责程序无隙化、问责制度化、问责信息化，从而实现政府绩效评估问责功能的完善，推进行政管理体制改革（陈巍、曹丹，2008；彭国甫、陈巍，2009；陈巍，2010）。我国未来政府绩效考核机制应该建立政府组织对绩效考评的高度认同，并且首先要获得主要领导的支持，要建立技术支持体系，加强绩效考评机构建设，建立公众参与机制，完善绩效管理法律制度（景云翔，2004）。

也有学者对绩效评估领域火热发展过程中产生了冷思考，认为，继续为绩效管理奔走呼号、推波助澜的时代已基本结束，要脚踏实地研究绩效管理推进行政管理理念和行政管理模式创新的规律；不恰当地拔高颠倒了技术和制度之间的因果关系，简单化的乐观主义不仅导致对理念、体制和制度等的忽视，而且赋予绩效管理难以承受的社会期望，最终可能使其名誉扫地（周志忍，2009）。

四　绩效问责的经验研究

陈天祥（2009）研究福建省永定县政府绩效管理实践，认为具有公共责任和效率双重价值导向。永定县以明确的价值定位为核心，整合行政过程变革、绩效指标设计、绩效跟踪辅导机制、绩效考核机制和问责体系，形成了内涵丰富、功能齐全、结构合理的绩效管理框架。

吴建南、岳妮（2009）探讨了问责和领导行为的关系及其对组织绩效产生影响的可能模式，以我国西部某市乡镇政府为研究对象，描述了乡镇层级政府的问责现状。统计分析表明问责制度给乡镇党政领导干部带来的问责压力与组织绩效之间存在显著相关关系，可进一步加强乡镇政府的问责制度，尤其发挥公众等利益相关者对政府的监督质询作用，将问责压力控制在合理范围内的基础上，以使问责制度经由对领导行为的约束而对政府组织绩效产生积极影响。

有学者根据政府整体性绩效评估、部门绩效评估、公共项目绩效评估、政策绩效评估的评估类型分类，从每一类中选取5个有代表性、有资料支撑的改革案例，以这4类共20个开始试点并已完成的具有绩效问责性质的改革案例作为研究对象，对它们在绩效评估施行中的全过程绩效问责现状进行分析，并依据一定的数学、统计逻辑来较为合理地推断我国政府绩效问责的整体情况。研究结论显示，目前全过程绩效问责在每个环节上做的都还非常不够，相对来说，绩效使命、绩效信息中责任因素渗透较多。这肇源于全过程问责意识的缺乏、轻视管理技术却迷恋政治方法，以及“救火行政”思维和对绩效评估工具的不完整理解等，可以通过树立全过程绩效问责理念，以预防式问责代替“追责”，推行“责任底线制度”、绩效责任标准化制度来改进（尚虎平、张怡梦、钱夫中，2016）。对审计署开展的政府公共项目绩效评估的矩阵分析研究也可得出类似的结论（尚虎平、张怡梦，2015）。

香港城市大学的学者（Chan & Gao，2009）以陕西省榆林市靖边县的绩效评估为案例，认为中国目标责任制考核强化了短期的问责，但是却牺牲了长期的政府生产力的提升，在中国市场导向的深入发展阶段，无异于本末倒置。同时，高层组织对具体评估项目的制定负有责任，却对制定了不合适的、不持续的、冲突的绩效目标和标准不负责；被给予了这些有问题的绩效目标和标准的底层组织，却要对超出他们控制能力之外的结果负责。组织之间缺少对结果的责任和风险的共享机制，这在国际上是个已形成普遍认知的共性问题。

第四节　简要的述评

已有的研究正视二十多年以来公共管理领域发生的重大现实问题，敏锐地捕捉到了绩效评估这一重要管理工具的勃兴对公共治理和政府管理的重要影响，在西方公共行政宏大叙事背景中，探索了绩效评估对权力约束和问责这一政治生活永恒话题的价值，形成了较为丰富的研究成果，为研究提供了多元的理论视角和精彩纷呈的观点，也为本研究的深入进行提供了极富启发性的线索。

第一，从研究背景上看，政府绩效评估和行政问责的制度逻辑带来了广阔的本土化研究的空间。

公共部门的改革本质上是一个政治过程，在公共部门，政治和意识形态会继续在支持政府“做得好、花钱少”的机制选择上发挥关键性的作用（Peters & Savoie，1998：79）。从根本上说，政府绩效评估不仅仅是一种纯粹的“科学活动”，而是一种渗透着利益、权力、心理、文化等因素的“行政活动或政治活动”（张璋，2000）。绩效评估的发展和演化只有在政治和意识形态背景下才能得到较好的理解。因此，已有研究显示，作为绩效评估兴起的西方世界，已经形成了相对成熟的绩效评估制度和绩效问责机制，地方分权、公共服务市场化、结果导向的管理主义文化、放松规制的改革背景、完整成熟的政治授权和行政授权所形成的清晰的问责关系等，构成了西方绩效评估问责功能有效发挥的制度背景。而在与之有差异的中国经济社会发展背景之下，绩效评估与问责是否具有同样的制度逻辑？建立在西方政治经济社会发展语境之下的绩效问责框架是否会在中国发生变化？什么原因导致差异？中国绩效问责的制度供给和制度需求有没有特殊的逻辑？等等，这些是很值得研究的问题，也是国内研究没有回答的问题。目前的国内研究依然沿袭西方的制度逻辑考量中国的绩效评估与问责关系，更多地表现出一种应然的演绎，缺乏实然的判断，阻碍对问题的深入分析。

第二，从研究内容上看，政府绩效评估与行政问责的关系需要进行细致的分类研究。

国外研究显示，绩效评估、问责以及绩效之间的关系是一个存在争议的话题，这种争议不是对两者相关性的否认，而是对两者存在什么关系及其影响机制的进一步思考。有关问责的文献梳理表明，问责不是一个一般传统意义上的概念，有一个基本的核心，有明确的边界（Schedler，1999：18）；相反，它是一个情境性的概念，由此导致了对这个概念存在多种角度的理解，也带来现实中多重和冲突的问责困境。国外问责研究的重心开始向解决多元和冲突的问责问题转移，已经认识到拘泥于一种问责机制所产生的问责僵化问题，从而主张关注问责的结构化问题，即，不同问责机制之间的互动关系，个人行动、问责制度与组织绩效之间的关系（Yang，2012）。绩效问责就是在这样的理论背景下进行的，它注定了在绩效评估这一场域中实施问责也会为多元、冲突的问责期待所困扰。因此，很有必要进行分类研究，研究不同的评估类型对不同问责机制的影响程度，分析不同路径之下，政治因素、技术因素和组织结构等要素的影响方式，以及对绩效评估的绩效的影响。目前国内研究尚未回答这些问题，主要还是在意义的层面上讨论绩效评估和问责制度整合的必要性，缺乏对绩效评估和问责各自的制度复杂性的分析，更未涉及两个复杂制度之间的互动关系和整合方式。

第三，从研究方法上看，绩效问责更需要实证研究的支持。

绩效评估与问责的关系是真实的还是修辞意义上的表达？这个争议在国外研究中从未停止，但是对这两者关系的经验性研究却非常少（Halachmi and Bouckaert，1994；Halachmi，2002a），已有的证明两者之间关系的经验性材料还是很欠缺（Pollitt，2011；Radin，2011）。这是国外研究的遗憾，更是国内研究的缺陷，从文献综述中可以清楚地认识到。

因此，本研究根据已有文献综述，构建关于绩效问责的基本分析框架，并以杭州市绩效评估为观察对象，试图形成对绩效评估和行政问责整合关系的真正理解。

第三章
理解问责的三个视角

问责是一个受人追捧的概念，没有人会否认问责对治理现代化的重大价值和意义。因为执掌公权力者必须对他们行使权力的方式和结果承担责任，而问责是促使责任实现的重要方式。然而，公共领域的责任问题极为复杂，它关注复杂治理系统的所有规范、价值和偏好，这些变量代表着一些重叠的、有时是矛盾的并且不断发展的责任观（珍尼特·登哈特、罗伯特·登哈特，2010：86）。重叠、矛盾且发展的责任观根源于不同主体对于他们与政府间的相互关系有不同的认知，由此决定了他们对于政府行为及其绩效的标准会有不同的期待和判断。问责就是在公共行政人员与其相关联的不同的授权群体之间，通过相应的程序、机制和战略安排去传达后者的期望的过程（Klingner，Nalbandian & Romzek，2002）。实践中的问责意味着在不同的程序和机制下，处理有关政府责任的信息，组织责任审议的过程，并施以相应的后果。总之，问责制是一个实现不同期望和功能的制度集，而这些期待和产生的制度价值存在交叠冲突的可能。

因此当研究特定的问责制度时，很有必要确立一个衡量标准：该问责制应该满足怎样的期待？如何判断一个问责的制度是否运转良好，能否有效发挥作用？这个基本问题是任何一个问责制度合法性的来源。

第一节　实现权力控制的问责

一　扩张的行政权力

政治活动的本质和政治学的核心变量是权力。正如早期古典理论家所言，在政治生活中，首先出现的是权力，随之而来的是控制权力的需要（Schedler，1999：13）。“政府本身若不是对人性的最大耻辱，又是什么呢？如果人都是天使，就不需要任何政府了。如果是天使统治人，就不需要对政府有任何外来的或内在的控制了。在组织一个人统治人的政府时，最大困难在于必须首先使政府能管理被统治者，然后再使政府管理自身。”（汉密尔顿、杰伊、麦迪逊，1980：264）来自洛克、孟德斯鸠和联邦党人的自由主义传统，让人们一直都在考虑，如何控制权力，如何驯化权力，如何防止权力的滥用，如何让权力遵循一定的程序和规则。如今，对权力行使的调查、监督及制约这一理念集中体现在问责这个时髦的概念上（Schedler，1999：13）。

权力控制指向对行政自由裁量权的约束，行政问责的发展与行政国家兴起的密切相关。随着社会生活的日益复杂化，政府权力的扩张具有一定的必然性，社会发展无不体现着政府的治理绩效，运行良好的行政机构已经成为民主政治、经济社会发展必不可少的因素。民主政府为了做好国家事务，必须有能力支配一个富有强烈责任感和同样强烈集体精神，以及有良好名望和传统的训练有素的官僚机构的工作（熊彼特，1999：426）。行政国家的扩张是不可逆转的趋势，有效的行政管理总是需要自由裁量权，“巨大的权力和不受限制的自由处置权限似乎是承担责任的不可缺少的条件”（Wilson，1887）。

二 合规性控制与等级问责

公共行政领域围绕如何问责的问题可以追溯到卡尔·弗里德里克和赫尔曼·芬兰之间的一次著名的辩论，这场争论提出了一些关键性的问题，奠定了问责研究的基本思路。芬兰认为以法律和行政程序的形式建立一套外在约束机制来施以惩戒是唯一有效的措施；弗里德里克则指出，考虑到当代政府日益增长的规模和复杂性，根本不可能创造一个可以发现并控制所有权力滥用行为的结构体系，实现责任行为的唯一途径就是吸收各种正直的人到公务员队伍中，灌输以公共服务的价值观，强化专业理念和个体责任感的问责机制（Friedrich，1940；Finer，1941）。这场著名的争论没有明确的是非答案，因为，两位学者提及的行政责任的标准，无论是弗里德里克的“技术知识和公众情感”，还是芬兰所主张的“对政治家与行政官员加以纠正与惩罚的安排”，都是问责机制的重要方面，体现了两种基本的控制路径：一是以职业标准和理念的形式确立的内部控制机制；二是以法律和程序的形式建立的外部控制机制。

一般认为，控制系统必须包含某种标准设定方法（导向器）、某种搜集被控制者信息的方式（检测器）及在系统偏离正常运行情况下对系统进行某种行为修正的方式（矫正器）（胡德，2009：49）。控制视角下的问责，其背后隐含的基本假设就是，一旦个体依据一定的法律命令或者契约义务，被安置在一定的组织内，那么就赋予了这个职位要求的职责和义务，他（她）就应该根据这个职位要求的角色行动，如果出现偏离的行为，出现“不做分内之事”的不利后果，那么就要予以及时地纠正或者惩罚。因此，问责的控制机制包含三个要素：一是说明行为标准的规则；二是发现偏离行为的机制；三是对偏离行为的强制性措施。问责实现一种合规性的控制，体现“不犯错误”的行政的基本理念。

在韦伯官僚制理想模型中，组织化的结构、清晰的规则之下与职位相一致的固定职责的特征，以及等级化权力之下严格的上下级指挥命令系统，这些官僚体系的核心特征足以完成责任标准确定、责任评判和责任纠偏的控制任务。传统公共行政认为，等级控制的问责手段能够实现个体和团体对机构和项目目标的责任，如，专业化、功绩制、标准化的程序、记录、审计、规章制度、法律法规和政策指令等。尽管组织的目标替换、机构俘获和其他官僚制病理现象的出现挑战了这个官僚模型的逻辑，但是，这种主导性的问责模式，会继续成为实现并维持控制行政机构的首选方式。

等级问责是实现控制的有效机制，而官僚制就是实现等级问责的理想组织形态。然而，等级问责的控制方式在20世纪末有了新的变化，开始让位于更加多元化的问责形式。带来这种变化的是公共事务管理的去官僚化、合作治理的趋势以及日益增加的公共管理复杂化和不确定性的特征，这必然挑战问责的控制功能，从而带来问责制的发展和变革。

第二节　实现民主价值的问责

一　选举与民主问责

控制本身不是目的，控制只是一种手段，其目的是为权力的行使设定一套基本的规则和制度系统，从而使形式上不向选民负责的行政权的获得和行使具备政治理论和制度所要求的合法性，确保被授予的权力是以符合民主政治基本价值的合适方式加以行使。问责就是落实这种保证必不可少的机制。

民主和问责的关系广为认可，责任政治是民主政治的应有之义，处于民主政体根基上的正是对公共责任的要求。那么问责所要实现的是什么样的民主价值？

对民主的认识和理解是不断发展的。没有一种真正的民主理论——而只有各色各样的民主理论（达尔，1999：导言 2）。词源意义上的民主意味着人民的统治，权力属于人民，它建立了一条有关权力来源和权力正当性的原则，也意味着对民主形式的希望和要求是：社会优先于国家，“民”优先于“主”，只有当受治者与治者的关系遵循国家服务于公民而不是公民服务于国家，政府为人民而存在而不是相反这样的原则时，才有民主制度存在（萨托利，2009：46）。因此，公民在民主国家中居于核心地位，政府对公民的选择必须不断地作出回应，完全地或者几乎完全地回应所有公民的要求，是理想的民主政治制度的一个特点（景跃进，2011：70）。

权力源于人民和政府对人民的回应构成了民主理论叙述的逻辑起点，内含的委托代理关系则塑造相应的责任关系。责任与授权密切相关，责任是授权的结果。委托人将权力授予代理人，获得权力的代理人必须就权力行使中的决策、行为和绩效向授予其权力的委托人承担责任，确保忠实地履行委托人授予的权力，而委托人拥有相应的奖惩权。这种与授权方向相反的责任链成为避免权力滥用的守护者，构成控制权力滥用的重要机制，从位于委托代理链最顶端的人民到执行政策的街头官僚（street-level bureaucrats）。理论上，在这个授权和问责的关系中，除了顶端的人民和末端的公务员，每一层级既是问责的申请者，又是问责的承受者。由此，等级连接了作为民主治理体系核心的各种行动者、组织和制度（Strom，2000）。因此，在传统民主理论看来，问责制以选举和代议制结构的方式实现政府对公民的回应性，实现民主的基本价值。

在 20 世纪，随着选举制度继续完善（例如实行普选制）和一些学者（例如熊彼特）的努力，选举逐渐变成民主的代名词，并成为最主要甚至是唯一的政治问责制度（马骏，2010）。通过选举，民众保持对那些在民主治理体系中发挥作用的各种行动主体的民主控制，实现政治授权下对行政权力的外部控制，然后，科层内部按照层级职能和隶属关系自上而下实施行政问责，实现行政授权下对行政权力的内部控制。因此，选举是最基本的问责方式，是确保政府对公民负责的最主要方式。

与选举机制相衔接的必然是代议制的结构。选举实现了权力来源向度的政府对公民的回应，由此获得政治合法性，而行政的合法性则由行政机关对立法机关所立之法的遵从而实现。在民主国家，人们可以通过两条途径来要求落实责任性：通过公民社会的行动，以及通过代议制的结构，不过，除了选举之外，保障责任性最为正式的是代议制（联合国开发计划署，2002：55）。代议制的结构建立“部长问责公务员、议会问责部长、人民问责议会”的责任体系，通过代议机构，人民实现对国家权力的控制。

二 公民参与与民主问责

然而，仅有选举制度不能确保官员负责任，责任性更多地依赖于政府如何运用权力，而不仅仅是通过选择的方式获得权力。选举解决的是授权、取得公共权力的合法性问题，对公共权力行使的监督解决的是取得公共权力之后如何确保合法有效使用和增进公共利益的问题（蔡立辉、欧阳志鸿、刘晓洋，2012）。不能确定，选举是否能对官员实施前瞻性或者回顾性的控制，一旦选举完成，选举不能约束当选的政治家的行为，不能确保政治家是有道德的或者会履行承诺的（Przeworski，Stokes & Manin，1999）。选举问责是间歇性的，有明显操控的可能，会弱化民主问责的能力。当前，以福山（Fukuyama）为代表的西方政治学家对以民选为起点的西方政治体制作出了深刻的反思，就是这个问题的集中体现。

同时，关于官僚、政治利益集团和国会委员会三者之间的“铁三角”的事实，让人们逐渐意识到，议会和议员代表选民行使对政府的问责，往往也不能保证对行政的充分监督，甚至造成了选民直接监督权的缺位，作为监管者的政府机构却往往会成为被监管者的保护者，广泛的授权行为却经常服务于特殊利益。于是，缺乏代表性的行政体系的公正和效率受到了质疑，行政人员正确的执行方式必然促使政治家所制定的政策产生既定的效果这一逻辑也日渐动摇。公众要求不断增加直接参与对行政官僚的问责，强调政府在追求公平公正的结果上对公众承担更大、更主动的责任。如果行政国家与代议民主制向来难以协调的话，那么随着官僚行为的扩张，情况更甚了（韦斯特，2001：15）。需要一种新的方式来保证行政的回应。另外，处于金字塔顶端的委托人越来越不能让其代理人完全对他们的行为和绩效负责，然而作为上级却要为下属的行为向他的上级承担所有的责任。这是等级的问责机制的另一个不足，在不断扩张的行政权力、日益复杂的公共管理背景下，直接表现为权力控制的失灵。

由于选举及其代议结构不足以完全实现政府对公众的责任，那么需要在问责制度中建立直接的公民参与渠道和结构，设计包含公众的问责机制，建立行政机构对公众的直接回应。行政已经不可避免地涉及利益之争和价值冲突，应该关注行政过程中的利益表达，调节、缓和行政过程中的利益冲突和价值选择。合法性的建立、维持和摧残并不仅仅在于政治系统的输入端，而在于输出端，公民接触政治系统的输出端——即管理的机会要远远高于输入端的概率，而且，在输出端发生的事情往往会对他们的福利产生重要影响，因此，管理水平对于人们如何看待政治系统而言极其重要（罗斯坦，2011）。

值得说明的是，对问责机制中的参与性所体现的民主价值的讨论，不能仅仅停留在参与本身对民主价值的贡献，还要分析公众的评判权、发言权和选择权在问责的制度结构中处于什么位置，对问责行为产生什么实质性的影响力。实现民主价值的问责制度本质上是问责中的公民赋权，在公民要求公共管理主体解释和证明他的行为的前提下，还需要进一步讨论问责实践中所暗示的不同含义的公民权，即，倾向于将公民视为偶尔的选举者或者政治选票的消费者，还是公共服务的顾客，抑或通过集体的努力有能力提供公共物品的合作者？强调公民作为消费者所拥有的退出选择权，从而与政府形成更具有竞争性的关系，还是体现为合作者所拥有的话语选择权，从而形成更加合作的关系？

第三节　实现绩效持续改进的问责

一　绩效改进视角下问责的特点

全世界各地的政府面临着治理绩效的巨大压力，希望能更好地解决人类社会面临的一些基本问题，能更有效地回应人民对政府的期待，能实现经济社会高效率地发展，确保所欲结果的实现，还要在全球化的背景下，提高国家竞争力。而同时，所有的政府都面对着不同群体对公共政策和公共服务越来越多的需求和期待，包括受教育程度越来越高却越来越不恭顺的公民，观点更鲜明且更有组织化的利益团体，以及更加具有攻击性的大众媒体。因此，责任体现为治理绩效的持续性改进，问责就是促进绩效持续改进的工具，学习则是实现绩效持续改进的重要机制，这就是绩效视角的问责。

这个视角是完全不同于上述其他两个角度的问责功效。问责被视为实现政府绩效承诺的工具，问责的目的是鼓励和促进组织学习，继而改善和提升组织绩效。换言之，如果政府治理绩效的信息经过责任审议场所的讨论，常规性地产生反馈信息，并且公共部门会依循这些反馈信息采取后续的改进行为，那么这就是一个有效的促进学习的问责过程。学习对责任实现的意义，可以表现为消极意义上的，即，政府要对未来的治理绩效负责，如果政府及官员表现出不愿意纠正无效率的或者明显不合适的政策，他们就要为之承担责任；也可以表现为积极意义上的，即，问责过程中产生的信息会刺激政府官员以一种更加有效的方式改善公共政策，优化治理过程，也意味着问责过程会给其他工作任务和条件相当的部门提供有关责任担当和有效治理的经验。

相比传统的控制取向的问责，通过激发组织学习实现绩效提升的问责是一种更加长期的、动态的和系统化的复杂方式。传统的问责在合规性的控制导向下，关注发现问题和错误，强迫责任主体证明他们行为的合法性和合理性，并通过对错误的惩罚强化控制，因此问责可能会让责任主体产生抵触和防御的行为，促使他们掩盖与预期目标的差距，甚至诱发欺骗和歪曲，规避任何可能带来不确定性的行为。而为了学习和持续改进的问责不仅仅满足于惩戒错误的短期目标，发现错误和问题不是它最终的目的，而是鼓励在发现问题的质疑性环境下，开展针对性的持续学习，追求政府管理效率和效益的显著提高，是一个“发现问题—改进问题—绩效提升—发现问题”的动态循环过程。而且，在学习的关怀下，成功或失败的原因是关键，而为了得到这个“为什么”的答案，需要系统地检查行动主体、资源、过程等，这个过程是复杂而耗时的。相比之下，作为合规性检查的问责则相对简单，只要判断组织是否合理地使用资源，以及是否满足公众的期待或其他问责标准。由此，相比传统的控制取向的问责，学习和改进取向的问责在原本封闭的行政体系中促进开放和灵活性，让决策者反思最初指导政策的规则、承诺和理念，严格地评估他们所采取的行动和选择。问责不是一种对抗性的机制，而是发展一种发现问题、解决问题的合作关系（表3.1）。

表 3.1 实现绩效持续改进的问责特点

为了学习和持续改进的问责	为了控制的问责
✓开放性地探索“为什么”以及“怎么办”	✓强调对规则、标准和预先设定的目标的服从
✓问题、局限和不确定性的公开性 ✓从失败中吸取经验教训	✓发现错误 ✓惩罚错误或失败
✓合作的关系 ✓认知的开放性，提供可供选择的其他方案	✓对抗性、防御性的关系 ✓证明、保护、辩护行为
✓为其他环境和情境提供经验和理念	✓撒谎、掩盖、欺骗和歪曲的激励 ✓创新的负激励

二 绩效改进视角下问责的机理

为什么问责与组织学习可能形成联姻?

一是必要性，对抗性的问责路径存在弊端。向持续改进的问责功能的发展，不仅仅是一个理论和实践的时髦话语，主要是因为控制导向的问责过度地被消极的或者约束性的责备功能所主导，产生了一系列非预期的行为，这些行为会损害组织长期的绩效。如问责悖论（accountability paradox）（Dubnick，2005），过多的问责手段消减了任何合理的目的，没有必然地产生好的政府，反而因问责过度而扼杀了创新和企业家精神；问责陷阱（accountability trap）（Thiel & Leeuw，2003），管理者更加频繁地接受测评，而且评价的强度不断增加，那么他们会在被测量的方面做得越来越好，但不必然带来更好的政策制定和公共服务绩效。因此，持续改进取向的问责是对这种消极后果的纠正和弥补。

二是可行性，问责的过程具有回顾性、回溯性的性质，这是问责可以实现组织学习的主要原因。问责是实现政府责任的基本方式，它以责任失范行为为前提，后续以责任评判和责任追究等行为。问责过程意味着一个事先标准的存在，以及对标准和实际行为之间的差距的事后审查。因此，它是一个对指导政府行为的规则、承诺和理念以及据此展开的决策和执行行为的回顾性审查。问责的这种回溯性的自我批评式的检查，与阿吉里斯和舍恩（Argyris & Schon）（2011：10—16）所定义的发现和纠正错误的组织学习概念很契合。他们认为，组织学习发生于组织探询的过程中，即，为了消除疑虑所进行的思考和行动交织的过程，组织学习的结果导致理念和行动上的变化，并造成组织运作计划的变化。因此，在理论上，这种对过去行为和绩效的回顾性审查的特性，就是问责与组织学习之间潜在关系的纽带。而且，学习通常发生在一个质疑性的环境中，只有当出现了不完美的知识和能力之时，才会激发学习的需要，因此，责任失范行为可以成为学习的动因。

然而，问责与组织学习之间的联系并不总是那么积极和乐观。从学习的角度看，问责关系中双方之间的信息交换和信息处理对实现持续改进的问责非常关键，充足的组织行为信息是学习重要的必要条件，信息能够改变组织后续行动的空间是衡量学习绩效的尺度。具体而言，问责过程是否提供了有关组织行为的反馈信息，这些信息是否准确、合适、清晰且来源多样，以确保对真实问题的客观反映；关于责任的讨论是否发生在一个有限威胁的环境下，错误能够被包容，基于反思而改进，既不会因为过高的威胁而激发控制导向下的非预期行为，也不会因为威胁不足而失去改进的动力；最后的责任判断是围绕组织职责和任务的具体而明确的结论，无论处罚、纠正或者奖励的后果承担方式，都指向绩效改进，而不是单纯性的惩罚错误或者失败。总之，只有当经验和教训反馈到组织的运行过程中，继而纠正组织的行为，问责才会推进组织学习，并最终实现绩效的持续改进。

第四节　三个视角的相互关系及内在张力

一　控制、民主、绩效视角下的问责

上文三个视角提供了评价问责制度效用的较为系统化的框架，每一种视角都有各自的核心理念和评判标准，在问责的不同阶段，都有不同的内容指向，都代表了问责制的某种合法性（表3.2）。

表3.2　理解问责的三个视角

视角	责任的内涵	关注点	主要机制
控制	秩序和服从	投入	等级
民主	回应性和参与	过程	参与
绩效	绩效的持续改进	结果	学习

为了对抗时刻存在的行政部门的权力集中和权力滥用，为了控制自由

裁量，问责很重要，这是控制视角下问责制度的核心理念。它要求责任的审议场所（forum）足够强大，能够抵御行政部门规避和破坏外部控制的固有倾向，即，拥有充分的调查权和信息处理能力，揭露腐败或者管理不善，评价行政的行为，尤其是对法律、规章和各种规范的遵从；拥有充分的强制措施将行政管理者纳入审议的过程，并且让问责双方的讨论和申辩聚焦于行为对法律和规范的遵从；拥有有效的制裁措施来惩罚或者阻止行政机构的权力滥用行为，并形成威慑。

民主视角下问责制度的核心理念是问责提高了政府向选民等民主委托人的开放度，从而提高委托人监督和评价行政主体行为的可能性，确保行政主体以符合民主价值和规范的方式行使权力，并引导行政主体根据委托人的偏好调整行为，从而实现民主治理的基本理念。可以通过如下三个问题衡量实现民主价值的问责过程：合法化的民主委托人被告知行政主体的行为以及行为的后果了？责任审议场所和主体以行政主体的行为是否遵从民主委托人的偏好和标准这一问题展开了讨论和申辩？问责的制度安排为行政主体服从委托人的监督提供了充分的激励？

绩效持续改进的视角则认为，如果问责制度帮助管理者更有效地实现了既定的目标，对服务对象及利益相关者的需求和偏好更具有回应性，帮助提高管理效率和效益，那么，这就是成功的问责制度。而实现这个问责过程的核心是生产清晰的、自下而上的反馈信息，激励问责双方就这些信息进行反思和讨论。它要求问责过程提供准确、及时和清晰的绩效诊断信息，提供一套互动的例行程序，引发行政主体和关键的利益相关者就绩效反馈开展持续性的对话，激励官员和政府机构重新思考构成政策、程序和组织基础的基本价值和理念，并让责任主体产生安全的预期，从而最小化他们的防御行为，接受来自绩效反馈的教训和利益相关者的对话。如果问责是产生反思和学习，它就必须关注于那些对服务对象和其他利益相关者而言真正重要的东西，即，期望的社会结果，同时让责任主体感到相对安全，尽管很难达成这种微妙的平衡。

二 三个视角的内在张力

这三个理解和评价问责制度效用的角度不是位于同一个层面，也不是指向同一个方向，在某个视角下有益的问责安排，可能不符合另一个视角的评价标准，而且，每一种视角下都存在问责的理想模型和可能产生的病理现象，由此为不同问责视角的发展、共存、互补甚至替代提供了理由。

在实现控制的问责和实现民主价值的问责的关系上，理论上两者是不冲突的，控制是手段，民主价值是目标，对权力滥用的控制，是为了确保权力以符合民主价值的方式来加以行使。而且，依托于命令控制系统的问责体系具有自上而下的权威性，能发展出推动民主问责的积极的领导力因素。然而，实际中，控制取向的问责可能超越作为目标的民主价值，成为服务于内部等级控制的权力工具，进一步加剧权力行使的内部性，压缩外部主体问责的空间。

除了这种对抗性的特征，实现控制的问责和实现民主价值的问责之间还存在利用的工具性，即，以实现民主价值目标的问责之名，实现控制取向的问责之实。由于公共管理的去官僚化、合作治理的趋势以及日益增加的公共管理复杂化和不确定性，直接的控制存在失控的风险，于是，出现了“夹层”的策略，让行政官员置于高层的压力和低层公众的批评之间，把它作为缓和委托代理困境的方法。于是，鼓励公众和社会团体对政府的直接监督和问责，成为选举的政治家对行政机构加以非直接控制的手段。事实上，这种“夹层”的策略不仅是西方民主国家的实践，在毛泽东时代的反官僚运动中也曾使用（Whyte，1980），只是当代中国的“夹层”策略区别于西方民主国家的是民主的委托人被非选举产生的委托人所代替。另外，外部问责的逐渐发展，也在事实上对控制取向的问责构成倒逼之势，推动政府管理从封闭走向开放，为问责制改革注入新的动力。

在实现控制的问责与实现绩效持续提升的问责之间，两者之间的对抗性更为显著，后者建立在对前者所引发的非预期负面后果的反思的基础上。惩罚导向的控制系统倾向于遏制学习，引发防御性的反应，两者在制度结构、组织文化等方面均有不同的特性，对个体心理的影响也不同。在上文对实现绩效提升的问责的分析中，已经对两者做了基本的比较。

但是控制的过程也蕴含着组织学习的可能，两者之间的兼容性在于命令控制系统为组织学习创设了结构化的路径（Lipshitz，Popper & Oz，1996）。通常，组织学习文献强调组织文化对学习的重要性（Schein，1992），包括高度的雇员赋权、参与和自由裁量。有学者质疑了这种组织学习的文化路径抽象的本质（Lipshitz，Popper & Oz，1996）。他们认为，可以通过采取一个结构化的路径更好地研究和促进学习，他们称之为“组织学习机制”，即制度化的结构和程序化的安排，允许组织系统化地收集、分析、储存、传播和使用与组织效益有关的信息。如果说，组织学习的文化路径强调在员工中创造共享的和实用的规范，那么结构化的路径则预示对促进学习的正式规则和程序的顺从，而结构和程序是组织能够通过正式的命令控制和改变的方面。结构来自立法机构和行政的命令，创造正式的规则和程序来产生、收集和传播数据（Radin，1998）。因此，学习的结构化路径对改革者特别有吸引力，也正是在这个意义上，控制导向的问责制度具有了产生组织学习的可能。但是，这种可能性以规则和程序指向学习为前提，即，集权的结构支持产生、收集和传播过去行为的信息，并在反思的基础上，持续提高管理效率和效益。

不仅实现权力控制的问责蕴含组织学习的可能性，实现民主价值的问责制度与促进组织学习继而提升绩效的问责制度之间也具有一定的契合性。然而这是两个不同层次的推进组织学习的路径，分别体现了阿吉里斯和舍恩（Argyris & Schon）提出的两种学习类型的特性。阿吉里斯和舍恩（2011）区分了著名的单环学习（single-loop learning）和双环学习（double-loop learning）两种组织学习类型。他们认为，单环学习是指特定的工具性学习（instrumental learning），它可以改变行动策略或其潜在假定，但不改变行动理论的价值观，通过反思性的组织探询让组织任务的执行得到改善，关心效果，关心最有效地达到现有的目标，让组织的绩效保持在现有的价值观和规范所规定的范围内。双环学习是指让使用理论的价值观及其策略和假定都发生改变的学习，组织通过探询来探索和重建据以定义绩效改善的价值观和标准（阿吉里斯和舍恩，2011：19—20）。由于控制取向的问责，以预先设定的标准为控制的导向器，换言之，目标是既定的，考量的是达标程度，所以，即使追溯性地探索“为什么”的问题，也依然是在既有的目标之下，而不会质疑标准的不合理性，这是典型的工具性学习。而实现民主价值的问责，其核心是推动外部主体问责，让封闭的问责过程走向公开化，挖掘公民等民主委托人在政府责任评判中的权力，既可能发生回顾性的既定目标是否实现的责任评判，也可能发生对组织使命和目标是否满足委托人偏好的重新思考，后者是典型的检验并改变政策背后的基本假设及价值观点的双环学习过程。因此，民主导向的问责会同时促进单环学习和双环学习的发生，而控制导向的问责过程更多的伴随着工具性的单环学习，关键的区别在于信息反馈的路径和程度。

第五节 小结

综上，问责之所以重要，是因为它被寄予了实现一些治理承诺的期望，即控制、民主和绩效。防止独断专行的统治者和日益膨胀的、集权的行政权力，约束和控制公共机构滥用权力，我们称为问责的“控制的视角”；确保公共行政在致力于民主规范和价值的治理体系中运行，赋予公共政策合法性，我们称为问责的“民主的视角”；确保公共项目和公共政策的实施结果具有效益，政府管理者要满足大规模的利益相关者对执政绩效的期待，这就是问责的“绩效的视角”。控制、民主和绩效的三个视角提供了一个分析和审视既定问责制度的三维立体框架，映射现实中的每一种问责制度（图 3.1）。任何一个问责制度都位于三个向度所构筑的问责制“立方”的立体坐标轴之上，都不同程度地发挥控权、民主和绩效改进的功效，只是在各个向度上有不同的赋值，不能用一个单一的标准来评价一个问责制度。

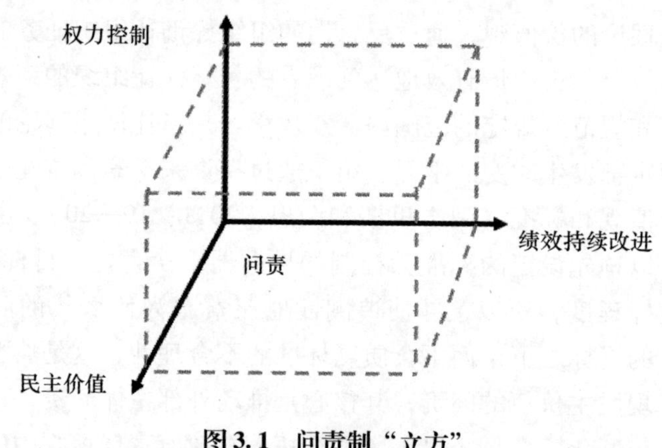

图 3.1 问责制“立方”

问责制是一个充满张力和矛盾的多面体，三个视角凸显了问责制度多元、交叠且不断发展的复杂特性，而问责这种复杂的本质在于其所必须反映的治理系统的规范、价值、偏好的多元和冲突，问责制是内嵌于社会关系中的社会建构。在这个意义上，这三个角度或许没有完全覆盖问责所有的制度空间，也不可能存在精心设计的满足所有这三个指向的单一问责制度。对问责制度功能的准确认知和定位是理解、分析、设计和安排问责制度的前提，问责制“立方”为我们分析具体的问责制度提供了一个可通约性的框架，借此观察和分析具体问责制度的制度导向、目标以及功效，从而指导具体的问责制度设计。

第四章
治理复杂性中的政府绩效问责：演化逻辑与结构功能

第一节 公共行政发展中的绩效问责

负责任被认为是公共组织或官员值得拥有的积极品质，然而很难对这个优秀品质给出一个单一的、明确的定义或标准，因为这样的标准会随着组织或个体角色、制度环境、政治体系的差异而不同。问责是一个视不同情境而定的概念（Glynn & Murphy，1996）。在世界范围内，问责关系得以建立的政治和行政环境发生了巨大的变化，在进一步强化对问责问题关注的同时，也推进了问责概念、含义、原则以及实践的发展。不同环境下，对公共组织角色不同的理解和解释支撑不同的责任含义以及不同的问责标准。情境导致问责关系的产生，情境多元且变化，在特定的情境中允许对问责的精确操作含义作出发展和重新定义，这是问责概念的优势，也是它的劣势，优势在于它能随着社会发展而发展，劣势在于含义及模式的多样化（Glynn & Murphy，1996）。因此，问责实践，包括选择的问责工具和方式，都必须反映公共行政本质的变化，而这反过来又进一步影响问责制度的设计、组织和实施。

考察西方发达国家政府绩效评估的发展过程，可以发现绩效评估一直是强化问责的管理改革的核心（王柳、陈国权，2007）。在公共管理环境的变化、“好政府”的定义、责任标准和绩效评估技术之间的相互关系中，绩效评估以不同的方式和技术为政府责任的实现作出了贡献。

一 绩效问责：从合规控制向结果导向的转变

好政府就是更有效率的政府，而更有效率的政府意味着更加廉洁的政府，通过公共行政职业化的专业主义理念，解决政党恩惠产生的腐败问题，实现诚实和有效率的政府，这就是 20 世纪初关于有责任的政府的基本理念。行政主要被认为是个“技术问题”（Wilson，1887），责任等同于效率，效率被简单地定义为投入产出比，是可以通过行政官僚体制的自身理性来实现的目标，而理性体现为一系列行政原则——等级控制、受训练的知识界精英、书面的规则和程序、根据功能和清晰的权威链而形成的任务具体说明等，即，用对专业标准和理念的遵循实现对官僚行为内在的制衡。受科学管理影响，此时，政府绩效评估的理念和技术开始萌芽，作为一种专业化管理方式的探索，借鉴泰勒的时间—动作研究寻求测量和提高工作效率的手段。1906 年纽约市政研究局和 1928 年全国市政标准委员会就是在这样的背景下成立和发展。

传统公共行政的责任理念建立在科层制理论和政治—行政二分法的基础之上，并与 20 世纪初期负责政策实施的行政过程的低价值冲突这一现实相吻合。然而，“二战”前后，凯恩斯主义的兴起和罗斯福新政的实施使政府职能迅速扩张。“行政国家”（Waldo，1948）的出现引起政治家控制行政官僚的迫切需求，绩效评估成为其中一种控制性的测量工具。另外，政府职能扩展带来机构和雇员迅速增加，政府开支过大，财政负担沉重，引发社会关注。人们普遍认为，政府的开支浪费是严重的腐败，是不负责任的表现，主张通过组织设计查禁和减少浪费。基于上述两个背景，政府绩效评估不断强化，并主要集中在监管和控制开支的财政改革上。这一时期创新型的审计、监督和评估机制不断涌现，绩效预算、绩效审计大发展。审计和报告超越了财政意义上的诚实和正当程序，而进入了更广泛的绩效指标领域，关注经济、效率和金钱的价值。积极发展绩效审计，对受托经济责任履行结果进行独立的监督，这是该时期绩效问责的主要表现形式，典型的是美国的政府会计标准委员会（Governmental Accounting Standards Board，GASB）和政府问责局（Government Accountability Office，GAO）这两个机构所履行的问责职能。

行政在政策制定中的影响力和自由裁量权的不断扩张，不仅引发政治控制的强化，而且也凸显行政过程和结果公正性的重要性，主张利益相关者参与政策过程，提升政府对公众需求的回应。于是，在财政压力下出现责任转移的现象，即，把原本归属于联邦政府的责任转移到州和地方政府，希望通过地方政府对公众的贴近性特点来保证政府对公众需求的回应性，从而为地方居民提供适宜的公共服务。同时，通过公共服务市场化创造竞争机制，提高公共服务提供的效率。该时期，美国联邦政府向地方政府、非营利组织、私营组织转移大量的公共服务。然而，联邦官员定义项目目标并提供财政支持，州和地方政府实施项目，这种“国家统一标准、分类财政补贴”的体系，事实上形成了以服从和惩戒为基础的更为严厉的强制类型（Weber，1999）。

这种趋势在20世纪70年代末开始的普遍经济衰退和公共财政持续赤字的危机下得以延续和强化，并拉开了被冠名为新公共管理运动的政府改革帷幕。分权和公共服务市场化是其中重要的制度安排，它改变了治理的形式和机制，转移了治理的位置，由此对权威和问责产生了重要的影响。改革中权力关系的转移包括垂直的转移和水平的转移，前者指从联邦到地方政府，后者指的是从治理的公共形式到半公共甚至私人的形式，从政府到商业，到半自治的机构等。在垂直转移方面，与管理上的放权相伴的是政治上减弱高层管理者对决策的影响力，“促使公务员成为管理者而非政策建议者和制定者”（弗里德里克森，2003：258），强化行政官僚对政治的服从。同时，引入对报告和责任制度有很高要求的绩效评估系统，作为自上而下的重要控制机制，监督项目进展、资源配置与公共服务。[①] 基于合同和绩效的问责机制激励和惩罚高级管理者，并逐步向中层官僚以下渗透，绩效评估发挥了重要的控制和管理的功能。在水平转移方面，政府大量利用私营和准私营部门来实施公共政策，提供公共服务，形成各种“契约的、管制的、援助的、互惠的互动关系”（阿格拉诺如、麦圭尔，2007：序言1）。在市场竞争条件下，结果和绩效是确定优胜者的重要依据，如同真正的竞争市场中价格信号这一“看不见的手”。因此，结果导向的绩效问责是权力关系变化后的制度安排，是在政府部分职能市场化和公共服务输出市场化以后所采取的治理方式。

20世纪90年代美国绩效评估的标志性事件是政府绩效与结果法案的通过和实施，它表明国会由单纯关注投入转向关注绩效和结果，这是20世纪60年代以来国会监督的一次根本性的转变（孙一平，2011：111）。结果法案为联邦政府绩效评估奠定了法律框架和制度基础，之后布什总统

---

① 有学者把这种现象称为“镜像”（mirror image），字面含义是指与镜子中实物左右相反的情景，用来比喻公共管理领域一方面实行更大的分权，公共服务供给者有更大的自主性管理内部事务；另一方面又加强外部的监管。参见［英］克里斯托弗·胡德等《监管政府》，生活·读书·新知三联书店2009年版。

的项目评估定级工具（Program Assessment Rating Tool，PART）以及奥巴马政府对结果法案的修订本质上也是以评估实施自上而下的官僚控制和结果导向问责的延续。

二　结果导向绩效问责的当代困境

传统意义上，问责有三个基本特征，一是聚焦过程，尤其是对行政规则和程序的遵从；二是等级化，下级组织向上级部门负责；三是出现问题后的责备和惩戒。这三个特征相互支持，构成问责制内在的自洽性。然而，结果管理的改革打破了这种自洽性。

第一，结果归因的困境。

结果导向的绩效评估服务于结果问责，它在“目标—行为—绩效（结果）—责任”之间建立了单一的因果链：绩效指标反映管理目标，绩效是管理行为的结果，行为是责任的表征。然而，这一因果链存在断裂的可能。

首先，有限的评估指标不能充分地提炼和代表被评估组织和项目的品质，更何况在一个多元分化的社会中，判断什么是好的公共服务的标准多元、主观且变化，再多的评估也不能解决这样的价值差异。换言之，绩效评估技术处理存在简单化的风险，绩效指标不一定完整而准确地反映目标。“当绩效测量的结果是好或者坏的时候，也无法单单由评估来决定接下去该做什么”（Pollitt，2000）。

其次，合规性控制的传统问责机制强调遵从规则和程序，过程是可以且能够被控制的要素，所以，当应该处于管理者控制之下的事物失控时，施以惩戒具有合理性，规则导向和惩戒导向相得益彰。但是，大多数社会问题是多维的和相互关联的，绩效（结果）的实现受到除管理者能控制的因素之外的其他很多因素影响，包括组织结构、行政环境和行政文化，换言之，行为与结果之间很少呈现出直接的线性关系。一直以来对于政府部门内部的输入与输出相互转化的过程知之甚少，政府绩效就像是经过黑箱里的一系列操作而产生的（吴建南、陈妮，2006）。

因此，没有处理好因果关系的指标体系与对结果负责的惩戒性的问责制度相结合，激发组织的抵制行为、策略行为和其他的激励扭曲行为。如发生目标替代，强调容易量化的绩效，而忽视不容易测量的绩效，强调容易展现业绩的指标，而忽视不容易出业绩的指标（Smith，1995）；让问责陷入一种相对随意和不公平的方式之中，常表现为修辞性的严厉问责表达以及寻找替罪羊；绩效数据只是让处于科层等级链中的个人承担责任的风险，掩盖而非解决真正的责任问题，这会挫伤管理者的热情、主动精神和创造力。当问责建立在行为与结果相关联的假设之上，那么绩效评估系统就显得不够充分来处理问责问题了（Greene，1999）。在微弱的因果关系下，结果导向的绩效评估很难以决定性的方式加以使用（Dahler-Larsen，2005：626）。

第二，合作治理的挑战。

对结果的关注缘起分权治理的实践，然而，这种多主体的合作治理格局又反过来对绩效问责提出了新的挑战。

一是公权力和私权利的交叉所带来的问责性模糊问题。权力关系的重新描述模糊了曾经用来定义传统问责关系的清晰的等级关系，公共服务是由公共权力机构与不受公法原则约束的非营利组织或者私营组织共同承担，合作治理者之间没有明确的委托代理关系，由此存在公共责任模糊或者丢失的风险。当合作者以“国家行动者”的身份作为而由国家为其行为负责时，政府可能变相成为市场的人质，然而软化了市场纪律；而当无人负责时，则公民的权利失去了保障（敬乂嘉，2009：155）。

二是多主体治理结构所加剧的结果归因困境问题。从政府与外部的关系来看，公共服务的市场化改革让私人部门分享了部分的公共权力；从政府内部关系来看，官僚体制基于劳动分工、权威的等级结构以及专业化的职位任期，让碎片化的部门分割体制和多层级的行政体制在事实上造就了内部的多元行动主体，政策和项目的实施越来越呈现出多主体协调有序共同完成的特点。当绩效评估呈现的是多个主体共同努力得到的绩效结果时，因果关系是个非常棘手的问题，个体负责任行为的加总并不必然带来负责任的集体行为，如果依然付之于惩戒性的责任承担和控制，那么必然会进一步放大上文所描述的激励扭曲问题。

第三，结果性质的争议。

事先设定的目标是结果比对的参照系，以结果对目标的实现程度为标准来评判结果的意义。然而，这是什么性质的结果？谁需要的结果？谁衡量结果的意义？与现代福利国家相关的政策领域，尤其是民生导向的教育、健康等领域，其性质决定了很难提出清晰的、相关的结果测量。况且，还很难对政策和管理行为导致的非预期性后果进行追责，“由技术进步所导致的不期望的结果及其产生的影响正在扩散并难以得到评估……在我们现存的世界里，那些负面的非预期后果是根本上无法改善的，因为这些问题的起源以及积累本身就是源于并依赖于这个世界的特定进步”（全钟燮，2008：22）。于是，标准化的结果测量被纳入政治过程，不是因为通过它们提升服务品质，而是因为标准化的活动容易监测和控制，或者提供了控制的表象，以目标导向路径呈现出来的评估实际上是政治的目标设定，却在评估专业术语的浓雾中得以伪装（Dahler-Larsen，2005：628）。这一问题会因为绩效评估的内部化和评估过程的封闭性而进一步凸显，评估所激励的结果不是社会公众对政府治理绩效的期待。

综上，随着日益增长的社会问题的复杂性和政府解决这些问题的途径的复杂性，直线的、等级的、单向的、承担消极后果的问责存在失效的可能，政策环境的不确定越大，绩效监控体的扭曲度会越大，评估结果与责任的相关性就越小。绩效评估推进问责的路径必须实现新的转型。

三　新的公共行政责任观与参与式绩效问责的兴起

问责是一种社会建构的产物，反映一定的政治经济社会发展特点，也服务于特定的治理目标。根据责任的属性（消极/积极）和问责的标准（过程/结果）这两个维度，责任体系可以用四种形态加以呈现（图4.1）。传统对政府责任的期待和假设强调程序规制，行政官僚在给定的政策范围内工作，遵照一般规则，履行系统维持的功能（象限Ⅰ）。结果导向的责任让政府管理者的“管理”角色更加凸显，即，关注于持续性的绩效提升，寻找降低成本的方法，努力提高生产力。管理者有确定操作优先性的权力，但没有责任来建议新的政策或者发起对变化的回应。换言之，责任的重点在于实现既定目标，而不是争论该实现怎样的目标（象限Ⅱ）。然而，因为经济社会的发展使行政管理已经无法避免涉及政策制定的政治，与公众的贴近性更要求他们体察来自公众需求的变化，通过收集信息准确诊断问题，并形成解决问题的方案，这是一种作为方法寻找者和问题解决者的有效官僚的责任要求。它依然是结果为本的，因为向决策者提供变化的预警，倡导新的回应，发展新的政策，目的在于更准确地把握管理目标（象限Ⅲ）。然而，在网络化和多主体治理趋势下，处于治理结构主导地位的公共权力组织需要发展有序的网络化治理的能力、解释和沟通管理愿景从而解决共识问题的能力、广泛动员和获得支持的能力

（象限Ⅳ）。如果说，问题诊断和政策设计的责任重在生产新的政策建议，那么网络化治理下达成共识的责任体现为让政策付诸实施。

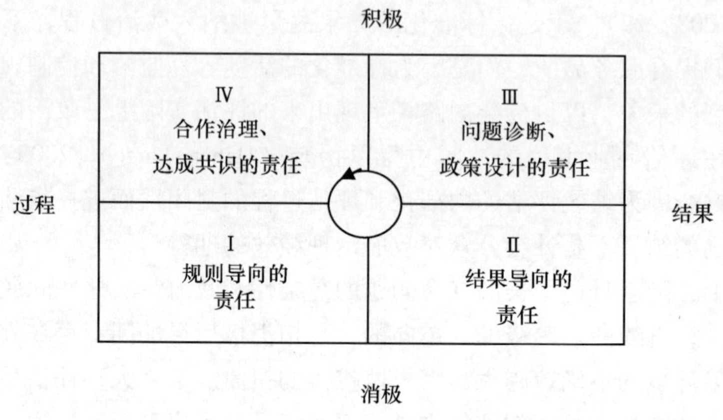

图 4.1　四种形态的责任

基于上文的分析，可以发现绩效评估一直以不同的方式推动不同形态的责任的实现，创设不同的问责工具。评估技术内嵌于科层组织等级化的权威结构中，结合预算改革实现财政责任的约束和控制。由于对变化的公共管理环境和治理结构的回应性，结果导向的评估兴起并获得发展，成为"新公共管理的核心特征"（Pollitt，2011），并推动从规则导向的责任（象限Ⅰ）发展为结果导向的责任（象限Ⅱ）。那么，在充满不确定的复杂的治理环境下，绩效评估以何种方式服务于象限Ⅲ和象限Ⅳ所代表的当代公共行政的责任观呢？

新的责任观具有以下三个关键的特征：第一，积极的责任聚焦。问责不排斥问题，而是在分析问题的基础上，提出改进建议，并且创造条件，推动项目和政策在面对新问题和新挑战的过程中实现管理创新，提高政策有效性；第二，动态的实施路径。承认项目战略和目标可能会发生的变化，从而注重政策反馈；第三，追溯性的结果导向。收集所有可能的定性和定量的信息来源，展现政策和项目如何完成的图景，记录一个相对完整和全面的"绩效故事"。显而易见，这是对结果问责所面临的困境以及制度的自洽性被破坏后的发展。

在这样的要求下，绩效评估需要以开放的路径和参与的方式推进学习、对话和回应新问题的责任要求。参与式评估强调公共组织在不确定的环境下，以战略的视野洞悉变化，并提出合适的政策方案，责任履行体现为问题诊断、信息收集、新方案产生和政策设计能力。同时，通过参与式评估建立一个广泛的支持动员系统和持续合作的基石，收集和聆听多方的需求，解释和沟通公共活动的价值和利益冲突，协调和劝说那些受变化影响的群体，形成管理决策的优先排序，并最终推动政策的发展。如果说传统意义上的问责关注点在于管理失误和消极后果，以及形成的间歇性的责任追究行为，那么参与式的评估实现一个持续性的动态问责过程，以指标落实前置性的责任指导，就绩效结果开展对话协商，呈现问题和原因，学习经验和教训，鼓励解决问题的创新行为，进而完善政策，提高治理绩效。因此，参与式的绩效评估提供了组织学习机制，创设了实现绩效持续改进的积极问责方式。参与导向的绩效问责的关键特征一方面在于责任追究方式从消极向积极的转变；另一方面是绩效评估中的公民参与，即，公众参与绩效目标制定、责任审计讨论，甚至责任追究方式的选择和督促。在这个过程中，既由于对惩罚性的弱化，而让责任主体产生安全的预期，最小化他们的防御行为，从而接受来自绩效反馈的教训和利益相关者的对话，又收集和聆听多方的需求，沟通、协调价值和利益的冲突，形成管理决策的优先排序，并最终推动政策的实施和发展。

实践中，很多政策领域（比如，社区警察、环境保护、教育、公共健康、就业、农村发展等）具有如下改革的特征，即，公民参与行政决策、公私合作的伙伴关系、拒绝将密集的规则结构和等级化作为有效公共行政的必要条件。在这些关切所有人利益的政策领域，利益是多元、分化甚至冲突，政府所理解和定义的政策结果有时与公众的利益相违背，甚至公众被赋予了强加的价值。由此公众经常被动员起来抵制政策，拒绝接受这样的政策结果，并希望能够影响政策的执行和项目的实施。在这些政策领域，自上而下的监管方式的局限性越来越明显，目标导向的绩效评估不能真正反映项目的绩效，也会掩盖真实的问题。这时就需要发展参与式的评估，通过与利益相关者的对话、协商，交换对政策项目的观点，在政策学习的过程中实现政府发展政策和提供服务的责任。公众的需求是快速变化的，因为社会变得更加多元化、复杂化和碎片化，政府不能依赖一个固定的解决方案，而需要聆听一直变化的需求，并且不断创新去寻找新的解决方案（OECD，2001：2）。公共管理越来越被认为需要处理不确定性的能力（Mayne，2006）。

四 绩效问责制度演化的本质动因

必须指出的是，绩效问责的制度演化背后的本质性动因在于治理中权威的转移以及专业知识定义的变化。问责是指给予报告（account-giving）的制度化实践，即它被界定为一种社会关系，其中行动者感到有义务向一些重要的行动者解释他（她）的行为，证实他（她）的行为的合法性，并承担相应的后果（Bovens，2005：183—184）。因此，问责关系包含着不平等的权威关系，构成对权力的抗衡力量。在民主政治中，社会是政府权威的最终来源，是权力的最终制衡，然而公民的角色并不必然如此。在传统的问责模式中，公民是“消极的大众”（passive general）（Weber，1999），主要是以选民的身份参与政治，在行政问责中是缺位的；在结果导向的问责模式下，公民的身份则更多的有了顾客和消费者的隐喻；而参与式绩效评估给予了公民在行政过程中的中心角色，公民拥有充足的信息，定义政策目标。在这个意义上，“同意使行政管理的形式对于更宽泛的、政府的民主原则作出了自己的一些贡献”（毕瑟姆，2005：108）。因此，民主政治中问责制的关键是重新建立公民与治理制度安排之间的关系，通过对政策绩效以及包容性的政策结果共识的强调，在无缝的社会与政治行政对接中实现合法性。正是在这个意义上，作为政府行为结果表征的绩效成为了问责内容中关键的一部分。这种权威的转移本质上是社会的回归，体现了国家与社会的关系从政治性走向经济性，又再度走向政治性的变化，以及政策制定的权威从行政专业标准到经济标准，再到多元的地方性知识的变化。

第二节 绩效问责的两种路径及其结构功能

一 绩效评估的目标导向与参与导向

伴随着治理环境和公共责任属性的变化，绩效评估经历了从科学管理范式下的合规控制到目标导向的结果控制，再向参与式绩效评估发展的演化过程，呈现出目标控制、效率优先的工具理性和参与导向、政策反馈的价值理性这两种发展路径。

实现工具理性的绩效评估往往从投入、过程、产出和结果等方面衡量和讨论政府责任，将评估结果与事先确定的目标及标准进行比对，实现对政府行为及其责任的最终判断。根据评估的内容，可以进一步区分为关注政府行为的投入产出等财政效率价值的效率绩效评估，以及关注政府行为的效益和结果的结果绩效评估。

实现工具理性的绩效评估呈现目标导向的特征，官方事前确定目标，并对目标做恰当的表述，目标是评估标准的合法性来源。目标之所以成为评估标准的合法性来源，主要原因在于目标的生成和传递沿着权力的委托代理链而展开，目标导向的评估天然地内嵌于政府管理之中，是代议制民主中命令链的重要组成部分，只是目标的性质实现了从规则到结果的转变。

实现价值理性的绩效评估认为关于绩效和品质的概念与人的主观认知相关，而不是外在的客观目标或者结果，而人的主观性是有差异的，所以对绩效的评价首先需要对差异性的观点进行交流、沟通、互动、对话，从而获得彼此的理解，就绩效达成共识。因此，实现价值理性的绩效评估表现出参与导向的特征，评估不以预先设定的目标和结果标准为前提，进行经济、效率和效益（3E）的测量，而是在决策者、专家和大众的协商过程中，形成责任标准的确立、责任的诊断和定义，以及解决问题的政策设计。理想的参与式绩效评估“有意识地将所有合法的利益相关者的利益纳入一个合作的、对话的质询过程，从而建构背景性的、有意义的知识，并根据这些知识产生个人和组织化的能力，寻找有助于以民主化的方式推动社会变化（democratizing social change）的行动”（Greene，1997）。因此，参与式评估的路径具有三重正当性：一是政治正当性，它以社会公正为关怀，蕴含民主参与的基本理念，参与式评估的核心问题不是采用哪种评估方法，而是考虑包容了谁的声音，以及怎样吸纳这些声音，它是一个政治过程；二是哲学思维层面的正当性，所有利益相关者有发言权，相互交换对政策和项目的观点，评判的依据不是政治标准，也不是行政专家的意见，而是这些建构性的地方性知识；三是项目正当性，围绕着公共活动或公共项目会产生一定价值和利益的冲突，评估的过程就是关于这些冲突的价值和利益的说明和沟通，这会提高决策和项目的可接受性（Chouinard，2013）。

不同的评估导向，会形成不同的绩效评估制度结构以及功能。很多学者从各种角度提出了相似的观点，比如绩效评估的管理和政策反馈视角

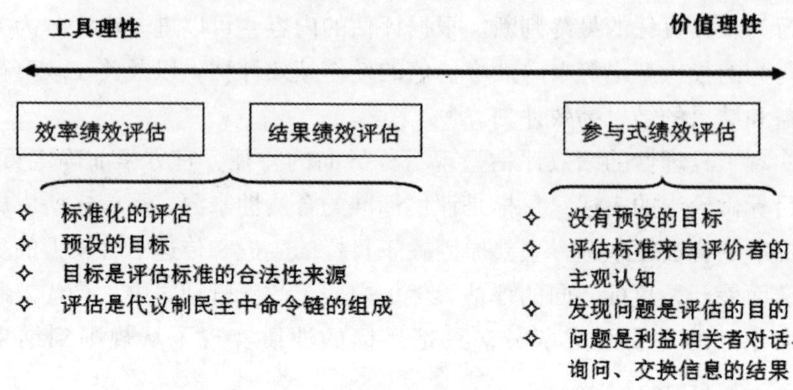

图 4.2 绩效评估的发展路径

(Wichowsky & Moynihan，2008)、任务价值与非任务价值（罗森布鲁姆，2012)、效率范式与信任范式（Morgan & Shinn，2012)。

Wichowsky 和 Moynihan（2008）从管理的视角和政策反馈（policy feedback perspective）的视角讨论绩效评估。管理视角下的评估强调基于任务的绩效，把评估视为中立的、理性的技术实践，优先考虑成本效率以及既定目标实现从经济社会指标和效率指标来关注政策的影响。然而这种评估产出目标的标准化路径可能会产生对组织重要价值的替换，甚至排除诸如公正、公平、透明、信任等价值。政策反馈视角下的绩效评估则与之相反，关心具体的政策对运转良好的民主政体的影响，对政治参与、社会资本、公民归属感和作为一个公民的自我价值的影响，评估是个体和组织社会建构的产物。

戴维·H. 罗森布鲁姆（2012）不支持以实现公共机构的中心目标或核心活动为目的的价值来主导当代绩效导向的公共管理，呼吁绩效管理的“非任务性价值”。公共管理关注效率、成本有效性、成本收益率，以及绩效测量等传统价值观，强调取得成果和创造经济价值，并以目标是否达成来判定结果。而非任务性公共价值强调政治体制的属性以及宏观政策目标，比如透明性和环境的稳定性。如果不能很好地将非任务性公共价值与绩效衡量、绩效管理以及其他举措相结合，公共行政与公共管理领域就会失去与民主体制本质的关联。

政府绩效评估的“信任范式”和“效率范式”是 Morgan & Shinn

(2012）提出的概念。政府绩效必须根据人所感受到价值和品质加以评价，而价值和品质随着时间而演化，这就是绩效评估的“信任范式”。另外一种相反的观点称为“效率模式”，推崇效率和效益的普遍价值及其对政体的价值。这是20世纪公共行政的主导价值，表现为20世纪初期公共行政转向一门真正的科学的努力，以及20世纪后半时期运用这种“行政的科学”让政府像企业一样运作的“重塑政府运动”。在地方政府层面，效率模式越来越不够充分和不可持续，地方政府必须成为在价值定义、促使和判定过程中积极的行动者，来发起能够建立信任和合法性的活动，创造参与过程，让更加多元的声音进入政府过程，影响政策过程，并为这些声音提供透明的和真实的信息。在此基础上，包国宪、王学军（2012）提出建立以公共价值为基础的政府绩效治理模型（Public Value-based Government Performance Governance，PV—GPG模型）。

综上，绩效评估可以有多种技术手段，表现为多种评估方式，但是基本上形成了二维的发展导向，即，表现为目标控制、效率优先的工具理性路径和表现为参与导向、政策反馈的价值理性路径，绩效评估的两种发展导向在理念、制度及工具的选择上都有较大的区别。显而易见，绩效评估的发展呈现出从工具理性走向价值理性的特征，评估在民主治理中发挥越来越重要的作用。

二　目标导向下绩效问责的结构功能

根据第三章的分析，本研究将问责理解为一种发生在行动主体与讨论、判定其过去行为及责任的审议场所（forum）之间的制度化的社会关系或者机制（Bovens，2007），在制度结构上包含“信息披露—审议讨论—结果承担”三个阶段，具有实现权力控制、民主价值和绩效持续改进的制度功能。任何一个问责制度都位于三个向度所构筑的问责制“立方”的立体坐标轴之上，都不同程度地发挥控权、民主和绩效改进的功效，只是在各个向度上有不同的赋值。上文也以历史的视角在宏观层面分析了在权威的转移和治理变革的背景下，绩效评估与行政问责协同演进的过程，从经验层面论证了绩效问责的可能，并且总结了两种不同的绩效评估发展导向。那么，接下来需要在第三章所建立的问责制分析框架下进一步研究：目标导向和参与导向的绩效评估会分别形成怎样的问责结构，服务于怎样的问责功能。①

周雪光、练宏（2012）将科层组织内部实际运行的控制权区分为目标设定权、检查验收权和激励分配权。目标导向的绩效问责天然地内嵌于科层的委托代理链之中，事实上成为三个控制权运行的重要机制。

一是评估指标与标准的确立落实目标设定权。绩效是目标实现程度的绩效，绩效指标是目标化的组织任务，目标的确立是一个自上而下的过程，绩效标准体现自上而下的组织意图。因此，绩效指标的选择、绩效标准的确立、评估对象主动迎合绩效标准的过程就是一个体现上级意图和权威、实现组织控制的过程。

二是评估过程落实检查验收权。评估过程就是检查目标完成情况，无论是定量指标还是定性核验，表现为评估结果与既定目标的比对。由于评估的结果直接关系激励分配权的落实，所以，评估过程对评估对象的影响力非常大。定量化的评估趋势逐渐加大，因为数字化呈现的结果更容易被监测，从而形成可控的外在效果。定性的评价也没有完全退出舞台，因为非量化的评价过程给评估主体带来更大的检查验收自由裁量权，从而带来更大的控制主动性。

三是评估结果使用落实激励分配权。根据绩效评估结果施以激励约束，这本质上就是绩效问责，对评估结果拥有惩戒的权力，强制权是控制力的最大体现。

因此，目标导向下的绩效问责通过三种方式强化等级控制的传统行政问责，以技术的刚性和科学化的特征服务于实现控制的传统问责，为等级问责行为提供合法性的依据。

一是绩效评估为责任设定、传递、督促实现提供标准化的刚性程序，以此提高问责的规范性，并且在标准化的评估过程中体现并强化权威。事实上标准化具有更重大的影响力，意味着以服从管理和组织技术结构的名义，实现权力向标准制定者的转移。

二是绩效评估以科学化的名义建立“目标—指标—绩效—行为—责任”的因果关系，确立问责的合法性，解决官僚体系内部的共识问题。即，以评价绩效的方式实现对政府及部门履职行为的监督，根据评价结果

① 由于参与是实现民主价值的问责机制，所以，在下文关于目标导向绩效问责的分析中，不对民主价值的维度作分析。

实施问责，这种方式是合理且可行的。

三是绩效数据成为责任的判断依据。从服务于等级控制的目标而言，目标导向的绩效问责所形成的“信息披露—审议讨论—结果承担”的问责结构是不完整的。在控制的目的下，绩效指标的处理是简单化的，“简单化加上重复的观察可以对一些被选定的事实得出总体和概括的结论，从而形成高度简化的知识，并使操纵和控制这些事实成为可能……国家的简单化代表了国家掌握大型复杂现实的技术”（斯科特，2012：3，95），但是，“这一简单化过程产生的数据存在着不同程度的不准确、缺失、各种各样错误、伪造、疏忽、有意的歪曲等”（斯科特，2012：98）；绩效信息的公开是有选择的，经科学的过程和标准化的程序产生的绩效数字主要用来支持或者否定既有的议程和态度；绩效信息的讨论是内部化的，甚至缺少正式的讨论审议过程，以及解释说明的申诉程序；是否根据绩效评估结果调整人事安排或者重新分配资源，具有一定的不确定性，实质性的责任追究更多地依附于原有的人格化问责机制，是否根据绩效评估结果实施强制性的责任追究具有不确定性。

因此，本质上目标导向的绩效问责在问责主体和问责对象上，与一般的行政问责没有太大的区别，可能的增量在于绩效评估组织部门的问责权力，即，当出现绩效不达标时，绩效评估组织部门是否拥有对被考评部门的惩戒权或者其他的影响力。但这取决于绩效评估这项工作在整个行政体系中的地位，以及由此决定的评估组织部门在权力结构中的地位。

那么，目标导向的绩效评估是否会产生促进组织学习、实现绩效持续改进的问责效果呢？从绩效管理系统的角度来看，评估后的绩效改进是一个基本的后续环节，标准化的绩效管理程序形成并固化回溯性的组织反思程序，由此为回溯性的责任审视提供基本的程序和组织惯例（rountines），并表现出根据评估反馈的信息不断改进工作的特征。组织学习理论开始于一个标准的假设，即，雇员的行为是通过组织惯例来塑造的，雇员依赖“适当的逻辑”引导他们的行为，这种逻辑的中心参照点就是组织惯例（Levitt & March，1988）。在美国联邦政府中，由 GPRA 和 PART 引发的大量的绩效评估改革就是试图通过促进政府的绩效承诺来改变以前的惯例，并就此形成有序地组织化地使用绩效信息的惯例（莫尼汉 & 拉沃图，2012）。绩效评估提供反思性的组织惯例，这就是第三章所论述的命令控制系统所创造的结构化的组织学习机制（Lipshitz，Popper & Oz，1996）。

根据绩效评估的结果，反思工作过程，采取整改措施优化管理，进而提高完成工作目标的质量和效率。产生的组织学习效果依然是阿吉里斯和舍恩（2011）界定的单环学习（single-loop learning），责任的关注点在于最有效地达到既定目标的执行力。

在这个意义上，目标导向的绩效问责可以实现推进组织学习的问责，但是，由于它以达成预设的目标为使命，因此只能实现单环学习的绩效改进。而且，从问责结构看，“信息披露—审议讨论—结果承担”的问责过程是完整的。为了强化控制而人为制造的不确定性适当减少，绩效信息的披露更为详细和完整，就绩效问题及其原因展开讨论审议的程序得以建立，讨论有实质性的内容。而且这种问责创设了不一样的结果承担方式，只要对责任主体拥有施以绩效改进的强制力，可以通过调整预算、资金、人力资源等推进绩效改进，那么就可以认定让责任主体承担了绩效不佳的相应后果。控制导向下的绩效问责主要表现为个体代表组织承担绩效不佳的责任，这是行政首长负责制的等级问责原则，而学习导向下的绩效责任承担主体更多的是组织，是一种由组织承担责任的方式。从这个角度看，促进绩效持续改进的绩效问责提供了一种以组织履责为表现形式的问责机制。

三 参与导向下绩效问责的结构功能

如果说目标导向的绩效问责以行政的责任就是对政治意志的执行为前提，强调公共行政管理项目、执行政策的能力，那么参与导向的绩效问责则承认并赋予行政更多的自由裁量权，要求公共行政提升回应和创新、凝聚共识、解决问题的责任和能力。

参与导向的绩效问责机制的关键特征是作为政策利益相关者的公民参与，从三个阶段的问责结构而言，其意义在于有关治理绩效和治理责任的信息披露范围由内向外扩散，在公开化的压力下推动责任审议讨论的实质性发展，并推动公共（政治）问责的实现。其所蕴含的民主价值体现在两方面：首先表现在参与本身，即，决策过程的开放，尊重和体现公众对政策的影响力，提升政治和行政的透明度；其次表现在参与的程度，这是更为重要的可以借由绩效评估实现的民主价值。参与式绩效问责的功效由公众的评判权、选择权和发言权在问责结构中的位置以及对问责的实质性影响力决定。为进一步分析参与式绩效问责的具体运行机制以及成效，本研究引用 Arnstein（1969）的经典参与阶梯理论来做进一步阐释。

Arnstein（1969）从权力掌握者向公民赋权的角度界定参与的价值，将参与分为在质量上依次递进的八个“阶梯”（图 4.3）：操控（manipulation）、宣传教育（therapy）、告知（informing）、征求意见（consultation）、安抚（placation）、合作（partnership）、授权（delegated power）、公民控制（citizen control）。“操纵”和“宣传教育”本质上没有发生参与，当权者试图通过教育和规劝影响参与者，转移他们对重要问题的关注；“告知”和“征求意见”是有限的参与，公民拥有获取信息和表达意愿的权力，但是没有协商权，缺少让决策者重视、接纳他们观点的权力，公众态度调查、邻里会议、听证会，都是这种意义上的参与；在“安抚”类型的参与中，公民拥有建议权，但是依然没有决定权。所以，Arnstein（1969）将“告知”“征求意见”和“安抚”等参与形式视为管理者和决策者做的表面文章，而真正的公民决定权始于“合作”，因为公民能够协商，能发起方案并实施。在“授权”和“公民控制”阶段，参与者主导决策，有完全的控制权。Arnstein（1969）就是根据公民被赋权的程度来界定参与的价值。

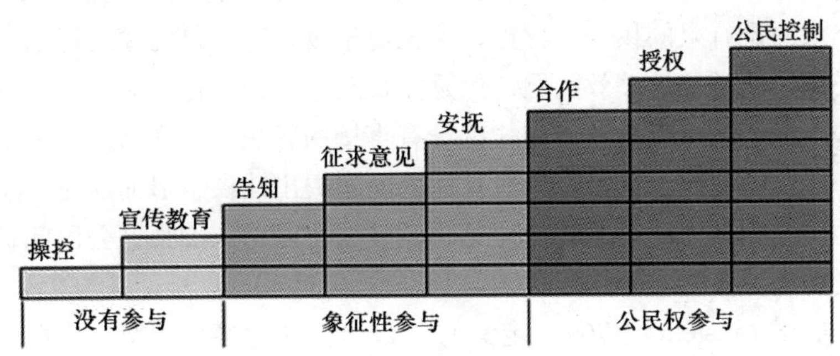

图 4.3 参与阶梯

资料来源：Arnstein（1969）.

当我们将参与导向的绩效评估以及“信息披露—审议讨论—结果承担”三阶段问责结构置于“参与阶梯”之中时，就可以鉴别真正体现民主价值的问责形式。评判的标准是，在多大程度上，公众能够让政府及部门履行解释或者证明其行为的义务，能够就绩效提出问题并对结果予以判断，能够定义和应用可能的结果承担方式。

在 Arnstein（1969）定义的“操控、宣传教育、告知”这三种情形中，公众消极地接受来自政府提供的信息，而且，给予的信息可能是故意误导的，目的是为了说服公众，让他们相信或者接受所给予的信息。在这三种情形中，公众缺少得到回应的渠道和程序，除非选择退出。因此，从表面上看，公众参与了对绩效的评价，但是信息披露是无足轻重的，没有后续的审议、质疑过程，没有通过公众参与实现可能的政策反馈和组织学习，在民主价值和组织学习的维度上是没有实质意义的，然而却是实现控制的问责机制的常见方式，以实现民主价值之名，实现控制之实。作为参与者的公众本质上没有问责政府绩效的权力，不是公众问责政府，而是政府教育公民，政府有选择性地单向沟通信息或者故意封闭信息。这是第一种参与式绩效问责的形式。

第二种类型的参与式绩效问责把问责行为延伸到了审议讨论阶段，相对应的是 Arnstein（1969）定义的“征求意见”和“安抚”。公众不仅接受信息，还可以有制度化的场所和程序讨论这些信息，对绩效提出质疑，要求政府回应。相比第一种类型，这里的绩效信息披露是有意义的，有指向的。然而，这依然是一种有限度的问责方式，因只对信息提供者选定的政策开展评价、讨论和审议，而且对后续的政策施行缺少监督和影响力。给予公众的是有限的权力。比如，家长对学校教育质量的绩效评估，虽然家长受邀讨论学校的绩效问题，但是家长对学生的数量、教职员工的聘用和解雇、课程体系以及教学方式都没有直接的影响力。在这里，公众可以提出一般性的建议，也可以针对具体的问题提出建议，显而易见，从一般问题的反馈到具体问题的评价意见，监督的力度得到加强，公民问责的影响力又前进了一步。

对应于 Arnstein（1969）定义的“合作”这种参与类型，公众将是更积极的绩效问责参与者。由于公众具有了协商权力，并且分享方案发起权和实施权，所以，问责过程表现为：公众要求政府就具体绩效问题提供信息并予以解释，然后作出有决定性的判断。更为重要的是，公众可以决定评价和监督公共服务的标准。这将是对参与导向绩效评估的重大突破，因为通常在关键绩效指标的确定上，公众一般没有发言权。因此，“信息披露—审议讨论—结果承担”问责过程在这里是完整的，公众对评价标准的决定权让责任的讨论和审议较之第二种类型更具有了实质性的意义。

如果再往参与阶梯上端走，更有价值的绩效问责可以有两种发展方向：一是纵深扩展，公众不仅可以决定评价公共服务的标准，还可以影响政策议程，改变服务提供的内容，换言之，公众是决定提供什么服务的共有责任人，因掌握决策权和目标设定权而产生双环学习的效果；二是横向扩展，公众评价政府绩效的范围扩大。参与阶梯的最后一个阶段是 Arnstein（1969）定义的“公民控制”，由于参与者拥有了决定性的管理控制权，所以公众不仅就披露的信息提出疑问，而且经过充分的讨论和审议形成责任判断，从而使第三阶段的“结果承担”具有了实质性的意义，公众可以定义和实施可能的惩戒，可以通过话语权对政策改进提出建议，优化政策。

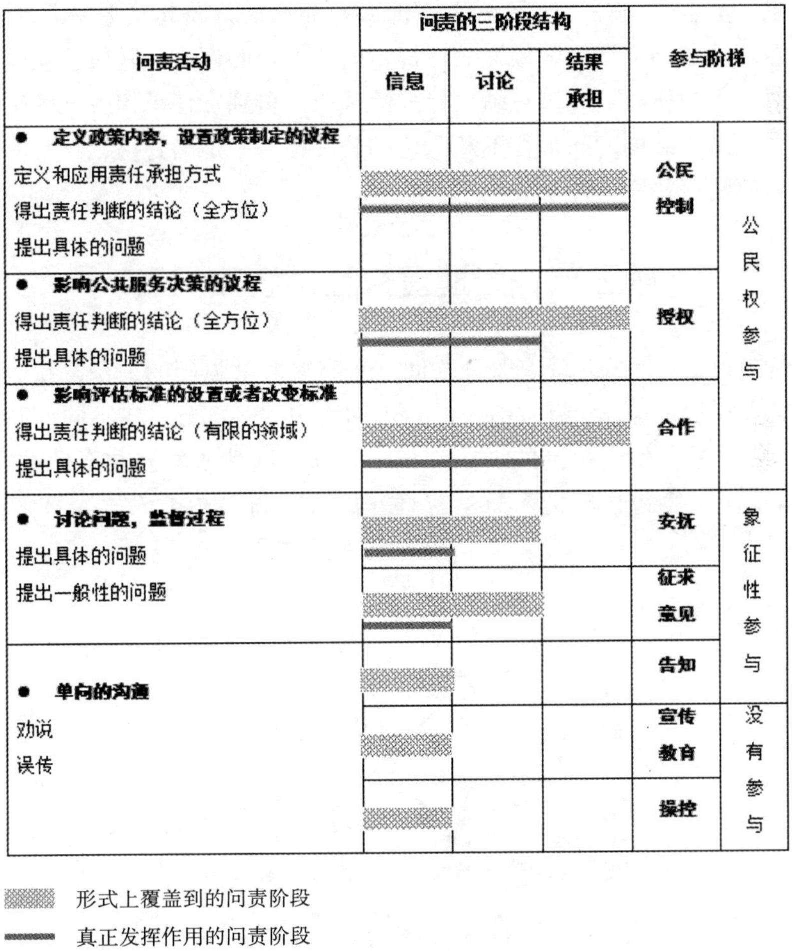

问责活动	问责的三阶段结构			参与阶梯	
	信息	讨论	结果承担		
● **定义政策内容，设置政策制定的议程** 定义和应用责任承担方式 得出责任判断的结论（全方位） 提出具体的问题				公民控制	公民权参与
● **影响公共服务决策的议程** 得出责任判断的结论（全方位） 提出具体的问题				授权	
● **影响评估标准的设置或者改变标准** 得出责任判断的结论（有限的领域） 提出具体的问题				合作	
● **讨论问题，监督过程** 提出具体的问题 提出一般性的问题				安抚	象征性参与
				征求意见	
● **单向的沟通** 劝说 误传				告知	
				宣传教育	没有参与
				操控	

形式上覆盖到的问责阶段

真正发挥作用的问责阶段

图 4.4　问责中的公众参与框架

上文结合 Bovens（2007）定义的“信息披露—审议讨论—结果承担”问责结构与 Arnstein（1969）定义的衡量参与质量的“参与阶梯”，从参与的程度和内容这个角度对参与导向的绩效问责做一个系统的分析。结果表明，参与导向的绩效问责有多种表现方式，内部是分层的，问责的效果不一样，问责的意义也有差异。在“参与阶梯”的前三者形式中，绩效评估强化了既有的等级权力结构，以实现民主价值之后，实现控制之实。但是这样的现象会随着信息技术的发展而逐渐减少，因为“互联网技术会调节国家与社会之间的关系，为社会赋权”（郑永年，2014：18），公众“被告知”的情形会越来越少，而转向实现民主价值和组织学习的制度效果。随着公众对绩效问题的评价从一般性的评价走向具体的专项评价，在评价范围上从有限领域的评价走向全方位的评价，随着公众的发言权从对绩效的质疑发展为对绩效标准的选择，再到责任承担方式的决定和实施，三阶段结构的问责在不断深化的公民参与中走向完整，这是一个公民问责逐渐获得实质性发展的过程。

第三节　治理复杂性与绩效问责

绩效评估、问责及政府管理之间一直有着非常强烈的关系，绩效评估是包含着控制、监督和有效治理的管理网络中的一部分，在不同的政治发展时期，绩效评估以不同的方法和技术推动不同性质的公共责任的实现，绩效问责是一个包含多种形态的交错建构的制度群（图 4.5）。

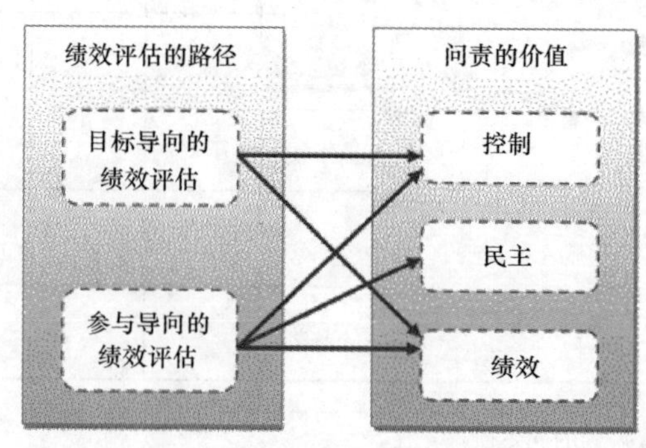

图 4.5　绩效问责制度群

绩效评估不是简单的或者中立的工具，而是不断演化的治理体系的一部分。因此，日益增长的治理复杂性与绩效评估体系的应用相互交织，会从根本上既影响绩效评估体系，又影响治理的方式和绩效。

一　快速变迁的治理环境与绩效问责的模式选择

在不同的治理环境和公共行政价值下，绩效问责呈现出不同的制度特点和制度功效。以技术—工具理性为支撑的传统行政体系体现垂直管理、职业专家支配、物化的官僚制、安抚公民以及非此即彼的二元思维模式特征（全钟燮，2008：译者前沿 15）。受科学管理影响，价值中性的绩效评估理念和技术与这种特征的组织体系具有很好的契合度，成为服务于责任控制的管理工具，监督和改进政府管理。但是这种组织体系适用于一种稳定的环境，简单可预测的治理环境使得绩效指标能够代替模糊的目标，以"目标—结果"之间的线性关系为委托人提供监控拥有信息优势的代理人的工具，同时，标准化的绩效评估体系围绕一系列可管理的绩效指标，并借此就任务目标、激励约束等达成共识，从而让评估结果发挥问责依据的作用。

然而，当代的治理以复杂、快速变迁为特征，这意味着以技术—工具理性为支撑的公共行政体系失去了回应和创新的能力，理性设计的目标在执行过程中可能会产生非预期的结果，甚至，从长期来看，会因为对目标的恪守而造成僵化和重复性的错误。而且，一些政策领域呈现出任务复杂、目标多元且可能分歧等特征，当把标准化的评估过程应用于这样的政策领域时，代理人有充分的激励来利用自己的信息优势谋利，产生诸多策略行为。治理越复杂，就越不容易使用标准化的绩效管理方法，评估越可能面临失败或者产生消极的非预期行为。由此，复杂治理中的公共行政呼吁分权和多元参与，呼吁回应问题并有效解决问题，只有发展参与导向的绩效评估才能有效化解复杂的当代治理与绩效评估技术之间的张力。

这条线索在上文分析绩效问责的演进逻辑时可以清晰地看到。绩效评估体系和问责体系发生在由一定的政治、经济、文化和社会力量共同形塑的环境中，必须采纳与公共管理的角色和环境相一致的方法，必须反映公共管理的变化与本质，唯有如此，绩效评估才能作为有效的激励约束工具，推动负责任的公共管理（图 4.6）。

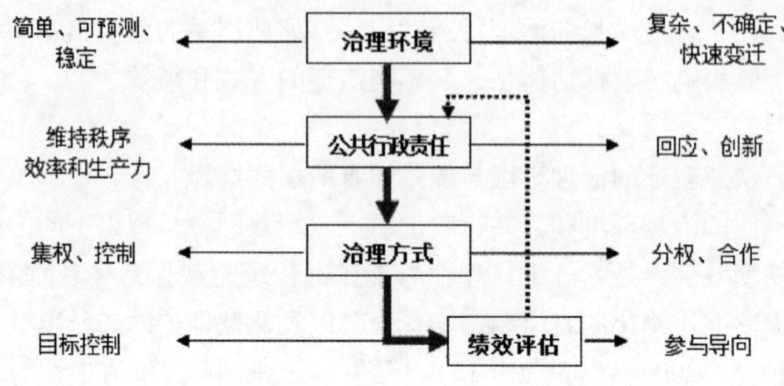

图 4.6　治理复杂性与绩效问责

二　多主体的治理结构与责任的归因困境

当代治理不仅以快速变迁为特征，而且还呈现多主体协同共治的特征。从责任的角度，在这么一个复杂的开放系统中，就会产生 Bovens（2005：189）指出的“多手的问题”（the problem of many hands），即，不同的组织和个体在很多方面对决策和政策作出了贡献，而且行为所产生的多重效应会方向各异，形成叠加，于是，很难判断谁应该对由此产生的结果负责。

一方面，治理主体的多元必然带来文化和利益的多元，那么，对评估标准和治理绩效的共识达成就更难了。有影响力的行动主体越多元，越有可能产生分歧的绩效定义，而最后的评估可能是斗争的妥协，而不是科学的解决方案（Moynihan，et al.，2009）。换言之，多主体的利益本位人为地影响绩效与责任之间的因果关系。

另一方面，“多手的问题”带来责任分解的困境。多主体共同行为产生的绩效结果，其责任是否可以分解到其中的某个个体？个体负责任行为的加总并不必然带来负责任的集体行为，集体行动的绩效和个体责任之间的关系非常复杂，存在不同的几种情况：(1)个体的行为是正确的，但是个体行动加总后却产生不符合预期的绩效；(2)个体的行为不足以造成不负责任的绩效结果，但是个体行为加总后产生不完美的绩效，即，集体放大个体的行为后果；(3)个体不负责任的行为导致集体的不良绩效，但是集体可以缓解个体行为的后果。如果考虑不同个体在治理结构中的不同位置而形成的不同的影响力，那么问题将会更复杂。

当绩效评估呈现的是多个主体共同努力得到的绩效结果时，因果关系是个非常棘手的问题。这不仅涉及绩效评估的科学化，更涉及绩效问责的合法性。问责本质上是个激励约束机制，如果无视这种责任归因的复杂性，依然按照传统行政问责的方式，由治理网络中的某个组织承担集体行动的后果，且由该组织的行政首脑代表组织承担惩戒性质的责任后果，那么，必然会产生对绩效问责的抵制，激发规避责任的策略行为。

汤普森（2007：99）根据评估欲求的标准（评价行动的实际或者可能的效果）和因果知识（对行动结果和原因之间的因果关系的可追溯程度）两个维度，构建了一个组织评估的情形矩阵（图 4.7）。当因果知识是完全的，同时欲求标准是具体和明确的，则组织使用最大化的效率评估标准，即，测量在多大程度上组织行为接近了完美状态（象限Ⅰ）；当欲求标准是清晰的，但是评估者对构成原因的行为的净效果无法加以评估，那么，合适的测试是考察所欲求的事态是否得以实现（象限Ⅱ）；当欲求标准模糊不清或者已知的因果知识不尽完美时，组织会求助于（社会的）参照群体（象限Ⅲ和象限Ⅳ）（汤普森，2007：99—107）。

		对因果知识的信念	
		完全的	不完全的
欲求标准	明确的	Ⅰ	Ⅱ
	模糊的	Ⅲ	Ⅳ

图 4.7　组织评估情形与类型

资料来源：汤普森（2007：99）。

因此，责任的归因问题是影响绩效评估方式选择的重要因素，也是影响问责成效的关键点，绩效问责的制度设计必须考虑这个关键变量。

三　多价值的绩效问责平衡

不同的问责体系及评估方法之间不是非此即彼的替代，而是在不同的治理环境下相互交织共存。比如，新公共管理改革时期，结果导向的绩效问责获得大发展，但是，对投入和遵守程序的传统制衡方式依然保留（Glynn & Murphy，1996）。制度的多维性、情境性本身就是绩效问责的制度特性，任何简单化都将造成对重要问题的忽视。问题的关键不是非此即彼的简单判断，而是在诸多价值两难中，根据不同的管理情境作出价值排序的选择，并实现制度的平衡发展。

第一，制衡与行动。责任是授权的结果。获得权力的一方（代理方）必然对授予权力的一方（授权方）负责，以保证责任的充分合理实现，权力不被滥用（杨雪冬，2004）。授权的链条与问责的链条是一致的，比如，作为典型的民主宪政国家，美国依托于宪法所确立的三权分立以及分权制衡的基本原则，在联邦政府层面形成了具有特色的问责制度轨迹。问责是对权力的重要抗衡，谁也无法否定权力审查的重要性以及由此形成的服从的心智模式，不充分的问责为政府权力的滥用打开了大门，然而，过度的制约和控制则破坏行动力，控权的需求与有效的行动力之间的关系是公共行政经典的两难。

第二，惩戒与学习。制裁一般有惩罚性制裁、修复性（或矫正性）制裁和预防性制裁三种类型（凯恩，2008：68），传统的问责关注惩罚性制裁，是消极意义上的问责，而新的问责视角注重修复性制裁和预防性制裁，是积极意义上的问责。满足传统问责模式的绩效评估与满足提高生产力的绩效评估可能存在不兼容，绩效关乎管理、创造和对过去的突破，问责关乎合法性和正当性（Halachmi，2002a）。为了学习和提高的评估并不避讳问题的呈现和分析，积极收集信息和反馈，提供可供选择的方案，而为了给惩戒提供依据的评估路径本质上是防御性的，为了证明行为的正当性，避免公开问题和不确定性。责备分配的问责充满了各种政治议程，会恶化已经充满挑战的评估环境，问责越被视为责备分配，评估发挥推动组织学习的作用就越难。

第三，程序与回应。专业标准和规则程序是官僚理性的表现，也是实现理性的条件，等级化的结构保证来自等级最高层的决策以一种效率的和有效的方式得以实施和强化，专业标准让责任的辨别变得清晰和容易，规则和程序通过定义决策的参数而控制官僚的自由裁量行为，这些都是控制行政官僚的重要机制。然而，“标志着一种民主的行政管理系统的特征的是官僚机构在运行时所秉承的文化价值和规范……一种民主的行政管理的独特在于行政系统作为整体向全体公民负责，补充了每一个行政人员向上级负责的官僚原则”（毕瑟姆，2005：107）。

第四，控制与民主。20 世纪早期泰勒的科学管理范式对问责及评估影响巨大，从控制的角度理解问责遵循科学管理范式的原则。当聚焦于控制、效率、结果和实现既定目标的评估应用于公共部门后，科学管理就转化为一种制度化的问责形式，这是技术管理意义上的问责。然而，问责还有更为基础的民主意义。服务于问责的绩效评估可以通过评估技术和最佳实践的探索，获得有关组织管理的知识，提供绩效监控和改进的计划，服务于执掌控制权的组织，也可以关注评估所涉及的多个主体的相互关系和多元价值，整合地方性知识，关心公众需求，为公众创造自我决定的机会。

第四节　小结

历史地看，绩效评估和问责以及政府管理之间一直有着非常强烈的关系，评估被视为显示并合法化政府决策的工具，也由此成为政府合法化修辞的关键部分。然而，绩效问责很复杂，其复杂性来自绩效评估和问责各自的制度多维性，以及作为制度形成背景的治理环境和治理结构的复杂性，评估和问责的整合不是简单和全部的叠加。本章以治理环境、责任属性与绩效评估方法之间的相互影响为线索，勾勒了绩效问责的历史演进过程，刻画了其多维的制度结构及功能，选择和设计绩效问责的关键在于理解这种情境性和多维性。

第五章
政府绩效问责的运行与成效：基于杭州市政府绩效评估的实践

第一节　个案选择与度量方法

一　个案选择的说明

随着经济社会的发展，在全球治理、民主治理的大背景下，公众对政府管理的质量、效益等方面的期望越来越高，监督意识也越来越强，建立高绩效的服务型政府日益成为改革的主要目标。因此，从20世纪90年代以来，中国政府日益重视绩效评估，并把它作为深化行政体制改革的重要内容和转变政府职能的必然要求，尤其是地方政府呈现出了各种绩效评估的实践。那么，中国地方政府绩效评估是否具有服务于控制、民主价值和绩效提升的问责功能？是否具备上文所分析的制度特征？本章将以杭州市政府绩效评估实践为例，回答上述问题。

为什么选择杭州的案例呢？案例的包容性、成熟度、可及性是案例选取的基本原则。成熟的案例能够提供丰富的经验型素材，能够让问题和成效得到最充分的展现。

1. 杭州市政府绩效评估是中国地方政府绩效评估发展的一个缩影

中国地方政府绩效评估经历了20世纪80年代中期到90年代初期自发的目标责任制、效能监察，90年代初到90年代末期的社会服务承诺制、系统性的目标责任制、以市民为评价主体的绩效评估，以及21世纪以来各具特色的中国地方政府绩效评估模式不断涌现的过程（中国行政管理学会课题组，2003；蓝志勇、胡税根，2008）。当前绩效评估实践的分水岭是全国绩效管理试点工作，由监察部门牵头，运用自上而下的行政手段推动绩效管理从各地各部门的自行探索走向制度化和规范化。然而，从2013年开始，中纪委开展了两轮机构改革，聚焦主业主责的中纪委机构改革定位，事实上宣告了绩效管理全国试点工作在体制创新上的终止。因此，中国地方政府绩效管理的未来实践需要进一步观察。在数十年的发展过程中，地方政府绩效评估呈现形式多样性与评估内容趋同化、评估过程逐步开放性与评估结果使用内部化、评估专业化与评估承载使命综合三者并存的特点。

杭州市政府绩效评估是中国地方政府绩效评估发展的一个典范，反映了上述总结的中国地方政府绩效评估的发展过程和特点。杭州的绩效评估工作起步于 1992 年，一直坚持至今，从目标责任制考核到满意度评选，再到多元评价主体的综合考评，从目标控制到公众评议，再到创新创优激励，从部门考核到区县（市）考核，杭州市政府绩效评估完成了体制、机制和制度的创新，形成了综合考评的基本框架（下文所称的杭州市综合考评即杭州市政府绩效评估）。杭州市综合考评在内容体系上包含目标考核、领导考评和社会评价三个部分，基本涵盖了目前地方政府绩效评估的主要形式，因此也能保证对中国政府绩效评估形成全景的认知和分类的比较。而且，杭州是国务院 2011 年批准的政府绩效管理试点地区之一，说明在绩效管理工作上有较好的基础。2015 年 8 月 27 日杭州市第十二届人民代表大会常务委员会第三十次会议审议通过《杭州市绩效管理条例》，并于 2015 年 9 月 25 日经浙江省第十二届人民代表大会常务委员会第二十三次会议批准，自 2016 年 1 月 1 日起施行。《条例》明确绩效评估、绩效结果运用、绩效管理问责等内容，进一步推动了绩效评估的制度化。因此，杭州的绩效评估工作走在全国前列，非常值得做细致的全景式的案例研究。同时，作者的身份可以保证案例资料采集和调研的便捷性。因此，以杭州为例观察中国地方政府绩效评估的实践具有一定的合理性和可行性。

2. 杭州市政府绩效评估的案例研究值得进一步深化

事实上，杭州市政府绩效评估一直受到理论界的高度关注。从杭州市综合考评委员会办公室（杭州市绩效管理委员会办公室）①（以下简称杭州市考评办）的官网“杭州考评网”（http：//kpb. hz. gov. cn）上设置的“工作交流”专栏上可以看到，国内外学者与杭州市考评办的交流比较密

① 2011 年杭州被列为政府绩效管理试点地区，2012 年 8 月，市考评办增挂“杭州市绩效管理委员会办公室”牌子。

切，对杭州综合考评给予了较高的评价。但是，从公开发表的学术研究成果来看，针对杭州绩效评估的专门研究不多，主要集中在两类群体上。一是杭州市考评办领导及工作人员的研究，典型的如杭州市考评办主任伍彬主编的《综合考评与绩效管理》（2012）和《创新型政府：杭州的探索与实践》（2014），以及伍彬发表在《中国行政管理》期刊上的系列文章，较为完整地呈现了杭州市政府绩效评估的总体情况。二是理论界的解读和分析，余逊达（2010）基于对杭州经验的多年跟踪研究，从民主的工作机制的角度，指出杭州围绕公共民生问题，以政府绩效评价和管理为中轴，逐渐形成了一套以公民广泛、深入参与政府公共事务管理为基础的民主的工作制度；王雅君（2012）从制度变迁的视角，讨论杭州绩效评估的政府管理改进功能以及信息博弈对两者之间复杂关系的影响。黄俊尧（2014）从官僚控制的角度，分析“公众参与式”的杭州绩效评估所形成的官僚控制模式及政治逻辑。

但是，已有的杭州研究还有值得推进的几个方面：第一，已有研究基本上基于2012年前的杭州绩效评估实践，缺少对近两年实践的回应；第二，已有研究缺少对发展了20多年的综合考评实践的纵向历史回应，缺少绩效评估演进的动态分析；第三，已有研究尚未涉及绩效评估的问责功能。因此，本文聚焦于杭州市政府绩效评估的问责功能，立足于三个角度，立体地呈现地方政府绩效评估中的绩效问责概貌：

第一是“线”的呈现，梳理杭州市政府绩效评估的演进过程，着重分析从目标考核到满意度评价等各种具体评估方式和工具不断调整完善的过程，以及评估结果的表现形式和应用方法不断发展的过程；第二是“面”的呈现，主要以2014年度杭州市政府绩效评估的具体数据，分析不同评估方法和工具的运作及对评估结果的效用，同时分析不同评估结果之间的相互关系；第三是“点”的呈现，选取部门的评估数据，分析绩效评估过程及结果的差异性。如果说“线”的呈现从历时性的视角考察以杭州为例的中国政府绩效评估的制度变迁及其功能的变化，那么“面”的呈现是从截面的视角，分析地方政府绩效评估内在的各个要素、方法、工具之间的相互关系，而“点”的呈现则是更细致地推进相关结论。

二　度量方法与案例展开的基本思路

始于1992年的杭州综合考评实践包含着丰富的绩效数据，以及有价值的可用于理论研究的信息，为了更好地呈现本文的研究视角，有必要就第三章和第四章提出的绩效问责以及问责的三个视角再次作出明确，以便对杭州绩效评估的观察和素材的选取更聚焦。如前所述，问责是一个"信息披露—审议讨论—结果承担"的过程，绩效问责本质是通过绩效评估的信息披露过程，对绩效评估结果加以使用的一种方式，如果评估信息和评估结果的使用实现了任何一个维度的问责效果，那么，我们就认为绩效问责发生：(1)约束权力的行使（权力控制），主要观察评估领导权、评估组织权、评估实施权和责任强制权的分配和行使而呈现的组织之间的关系；(2)实现政府对公众的回应性，为公众监督创造条件（实现民主价值），主要观察公众在评估各个阶段的参与，在目标选择、评估、讨论以及结果使用方面的影响力；(3)促进管理目标的有效实现，不断满足公众对管理绩效的期望（实现绩效持续改进），主要观察两个方面，一是从过程看，有组织学习的程序，即，存在讨论、审议绩效信息的程序；二是从结果看，有组织学习的效果，即，提高了完成工作任务和实现目标的效率，或者优化了政策选择和管理目标。反之，绩效问责不发生。

由于绩效信息产生于绩效评估的过程之中，评估方式直接影响绩效信息的形式和内容，所以，对绩效问责的考察不能仅仅关注于绩效信息产生后的使用环节，也必须关注绩效信息的产生环节。这就是"使用绩效评估"（utilization of performance measurement）的基本内涵，即，绩效评估的使用包括评估的采用（adoption）和评估的落实（implementation）两个阶段，前者指建立绩效评估体系，后者指真正使用评估产生的信息，将评估获得的知识转化为行动（de Lancer Julnes & Holzer，2001）。下文对杭州的案例呈现也将按照这两个阶段展开，在此基础上分析绩效问责的现象。

第二节　绩效问责之绩效信息的产生：杭州市政府绩效评估的采用（adoption）

从对象上而言，杭州综合考评体系分为两部分，一是市直机关综合考评，考评对象是市直各部、委、办、局及市直有关单位，按照工作职能、性质的不同，分为综合考评单位和非综合考评单位两大类，设置不同考评内容、不同权重，统一考评（图 5.1）；二是对杭州市所辖的 13 个区、县

（市）实行的综合性考核评价，始于2008年（图5.2）。前者是一级政府对本级政府部门的综合考评，后者是一级政府对下一级政府的综合考评，两者在考评体系的设置上基本一致，都包含了目标考核、领导考评、社会评价和创新创优（特色创新）的四大板块考核内容，可称为“3+1”模式的综合考评体系。区别的是四部分考核内容的权重不一样，在市直机关综合考评中，社会评价的权重占50%，目标考核、领导考评分别占45%和5%，以及3分的创新创优加分，而在区县（市）综合考评中，社会评价的权重是30%，目标考核、领导考评分别是65%和5%，以及5分的特色创新加分。

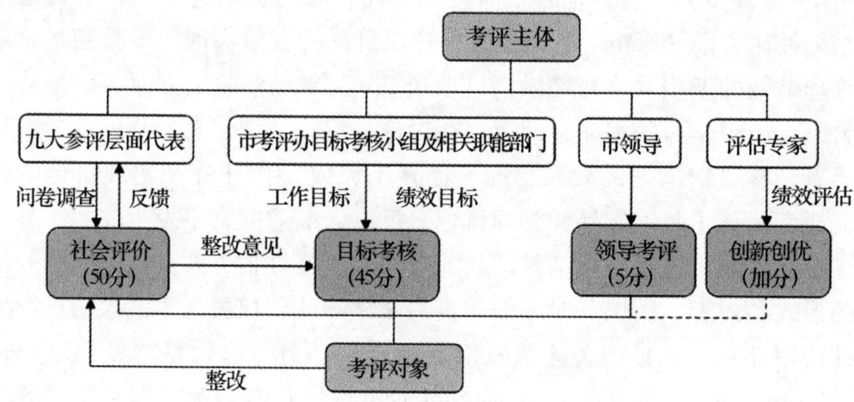

图5.1 杭州市市直单位综合考评体系

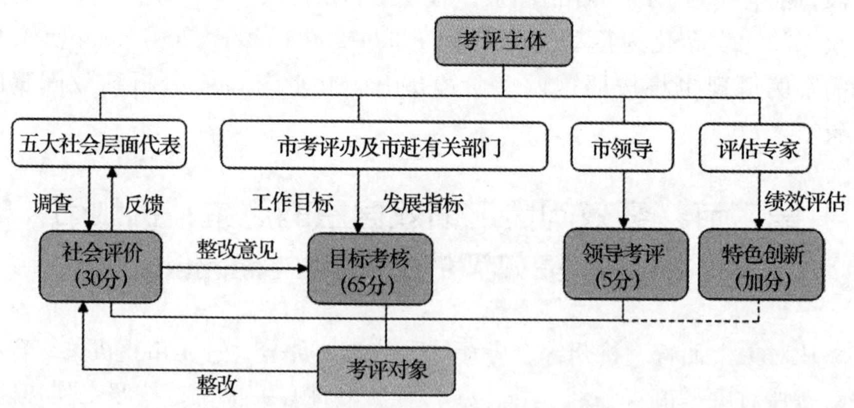

图5.2 杭州市区、县（市）综合考评体系

资料来源：杭州考评网。

本研究主要讨论市直单位综合考评，理由如下：第一，市直单位综合考评的历史沿革更悠久，更能反映绩效评估体系的演进脉络，杭州市绩效管理“公民导向”的标签就是发端于市直机关的满意度评价；第二，部门绩效评估的研究更具有空间。目前的绩效评估研究多着眼于对地方政府整体绩效评估的总结、梳理和分析，但是对于政府所属部门的绩效评估的相关研究尚处于探索阶段（高小平、刘锐，2010）；第三，基于本研究确立的问责视角，部门的绩效评估更复杂，难度更大，更具有研究的挑战和空间。因为地方政府整体绩效评估的责任归属相对明确，而部门绩效评估中存在因为部门分工和职能性质差异而产生的绩效和责任的分配问题，这是值得进一步探索的问题。因此，下文所讨论的和行文表述的杭州综合考评（绩效管理/绩效评估）均指向杭州市直单位综合考评。

一　杭州综合考评的演化

杭州市政府绩效评估最早可以溯源到20世纪90年代初的目标责任制考核，在不断探索具有杭州特色的政府绩效管理之路的过程中，主要经历了三次跨越，经历了从封闭式的内部考核到开放式的社会评价、多元化的综合考评，再到功能型绩效管理的不断演变（图5.3）：[①]

一是从机关目标责任制考核向满意不满意单位评选的跨越。2000年，市委、市政府在全国率先推出“满意单位和不满意单位”评选活动，以根治门难进、脸难看、话难听、事难办机关“四难”综合征，转变机关作风。这一时期，满意评选活动和原市直单位目标责任制考核双轨并行。

二是从满意不满意单位评选向综合考评的跨越。2005年，市委、市政府决定将目标责任制考核与满意评选（社会评价）进一步结合，同时增设领导考评，对市直单位实行综合考核评价，形成了“三位一体”的综合考评。2006年8月，全国首家正局级常设考评机构——杭州市综合考评委员会办公室正式成立，标志着杭州综合考评走向制度化、规范化、专业化。

三是从综合考评向绩效管理的跨越。2007年以来，杭州综合考评积

① 以下三点归纳参见伍彬《中国地方政府绩效管理中的民意价值和治理创新——以杭州综合考评为例》，杭州考评网，2014年6月11日，在奥地利维也纳大学的讲演。

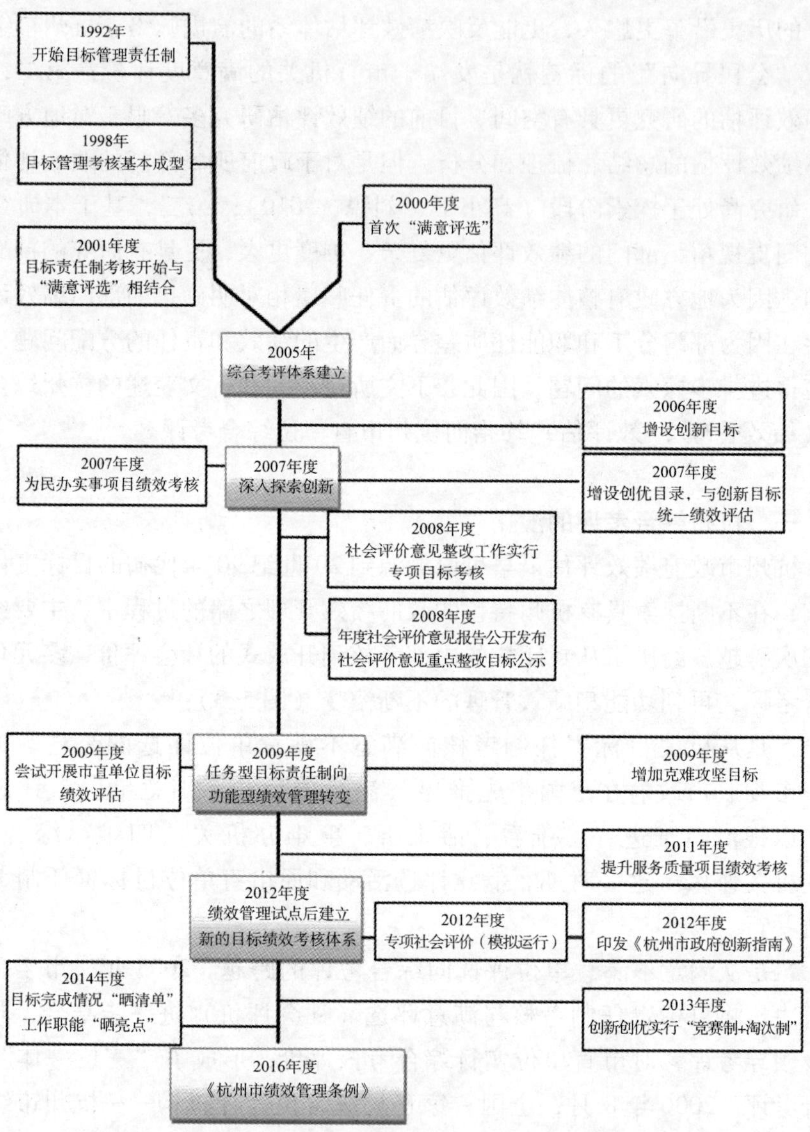

图 5.3　杭州综合考评的演化

极探索绩效管理新路径，不断完善绩效指标体系，深化社会评价，推进创新创优，增强诊断治理功能，强化绩效管理，促进目标管理由任务型目标责任制考核向功能型绩效管理转变。2011 年 6 月，杭州市被列为全国政府绩效管理试点城市，市考评办也于2012年8月增挂“杭州市绩效管理委员会办公室”牌子，履行综合考评、效能建设、绩效管理新的“三位一体”职能。2015年3月31日，杭州将对政府绩效管理工作进行地方立法，出台《杭州市绩效管理条例》，并于2016年1月1日实施，这将进一步推动政府绩效管理工作的制度化。

从杭州综合考评的演化过程可以看出（图5.3），20世纪90年代初到2000年期间，目标责任制考核一枝独秀；2000年到2005年，目标责任制考核和满意度评价双轨运行，无论是考评体系还是组织实施机构都独立运行，目标责任制考核由市目标办组织实施，满意评选由市满意办组织实施；从2005年开始至今，逐步形成内外评估相互融合的综合考评体系。之后的综合考评体系发展的主轴是目标责任制考核和满意度评价（社会评价）各自不断优化并逐渐融合：一是目标责任制考核和社会评价体系各自不断精细化和科学化；二是随着两者的精细化和科学化，不断衍生出其他考核方式，继而推进两者相互融合，相互赋权，立体地发挥评估的激励约束作用。

二 目标责任制考核的精细化

1. 目标责任制考核体系日趋复杂

首先，目标体系不断膨胀，考核内容越来越复杂。本书选取了2005年度、2009年度和2012年度这三个综合考评发展重要节点的目标考核体系罗列如下（表5.1—表5.3），可以清晰地看到目标的类型不断多样化。从体现战略导向的市委市政府确立的目标、职责导向的工作目标，发展出体现开拓性和创造性的创新创优目标；从部门自身的单一目标发展到部门协作的综合性目标；从工作目标拓展为目标管理责任的目标；一般性目标上叠加专项目标。在这个过程中，综合考核体系努力平衡各种性质的目标：自上而下的任务目标VS部门的职责目标、部门个性目标VS共性目标、部门个体目标VS多部门协作的综合性目标、达标性目标VS创新性目标、政治行政体系内部目标VS来自社会期待的外部目标、考评办组织考核的目标VS其他职能部门组织考核的目标。纳入目标责任制考核的工作目标越来越多，分类越来越细，而且拥有具体考评实施权的组织单位越来越多。这意味着希望借由考评的“指挥棒”而发挥影响力的工作任务越来越多，从而也暗示了综合考评体系对部门的渗透和影响不断加大。

表 5.1　　2005 年市直单位目标考核评价内容及分值设置

总体指标		分项指标	考核或评价指标内容	组织单位	分值
目标考核	职能工作目标	一类目标	市委、市政府确定的年度重点工作任务	市目标办	35 分
		二类目标	各单位职责范围内事关全市的重点工作		
		三类目标	其他涉及面广的综合性工作任务		
		四类目标	创新、创优工作目标	市目标办	加减分
	共性工作目标	领导班子建设	领导班子年度考核情况	市委组织部	4 分
		党风廉政建设	违纪、违规、违法案件查处情况	市纪委(市监察局)	3 分
		机关效能建设	“96666”投诉查办和明察暗访情况;信访和“12345”工作情况;行政服务中心窗口服务情况	市效能办、市信访局(“12345”公开电话受理中心)、市公共资源交易管委会办公室(市行政服务中心)	3 分

资料来源:伍彬(2012:108)

表 5.2　**2009 年市直单位目标考核内容及分值设置**

总体指标		分项指标	考核或评价指标内容	组织单位	分值
目标考核	职能工作目标	一类目标	关键指标 市委、市政府确定的年度重点工作任务 市委、市政府确定的中长期发展战略和重大决策部署中分解到当年的相关工作任务	市考评办	35 分
		二类目标	常规指标 各单位职责范围内事关全市、反映部门主要职能履行情况的年度重点工作，包括牵头负责的专项工作协调配合工作，由若干项专项目标组成		
		三类目标	通用指标 社会评价意见整改专项目标 根据工作的重要性和必要性设置的其他涉及面广的综合性业务工作		
	共性工作目标	领导班子建设	领导班子年度考核情况	市委组织部	4 分
		党风廉政建设	违纪、违规、违法案件查处情况	市纪委（市监察局）	3 分
		效能建设	“96666”投诉查办和明察暗访情况	市纪委（市监察局）、市效能办	1 分
		目标组织管理和督查工作	省委省政府、市委市政府领导批示及重大事项、重要工作督查完成情况；目标组织及考评管理	市考评办	2 分

资料来源：伍彬（2012：110）

表 5.3 **2012 年度市直单位目标绩效考核指标体系**

类型	分项指标	考核或评价指标内容	考核维度		目标（指标）解释	权重
			实现程度[1]	绩效测度[2]		
绩效指标	关键指标	市委、市政府确定的涉及本部门的相关国民经济和社会发展定量指标	√	—	“两会”通过的杭州市国民经济和社会发展主要指标数据	75%
	职能指标	市直单位法定职责履行情况相关绩效指标[3]	√	√	由各单位根据“三定”方案，结合我市实际，提炼反映本单位履行职能情况，体现效率、效益、效果等结果性的内容	
	通用指标	适用于市直各单位的部分综合性绩效指标，包括依法行政指标、电子政务指标、行政效率指标等	√	—	由市法制办、市电子政务办公室、市考评办（市效能办）、市阳光办、市审改办等提供，采用本部门纵向比较和各部门横向比较的方法	
工作目标	重点工作目标	市委、市政府确定的年度重点工作任务	√	—	市委、市政府确定的年度重点工作任务分解，可考核的目标（其中政府预算内投资重大项目评估由市发改委提供）	
		市政府为民办实事项目	√	√	按《市政府为民办实事项目考核办法》考核	
		市委、市政府中长期战略目标和重大决策分解到当年的相关工作任务	√	√	包括重大经济政策、改革措施、重大规划等评估，由市发改委等提供	
	专项协作目标	由有关部门牵头、多部门协作配合的，事关全市、有明确年度目标任务、适于量化考核的阶段性重点工作，由若干专项组成	√	—	由专项工作牵头单位提出，按照必需、可行、有效和总量控制、有进有出的原则设置。专项目标由牵头部门提出具体的分解依据、考核内容和考核办法，经市考评办审核后下达，纳入相关单位年度绩效目标考核。专项牵头单位对该项目负总责。每一专项纳入时间不超过 3 年，每年根据实施情况动态调整	
	诉求回应目标	信访和“12345”、社会评价意见整改、效能投诉处理、公共服务窗口评价、建议提案办理	√	—	分别由市信访局、市考评办、市监察局和市政府办公厅、市人大提案委、市政协提案委、市委组织部牵头负责	
	自身建设目标	领导班子建设、党风廉政建设、财政绩效评价、机构编制评估	√	—	分别由市委组织部、市纪委（监察局）、市考评办、市财政局、市编办等牵头负责	20%

续表

类型	分项指标	考核或评价指标内容	考核维度		目标(指标)解释	权重
			实现程度[1]	绩效测度[2]		
绩效管理工作		包括目标制定、督查工作和追溯考核等内容	√	√	由市考评办、市委、市政府督查室牵头负责。按照目标绩效管理办法、目标制定咨议评估办法、督查工作管理办法实施考核	5%

注:

〔1〕“实现程度”是指目标(指标)实际完成情况与设定目标(指标)内容之间的比较,通过进度、工作量、覆盖面等反映,按实际完成百分比赋值。

〔2〕“绩效测度”是指反映达成目标(指标)的工作质量、成果运用及效益性、满意度等指标。

〔3〕“职能指标”选择部分反映市直单位法定职责履行情况相关绩效指标,其中党群政务类单位绩效指标重点反映服务保障,突出工作的保障性、前瞻性、政务的质量和水平;执法监督类单位绩效指标重点反映公正、效率,突出职责法定、依法行政;社会管理和服务类的单位绩效指标重点反映公平、均衡,突出服务质量和群众满意度;经济管理类单位绩效指标重点体现科学发展,突出工作效率、公平;国企单位的绩效指标主要反映对城市的贡献度,突出体现在承担社会责任、城市公共服务水平、产业示范带动、城市空间优化布局等方面。

资料来源:关于制定上报2012年度市直单位绩效考核目标的通知,杭考评办〔2012〕9号

其次，纳入考核体系的单位越来越多。[①] 综合考评将承担公共服务和社会管理职能的企事业单位纳入考评范围，以便于政府监管，并更好地实现市委市政府的工作意图。例如，杭州公积金中心担负着杭州公积金管理的基本职能，其工作成效的好坏牵涉千千万万的家庭；杭州地铁集团担负着杭州地铁等基础设施的建设，尽管是按照企业的模式运作，但它关系着国计民生，关系到百万杭州人民的出行安全问题。类似这些企事业单位，尽管没有政府机关的角色定位，但它们的职责关系到百姓工作和生活的方方面面。因此，市考评办逐渐将市运河综保委（运河集团）、市地铁集团、杭州公积金中心、投控股公司等承担公共服务和社会管理职能的企事业单位纳入综合考评（伍彬，2012：78）。

2. 目标管理项目化

目标管理项目化可以从两个层面予以观察：

第一，从数量上看，在杭州市直单位目标考核体系中，专项目标占主导。根据《杭州市市直单位综合考评专项目标管理办法（试行）》（杭考评办〔2014〕11号）的界定，专项目标是指由相关市级领导小组或市直部门牵头组织实施的涉及面广、有明确年度总目标和分项目标，适于量化考核，考核结果计入综合考评目标考核的工作，专项目标由牵头单位制定具体的、可操作的考核办法，经申报审核后，纳入年度综合考评目标管理，具体由重点工作目标、部门协作目标、诉求回应目标、通用指标和自身建设目标等组成。[②] 将市直单位目标绩效考核体系中的专项目标做一细分，可以发现，专项目标在市直单位目标考核体系中占主导（表5.4）。

第二，从内容看，所谓目标管理项目化，是指以专项目标的方式实施目标考核，而专项目标的来源是市委市政府的年度中心工作和重点工作的分解。在目标责任考核的具体操作中，市级机关一般性的职能工作通常不列入目标考核范围，纳入目标考核的往往是市委市政府中心工作和重点工作分解到各单位的工作目标，随着市委市政府中心工作和重点工作的转移，目标考核的指标作出相应的调整。每年制定考核目标的过程就是以市委市政府的年度中心工作和重点工作作为各部门目标考核指标设置的重要

① 2008年实施区、县（市）综合考评是综合考评范围不断扩大的重要表现，由于本研究不涉及区、县（市）综合考评，故不在此作分析。

② 《杭州市市直单位综合考评专项目标管理办法（试行）》，杭考评办〔2014〕11号。

依据，考评办作为目标责任制考核的组织者，做好目标任务的分解和进度的监督，加强目标实施的过程管理，推动各部门落实市委市政府的战略决策和重点工作。统计近三年的考核目标数量，可以发现，市委市政府重点工作的目标数量逐年上升（表5.5）。

表5.4　　杭州市市直单位目标绩效考核指标体系的性质

指标类型	绩效目标			工作目标			
分项指标	关键指标	职能指标	通用指标	重点工作目标	专项协作目标	诉求回应目标	自身建设目标
是否专项目标			■	■	■	■	■
是否绩效测度	▲	▲		▲			

资料来源：《杭州市市直单位综合考评专项目标管理办法（试行）》，杭考评办〔2014〕11号；《关于制定2013年度市直单位绩效考核目标的通知》，杭考评办〔2013〕12号。

表5.5　　2012—2014年度涉及市委、市政府重点工作任务的考核目标数量占年度目标总量比例

年度	2012	2013	2014
比例	50.2%	69.7%	84%

资料来源：《2012年工作总结和2013年工作要点》，杭考评办〔2013〕7号；《2014年工作总结和2015年工作要点》，杭考评办〔2015〕1号。

分析历年目标制定过程，都可以发现在制定目标中突出项目化管理，即，把市委市政府的中心工作、重点工作通过项目化管理，变成具体的可测评的目标以及可度量的指标：2007年对市委市政府提出的“破七难”、新一轮十大工程、半山整治、危旧房改造、“两线”整治、实事项目等重点工作，坚持以牵头单位负总责，作为专项目标纳入目标考核①；2008年对市委市政府提出打造“国内最清洁城市”、撤村建居和城中村改造、危旧房改善、接轨上海推进杭州都市经济圈等重点工作，明确由牵头单位负总责，作为专项目标纳入考核体系，并首次采用专项评议方式，在依法行

① 《2007年工作总结和2008年工作要点》，杭考评办〔2008〕4号。

政、服务态度、服务流程、服务绩效四个方面对专项目标进行考核[①]；2009年度依据市委常委会工作要点和市政府工作报告，制定下达了以“保增长、扩内需、调结构、增活力、重民生、抓稳定、强党建”为重点的工作目标358项，特别是在年底时经认真梳理排查，将53项市委、市政府的中心工作和重点工作作为年度考核重点，确保了“大项目带动”战略对全市经济社会快速发展的推动作用（伍彬，2012：20）；2010年，围绕市委市政府“以‘一化七经济’为重点转变发展方式”的中心工作，考评办将21项重点工作分解为108项一类工作目标列入年度目标考核，推动杭州继续在全省发挥龙头、领跑、示范、带头作用（伍彬，2012：204）。2011年对统筹城乡发展、缓解交通“两难”、推进十大产业发展、创建文明城市等市委、市政府领导主抓的重点工作，列入专项目标，强化考核。[②]

2013年度的考评更是进一步凸显了市委市政府重点工作这一考评焦点，对项目化的目标实行分类管理，区分重点专项目标和一般专项目标，重点专项目标是市委市政府年度重点推进、涉及多部门联动的重点工作目标，并有加分的激励；一般专项是指通用指标、诉求回应目标、自身建设目标和部门协作目标。[③] 并且增设重点工作单项奖，年终将根据目标考核和专项社会评价结果，按照“有奖有罚”的原则实施奖惩。对完成重点工作单项奖目标任务出色的，按每个项目20%—30%的授奖面进行评奖，由市委、市政府通报表扬，获奖单位综合考评奖上浮10%—20%（已获综合考评优胜满意奖、先进奖及其他专项奖励的单位，不重复计发）；对实施重点工作单项奖目标任务未达标或绩效不佳的，相关责任单位综合考评奖下浮10%—20%。[④] 这是第一次在统一的综合考评激励之外，以单项奖的方式实施的奖惩，由此进一步加大市委、市政府确定的重点工作目标任务的推进力度。

目标管理项目化的目的在于让考评体系重点突出，更加体现上级和领导的意图，指标体系随着每年工作任务的变化更具有调整的便捷性，从而

---

① 《2008年工作总结和2009年工作要点》，杭考评办〔2009〕6号。

② 《2011年工作总结和2012年工作要点》，杭考评办〔2012〕3号。

③ 《2013年度市直单位综合考评实施办法》。

④ 《2013年度市直单位综合考评实施办法》。

让自上而下的量化控制和管理更为简便有效。但是也导致了部门目标的碎片化、不稳定，以及部门职责本位的淡化和无意识。因此，2011 年杭州作为全国绩效管理试点城市后，综合考评方案做了较大调整，其中一个导向就突出职责导向，设定职责目标。这是目标管理走向绩效管理的重要方向。

3. 传统的目标责任制考核逐步向现代意义上的绩效管理转型

一是目标考核中的绩效测度不断扩大。

2006 年度对创新目标首次实行绩效考核，对各部门高质量、高标准完成工作目标起到了较好的推动和导向作用。为了扩大成果应用，从 2007 年度开始，对逐渐增加的创优（2007）、克难攻坚（2009）、提升服务质量（2011）项目统一实行绩效考核。2007 年度开始对市政府确定的十件为民办实事项目实行绩效考核，考核内容包括实施项目完成程度、市民满意度评价和专家绩效评估三个部分。2009 年度开始尝试开展市直单位目标绩效评估，由考评办直属的绩效评估中心[①]牵头，对七项社会关注度高、直接关系民生的目标任务进行了绩效测评。2011 年杭州被确定为全国绩效管理试点城市后，根据试点工作的要求，在 2012 年度的方案中进行了较大的修改完善，第一次提出了“绩效指标”的指标维度，包含关键指标、职能指标和通用指标（表 5.3），并且在考核维度上第一次区分了“实现程度”和“绩效测度”两个维度，将绩效考核扩大到职能目标、共性目标及专项目标，对涉及民生的重大项目实行专项社会评价。2013 年度，目标绩效评估的范围进一步扩大，对市委市政府确定的涉及本部门的相关国民经济和社会发展的关键指标和所有的重点工作目标都进行绩效测度，基本上，除了由其他相关部门牵头组织评估的、并且有定量数据能够表明工作结果的工作项目，市直单位的工作目标都进行了绩效测度（表 5.4）。

根据杭州市考评办的说明，“实现程度”是指目标（指标）实际完成情况与设定目标（指标）内容之间的比较，通过进度、工作量、覆盖面等反映，按实际完成百分比赋分；“绩效测度”是指反映达成目标（指

① 杭州市绩效评估中心是杭州市考评办直属单位，负责绩效管理研究，承担综合考评社会评价和绩效评估的具体工作，负责综合考评数据的采集、统计、分析和绩效信息库建设工作，承担杭州考评网以及考评管理系统的日常信息维护和管理。

标）的工作质量、成果运用及效益性、满意度等指标，通过电话访问、问卷调查、专家评估等方式，进行第三方测评。显而易见，“实现程度”的测量重在目标是否完成，考核的方式是传统的检查核验，听汇报、看台账、召开座谈会、实地检查，而“绩效测度”则是衡量任务目标的结果和效益，即，完成的质量如何。

目标考核中实施绩效测度体现了考评体系从底线管理向优化转变的理念、效率向效益原则拓展的趋势，推动传统考核办法向现代意义上的信息化、计量化的绩效评估方法迈进。

二是注重绩效反馈和整改。

理论上，绩效管理是一个包括了绩效计划拟定、绩效计划实施、绩效评估、绩效反馈与绩效改进等环节在内的、完整的螺旋式循环过程（蔡立辉、吴旭红、包国宪，2013）。杭州综合考评不断推动传统的目标责任制考核向功能性绩效管理转变，立足于“发现问题、共同寻找解决问题的方案”的目的，在绩效反馈和绩效改进上进行了许多探索。

（1）在传统的目标考核方式中创新目标检查方式。

考评办采取年中检查的方式，每年9月对年度工作目标进展情况以自查和抽查相结合的方式进行检查。并且在年终检查的时候，对已经完成的工作目标，实行“现结现报”制度，年度对该项目不再考核。这缩短了目标考核的周期，从而为问题的提早发现、绩效的提升和推动创造了工作机制。

（2）以绩效测评报告为载体，创造绩效分析的工作程序。

绩效测评报告是考评办直属的绩效评估中心对目标考核开展绩效测评后形成的绩效说明和分析报告，始于2009年，其中不仅包含绩效测评的结果，更是对测评中发现的问题进行了整理分析，并且提出工作改进建议，供相关责任部门参考。绩效测评报告分别以《绩效改进通知单》和《绩效告知书》的形式发至相关单位，并抄送市考评办领导和市政府分管领导。报告旨在帮助各部门发现问题，找到差距，推动绩效改进，促进各单位保质保量按时完成绩效考核目标（伍彬，2012：146）。这不是对目标是否完成的一次性评判，而是以推动目标有效完成、绩效持续改进为主要目的的重要工作机制。

（3）将当年民意诉求整改纳入次年目标考核。

社会评价不仅是公众行使评判权的平台，更是表达意见建议和利益诉求的平台。杭州市考评办对每年社会评价中收集到的意见进行梳理和分析，并及时分解落实到相关政府部门，各部门按照职责分工，落实整改任务，并及时向考评办报送社会评价意见整改计划和重点整改目标。尤其，从2008年度开始，杭州综合考评对社会评价意见整改工作实行专项目标考核，社会评价意见整改目标按照重点整改目标满意度测评和社会评价意见整改目标考核的各项得分加总折算后，计入单位年度目标考核总分。[①]因此，当年的社会评价意见成为了次年考核目标之一，形成“评价—整改—再评价”的闭环路径。这是综合考评“评价—整改—反馈”工作机制的核心环节，体现以“改进工作绩效、有效解决问题”为出发点的绩效改进机制。

（4）不断提高绩效信息的质量。

绩效信息是绩效管理的基础和核心，杭州综合考评积极抓好绩效评估专家和绩效信息员这两支队伍建设，不断提升绩效信息质量和绩效评估水平。从2008年开始启动建设绩效评估专家库、社情民意信息库、目标评估辅助信息库和社会评价样本库四大基础数据库，收集媒体、社会各界、相关民意机构对市直单位相关工作的报道、评价、意见、建议和投诉等绩效信息，制定出台《杭州市绩效评估专家管理暂行办法》。[②] 2009年通过与市委市政府办公厅等单位加强联系，及时收集领导批示、督查情况、《民情热线》栏目等内容，并建立信息员队伍，每日监测境内外各大传媒信息，形成相对稳定的信息采集源，不断充实绩效信息数据库。[③] 2010年，除继续从各类平媒、网媒、电视、电台采集信息外，与市总工会、市信访局、民情热线等单位建立信息交流共享机制，围绕市委市政府重点工作及市直各单位年度工作目标，从中选取有价值的信息纳入绩效信息库，同时，组建绩效信息员队伍，制定《杭州市综合考评绩效信息员管理暂行办法》（2011年正式修订为《绩效信息员管理办法》），首批聘任18位信息员。[④]

三是不断推动目标过程管理的刚性。

① 杭州市委办公厅、杭州市政府办公厅：《关于实施2008年度市直单位综合考评的通知》，市委办发〔2008〕181号。

② 《2008年工作总结和2009年工作要点》，杭考评办〔2009〕6号。

③ 《2009年工作总结和2010年工作要点》，杭考评办〔2010〕7号。

④ 《2010年工作总结和2011年工作要点》，杭考评办〔2011〕6号。

（1）目标管理程序化。即，对目标制定、绩效跟踪、评价诊断、督查反馈等一系列过程作出制度化的规定。杭州目标责任制考核体系非常复杂，从目标指标化的程序而言，大致可以分为两类，一类是由部门根据相关文件对市委市政府重点工作自行分解任务目标，并向考评办上报，经考评办审核后组织实施的考核目标，它通常是工作目标，以 2012 年度的市直单位目标责任制考核方案（表 5.3）为例，包括关键指标和职能指标；另一类是专项目标，是指由相关市级领导小组或市直部门牵头组织实施的涉及面广、有明确年度总目标和分项目标的考核目标，对此类目标部门无须申报，而由相关牵头单位向考评办提出具体的分解依据、考核内容和考核办法，考评办审核后下达，由相关牵头单位组织实施，纳入年度综合考评目标管理（表 5.4）。

无论哪种性质的目标，其目标制定的程序都表现为“申报—审核—反馈—共识—下达”的上下结合的过程。但是，也存在一定的差异。当工作目标的申报主体是部门时，考评办与部门之间直接发生关系实现目标指标化；当专项目标的申报主体是相关牵头部门时，考评办与部门之间的关系是间接的，牵头部门的中间角色赋予了其在目标指标化以及考核中的灵活性和自主性。由于考评权是一项重要的管理权，是有效的工作助推器，希望纳入综合考评的单位以及专项目标越来越多，但是分散在各个部门的考评权在质量上又参差不齐，于是，产生考核项目越来越多而考评差距拉不开的现象，最终让专项目标的考核失去了奖优罚劣的功能。于是，从 2014 年度开始，考评办对专项目标的管理专门出台《杭州市市直单位综合考评专项目标管理办法（试行）》（考评办〔2014〕11 号），明确“突出重点、体现导向，统筹协调、总量控制，严格准入、规范管理”的基本原则，对专项目标的设立、考核办法、考核程序、考核责任、结果运用等做了制度化的规定。①

（2）目标管理责任化。按照目标绩效管理的要求，对目标制定、过程管理、完成情况分别赋予一定的分值，强化目标组织管理和督查责任。以 2009 年度的综合考评方案为例②，目标制定占职能目标分值的 5%，符

① 《杭州市市直单位综合考评专项目标管理办法（试行）》，杭考评办〔2014〕11 号。

② 杭州市委办公厅、杭州市政府办公厅：《关于实施 2009 年度市直单位综合考评的通知》，市委办发〔2009〕188 号。

合目标制定要求的，按（目标制定设定评估分值—实际评估得分）×50%予以加分；建立“工作目标绩效卡”，对各项目标的过程绩效赋予目标分值的10%，目标实施过程中存在绩效问题，经查实，市考评办以《绩效改进通知单》形式要求整改而未及时整改的，扣目标分值的3%—6%；整改不到位的，扣目标分值的6%—8%；未整改的，该项目标过程管理不得分；完成情况根据约束性指标和预期性指标的不同计分方式确定考评分数，设定分值为该项目标分值的90%。目标一旦形成，考评办强化目标的刚性，对调整目标的行为也作出了责任规定。确因国家、省、市政策性因素或自然灾害等客观因素需要调整目标的，应提供充分理据，及时向市考评办报告。市考评办按下列原则处理：属于被动型调整的，即，因市委、市政府决策调整，工作目标需作相应调整的，考核时不扣分；属于主动型调整的，即，工作目标报经市考评办同意（一类目标还须报经市委、市政府同意）后作调整的，该项职能目标不扣分，但应按“目标组织管理和督查工作考核办法”有关规定作相应扣分。从2009年以来，这种对目标绩效管理的责任要求一直延续，在2012年度的方案中，增加到目标考核总分5%的权重。2013年，这一绩效管理工作的目标并入自身建设目标之中，5%的权重增加到了绩效指标的分值之中（表5.3）。

（3）目标管理刚性化。2009年，杭州市考评办启动杭州“数字考评”系统建设，“数字考评”系统涵盖了杭州综合考评的各个维度，包括目标管理、社会评价、创新创优目标绩效考核等。各个维度均可进行全过程计算机操作、信息化管理，从目标的申报、审核、下达、监管、考核，到社会评价意见的梳理、分类、交办、承办、考核均在网上流转运作，系统自动保留每一个环节的修改痕迹，为综合考评提供一份完整翔实的工作记录，通过“数字考评”系统，可以实时跟踪监测责任单位目标任务的实施过程，考评办依此进行督查和预警（伍彬，2012：172—173）。

（4）立法推进绩效管理制度化。经浙江省十二届人大常委会第二十三次会议批准，被专家称为国内首部有实践基础的政府绩效管理地方性法规《杭州市绩效管理条例》（以下简称《条例》）于2016年1月起施行，这是针对政府绩效管理专门制定的地方性法规，在全国是一项立法创新。《条例》的出台推进了杭州绩效管理工作的制度化：

一是绩效管理组织架构的制度化。《条例》明确了绩效管理委员会、绩效管理机构、绩效管理相关部门、绩效责任单位等主体的职责和工作关系，即，绩效管理委员会统一领导本行政区域内的绩效管理工作，批准绩效管理机构上报的评估结果；绩效管理机构具体负责本行政区域内的绩效管理有关工作；机构编制、发展和改革、监察、财政、人力资源和社会保障、审计、统计、政府法制等部门统称为绩效管理相关部门，按照各自职责，依法做好绩效管理工作。《条例》尤其提到，绩效管理相关部门负责制定本领域相关事项的绩效评估指标和评估办法，向绩效管理机构提供职责范围内与绩效管理有关的各类信息；绩效责任单位编制绩效管理规划和年度绩效目标，报绩效管理机构审核，并按照经审核确定的年度绩效目标实施绩效管理，定期分析影响绩效目标实现的制约因素并采取措施，建立和完善内部责任体系和奖惩机制，推进年度绩效目标的实现。每年上半年，人民代表大会常务委员会听取本级人民政府各部门上年度绩效管理工作情况的报告。这是一个超越绩效评估工作的组织架构，尤其是绩效管理相关部门的纳入，为《条例》规定的绩效评估结果使用奠定了未来拓展发展的基础，人大听取政府部门年度绩效管理工作报告，回归了政府绩效合法性的本源。

二是绩效管理工作流程的制度化。《条例》对绩效责任单位的绩效管理过程作了如下规定：前期编制绩效管理规划、制定年度绩效目标，之后“3+1”综合考评，以及结果反馈、绩效改进，最后绩效问责。整个过程形成了一个完整的闭环，环环相扣，依法严格管理。尤其，绩效管理规划的编制是在国内无先例可循情况下的创新。绩效管理规划是指绩效责任单位根据本单位的职责，就推进本地区国民经济和社会发展各项战略目标任务的落实、加强政府自身建设，结合本地区（行业）的经济社会发展五年规划和本单位的五年工作规划，制定一个绩效周期内（一般为5年）的专项管理规划。年度绩效目标则根据绩效管理规划和年度重点工作计划加以制定。绩效管理规划是一种有效的前置控制手段，是绩效管理的首要环节，力图推进目标考核的职责导向以及目标管理的刚性化。市直单位首轮绩效管理规划编制于2017年2月底完成。

三　社会评价的精细化

公民导向是杭州市综合考评的特色之一，自2000年全国首创开展满意度评价以来，杭州市综合考评一直坚持“让人民评判、让人民满意”

的核心价值观，积极推动绩效评估中的公民参与，凸显绩效评估的民意价值，社会评价的内容、方式、机制逐步完善。

第一，不断扩大评价主体的覆盖面和代表性，提升社会评价的民主性。

从2000年度第一次满意评选到2016年度共17次的社会评价中，评价主体的调整和变化呈现出以下几个特点（表5.7）：一是市民代表的覆盖面不断扩大，逐步吸收了外来务工人员（2007年度）、农村居民（2010年度）；二是组织化的社会主体力量不断增强，涵盖专家学者、行风评议员、绩效信息员以及新闻媒体（2013年度），并走向组织化的社会评价力量——社会组织代表（2011年度）；三是充分体现面向基层、面向群众的鲜明特征，逐渐扩大区县（市）乡镇街道社区居委会的投票层面。从社会评价各层面样本分配比例来看，市民代表的样本数最大，占社会评价总样本数的50.93%，其次是企业代表（表5.6）。

表5.6　　2013年度社会评价各层面分布

序号	代表层面	样本量	
		数量（个）	占比（%）
1	市民代表（含城镇居民、农村居民、外来务工创业人员）	6000	50.93
2	企业代表	2000	16.98
3	市党代表	315	2.67
4	市人大代表	267	2.27
5	市政协委员	278	2.36
6	区、县（市）领导代表（含四套领导班子成员）	330	2.80
7	区、县（市）机关代表（含各区县部委办局及街道、乡镇负责人）	1074	9.12
8	社会组织代表（含社区居委会、行业协会、民办非企业单位负责人）	1000	8.49
9	社会监督代表（老干部、专家学者、省直机关、新闻媒体、绩效信息员及市行风评议代表）	517	4.39
	合计	11781	100

资料来源：伍彬：《中国地方政府绩效管理中的民意价值和治理创新——以杭州综合考评为例》，杭州考评网，2014年6月11日，在奥地利维也纳大学的讲演。

表5.7 杭州市市直单位社会评价主体层面变化

年度	一	二	三	四	五	六	七	八	九
2000	市民代表	企业代表	市直机关	市党代表、人大代表和政协委员	/	/	/	/	/
2001	市民代表	企业代表	市党代表	市人大代表	市政协委员	省直机关、老干部、专家学者与行风评议代表	区县(市)四套班子成员、市直各单位领导班子	区县(市)部委办局及街道、乡镇党政(包括人大)负责人	区县(市)社区负责人
2002	市民代表	企业代表	市党代表	市人大代表	市政协委员	省直机关、老干部、专家学者与行风评议代表	区县(市)四套班子成员	区县(市)部委办局及街道、乡镇党政(包括人大)负责人、社区负责人	市直各单位领导班子
2003	市民代表	企业代表	市党代表	市人大代表	市政协委员	省直机关、老干部、专家学者与行风评议代表	区县(市)四套班子成员	区县(市)部委办局及街道、乡镇党政(包括人大)负责人	区县(市)社区党组织和居委会负责人
2007	市民代表(增加外来务工人员)	企业代表	市党代表	市人大代表	市政协委员	省直机关、老干部、专家学者与行风评议代表	区县(市)四套班子成员	区县(市)部委办局及街道、乡镇党政(包括人大)负责人	区县(市)社区党组织和居委会负责人

续表

年度	一	二	三	四	五	六	七	八	九
2010	市民代表（增加农村居民）	企业代表	市党代表	市人大代表	市政协委员	省直机关、老干部、专家学者与行风评议代表	区县（市）四套班子成员	区县（市）部委办局及街道、乡镇党政（包括人大）负责人	区县（市）社区党组织和居委会负责人
2011	市民代表（含外来创业务工人员、城镇居民和农村居民）	企业代表	市党代表	市人大代表	市政协委员	省直机关、老干部、专家学者与行风评议代表	区县（市）四套班子成员	区县（市）部委办局及街道、乡镇党政（包括人大）负责人	社会组织代表（含社区居委会负责人、行业协会负责人、民办非企业单位负责人）
2013	市民代表（含外来创业务工人员、城镇居民和农村居民）	企业代表	市党代表	市人大代表	市政协委员	社会监督代表（含老干部、专家学者、省直机关、新闻媒体、绩效信息员及市行风评议代表）	区县（市）领导代表	区县（市）机关代表（含部委办局及街道乡镇负责人	社会组织代表（含社区居委会负责人、行业协会负责人、民办非企业单位负责人）

资料来源：根据伍彬（2012:92）的数据，增补2013年数据。

说明：2014、2015、2016年度社会评价主体层面分布与2013年度一样，未有新的变化，所以不再在此表中呈现。

为进一步拓宽人民群众参与评议和监督市直单位工作的渠道，从2007年度开始实行网上评议，一直延续到2014年度。即，社会评价期间，在“中国杭州”政府门户网站和“杭州考评网”同步推出市直单位网上评议，杭州市市民邮箱用户和手机用户均可参与网上评议。网上评议结果不计入社会评价总分，但市民通过网上评议系统提出的意见建议，经过梳理汇总后，一并纳入社会评价意见整改范围。从2015年度开始开展网上社会评价，即“互联网+社会评价”。具体方法是：按照市区统计调查的人口样本比例，根据区域、年龄等因素对移动手机用户进行抽样，有意愿的参与者可通过手机端或PC端的社会评价系统，对市直单位工作作风、工作成效等进行综合评价并提出意见建议。因首次开展网上社会评价，参评样本量根据实际情况确定。评价结果计入市直单位综合考评社会评价总分，征集到的意见建议纳入市直单位意见整改范围。① 2016年度综合考评继续实行网上社会评价，参评范围由2015年的移动手机用户拓展到电信、联通三家公司。

第二，积极探索“知情人评知情事”的评价方法，提高社会评价的公平性。

“知情人评知情事”是让合适的人评合适的对象，是一个优化评价双方主体的过程。

一是考评对象分类日益科学。

部门绩效评估面临的一个现实问题就是如何对待部门的差异化问题，使评估结果的比较具有合理性，从而提高评估的公平性。2004年9月，一份面向杭州市15个机关单位的调查问卷显示，当问及“满意度评选是否可以代表对政府部门的评估?”时，认为“可以”的占总调查人数的17.8%；认为“不完全”的占69.5%；认为“不可以”的占6.8%；认为“不确定”的占5.9%（梁爱英，2004）。可见，当时的市直机关对“满意评选”的合理性和科学性存在质疑。于是杭州市委按照“细化分类，增进可比”（伍彬，2012：96）的原则，不断对评选和考评对象的分类进行适当调整，完善社会评价办法，接受社会评价的单位分类越来越细（表5.8）。而且，从2003年度开始，根据考评对象的分类，分别设置难

① 杭州市委办公厅、杭州市政府办公厅：《关于实施2015年度综合考评的通知》，市委办发〔2015〕86号。

度系数（表 5.9），之后几年也多次做了调整，基本目的是增进各参评单位的可比性，承认单位之间的社会服务性质、服务对象的差异。

二是设置差别权重，不同的评价层面对不同的评价对象有不同权重。

不同评价层面对同一类型的评价单位的分值权重不一样，同一评价层面对四个不同类型的评价单位的分值权重也不一样。这是推进评估科学化的又一次努力，以更为客观地反映部门的实际绩效。这是始于 2003 年的改革，基本思路延续至今，基本没有大的变化，以 2014 年的评价方案为例，可以看到，在九个评价层面中，市民代表的权重最大（表 5.10）。

表 5.8　　杭州市市直单位社会评价对象的分类变化

<table>
<tr><th>年度</th><th colspan="6">分类</th></tr>
<tr><td>2000</td><td colspan="6">不分类（行政执法和行风评议的窗口单位）</td></tr>
<tr><td rowspan="2">2001—2002</td><td colspan="4">评选单位（参加排序）</td><td colspan="2" rowspan="2">评议单位（不参加排序）</td></tr>
<tr><td colspan="2">政府部门及审判、检察机关</td><td colspan="2">党群及其他部门</td></tr>
<tr><td rowspan="3">2003—2004</td><td colspan="4">评选单位（参加测评和排序）</td><td rowspan="3">评议单位（参加测评不参加排序）</td><td rowspan="3">征求意见单位（不参加测评和排序）</td></tr>
<tr><td colspan="2">政府部门</td><td colspan="2" rowspan="2">人大、政协机关、党群及其他部门</td></tr>
<tr><td>社会服务相对较多单位</td><td>社会服务相对较少单位</td></tr>
<tr><td rowspan="2">2005—2012</td><td colspan="3">综合考评单位</td><td colspan="3">非综合考评单位</td></tr>
<tr><td>社会服务相对较多的政府部门</td><td>社会服务相对较少的政府部门</td><td>党群部门</td><td colspan="2">征求意见单位</td><td>不参加社会评价单位</td></tr>
<tr><td rowspan="2">2013—至今</td><td colspan="4">综合考评单位</td><td colspan="2">非综合考评单位</td></tr>
<tr><td>社会服务多的政府部门</td><td>社会服务较多的政府部门</td><td>社会服务相对较少的政府部门及其他单位</td><td>党群部门</td><td>征求意见单位</td><td>不参加社会评价单位</td></tr>
</table>

资料来源：历年杭州市市直单位综合考评实施办法。

表5.9　　市直单位综合考评单位的社会评价系数

年度	市直单位分类		社会评价系数
2003—2004	A	政府—社会服务相对较多单位	1.05
	B	政府—社会服务相对较少单位	1.00
	C	人大、政协机关、党群及其他部门	1.00
2005—2012	A	社会服务相对较多的政府部门	1.05
	B	社会服务相对较少的政府部门	1.01
	C	党群部门	1.00
2013	A	社会服务多的政府部门	1.05
	B	社会服务较多的政府部门	1.03
	C	社会服务相对较少的政府部门及其他单位	1.01
	D	党群部门	1.00

资料来源：历年杭州市市直单位综合考评实施办法。

表5.10　2014年市直单位社会评价投票层面和参评单位的差别权重

参评单位分类 / 权重设置 / 投票层面	社会服务多的政府部门	社会服务较多的政府部门	社会服务相对较少的政府部门及其他单位	党群部门
1. 市党代表 2. 市人大代表 3. 市政协委员	30%	30%	36%	36%
4. 区、县（市）领导代表	8%	8%	11%	11%
5. 区、县（市）机关代表［含部、委、办、局及街道（乡镇）负责人］	8%	8%	8%	9%
6. 社会组织代表（含社区委员会负责人、行业协会负责人、民办非企业单位负责人）	8%	8%	8%	9%
7. 社会监督代表（含老干部、专家学者、省直机关、新闻媒体、绩效信息员及市行风评议代表）	9%	9%	9%	9%
8. 企业代表	12%	12%	8%	6%
9. 市民代表（含城镇居民、外来创业务工人员、农民居民）	25%	25%	20%	20%
合计	100%	100%	100%	100%

资料来源：杭州市委办公厅、杭州市政府办公厅：《关于印发2014年度区、县（市）和市直单位综合考评实施办法的通知》，市委办发〔2014〕90号。

三是不断提高评价内容的公众贴近性和可理解性。

比较第一次满意评选时设置的评价指标（表 5.11）和 2005 年建立综合考评体系后的社会评价指标（表 5.12），可以发现，第一次满意评选时设置的指标有很多内容是超出社会公众的知晓度，属于行政体系内部管理问题，如，"大局观念"，"特事特办、急事急办、重事重办的落实情况"，这样的文字表述也更多地体现为自上而下的科层内部管理要求。调整后的评价内容更直观，有助于提高公众对评价内容的理解度，从而作出客观准确的判断。

同时，在年度社会评价期间，推进政府部门主要工作职能的公开，以信息公开缓解社会评价的信息不对称问题。主要有三种途径：考评办在杭州市考评网上公布部门主要工作职能，并随选票寄发单位职能职责说明；在《杭州日报》上设立绩效评估专版，让社会公众更多地了解考评对象的基本情况和工作业绩；在杭州市市民中心设置综合考评展示厅，实时展示政府工作情况（伍彬，2012：71）。

2014 年度首次试行工作职能"晒亮点"、绩效目标"晒清单"。"晒亮点"就是由各单位提供当年履行主要职能，承担市委、市政府重点工作任务，推进民生保障、公共服务和社会评价意见整改中群众关注度高、易感知的突出工作成果，由市考评办汇编成册，随社会评价表一并发给评价代表，同时在"中国杭州"政府门户网站和杭州考评网上同步展示。[①]"晒清单"就是对市直单位绩效目标完成情况，通过"中国杭州"政府门户网站、"杭州考评网"及各单位网站，对年度绩效目标具体完成情况进行公示，进一步扩大社区监督，增强目标检查考核的针对性、有效性。[②] 由笼统的一般性说明到具体工作成果项目的细节呈现，这不仅增加了社会评价的客观性和有效性，也提高了社会监督政府部门职能履行的力度。

---

① 《关于报送主要工作职责及年度工作亮点的通知》，杭考评办函〔2014〕25 号。

② 徐建国：《杭州 116 家市直单位年终考评市民做考官网上晒清单晒亮点》，新浪网，2014 年 12 月 12 日。

表5.11　2000年"满意单位不满意单位"评选的指标及其主要内容

主要指标	指标内容（评选的具体内容）
大局观念	包括政令畅通情况、围绕中心服务大局情况、依法行政情况等
服务宗旨	包括对待群众的态度、对群众利益的关心程度、为民办实事的情况等
服务质量	包括服务措施落实情况、解决实际问题的情况、服务对象的满意情况
办事效率	包括办事的速度、特事特办、急事急办、重事重办的落实情况
勤政廉洁	包括政务公开情况、服务承诺兑现情况、廉洁自律情况和求真务实的实干精神
工作业绩	包括服务中心工作的实绩、完成本单位工作的实绩、目标管理考核的实绩

资料来源：伍彬（2012：101）。

表5.12　2005年综合考评体系中的社会评价指标及内容

总体指标	分项指标	考核或评价指标内容
社会评价	服务态度和工作效率	主要评价各单位服务的态度与质量，工作效率等情况
	办事公正和廉洁自律	主要评价各单位办事的公正与公平，廉洁守法等情况
	工作实效和社会影响	主要评价各单位工作的业绩与效果，社会反响情况

资料来源：伍彬（2012：102）。

第三，从一般性问题的社会评价逐步升级到针对具体问题的专项社会评价，提高社会评价的针对性。

相比目标考核，社会评价是一种印象评价和主观评价，没有事先设定的标准，评级主体的评价标准因人而异，甚至容易受社会焦点问题的影响，也受评价主体认知能力和素养的影响，这是影响社会评价结果科学性的主要原因。杭州综合考评充分认识到社会评价这种固有的缺陷，通过评估方式方法创新来弥补这种缺项。

方式一是在目标考核体系中设置专项目标并实施满意度评价。(1)为民办实事项目的满意度测评：2007年度开始对为民办实事项目实施专项绩效评估，市民满意度评价是其中的一项考核（另外两个考核维度是目标完成程度和绩效程度）①；(2)社会整改意见的满意度测评：从2008年度开始，设立社会评价意见整改工作目标，并对社会评价意见整改工作实行专项目标考核，其中重点整改目标进行专项满意度测评，满意度测评以

① 《关于印发市政府为民办实事项目绩效考核办法的通知》，杭政办函〔2007〕311号。

入户调查为主，辅之以网上调查，权重占整改目标专项考核分值的40%[①]；(3)目标考核体系中的绩效测度：从2012年度开始，对一些考核目标设置"绩效测度"的考核维度，而且由各部门提供服务对象（工作对象）或者利益相关者样本，进行满意度评价。[②]

方式二是年度社会评价中开展专项评价。从2012年度试行专项社会评价，采用按事项评价的方法，即对市委市政府部署的、由多部门协同推进的事关民生、有较高公众知晓度的年度重点工作任务，进行一事一评，再根据评价结果对工作关联单位予以赋分，计入相关单位社会评价总分。[③] 从一般性的意见评价发展到对具体工作的评价，从而让绩效评估中的公众参与更有意义，让社会评价的意见建议更有针对性和价值。

方式三是通过"公述民评"面对面问政聚焦问题。

杭州"公述民评"活动是市纪委（市监察局）的工作创举，是指具有对外行政执法、管理、服务职能的机关处（科）室负责人和基层单位负责人，向服务对象、监管对象及其他相关人员报告自身履行职责、工作作风和廉洁自律等情况，接受服务对象、监管对象及其他相关人员的评议，认真整改自身工作和作风方面存在的问题，提高服务水平和工作能力的过程[④]。杭州"公述民评"活动始于2008年试点，2009年全面推行，2013年，市纪委（市监察局）突出群众参与、群众监督、群众评判、群众满意，创新举办了"公述民评"面对面问政活动。2014年更侧重突出"问"这个环节，在"公述民评"现场提问之前让问政单位通过媒体向社会公开述职，通过网上征集、走访听取，结合社会评价意见及"96666"投诉等渠道，确定问政主题。提高"公述民评"问政层级，同时市直单位"一把手"以及相关城区政府分管领导担任活动嘉宾，首场活动市长亲自"督战"，其余四场由市政府分管副市长出席，现场由媒体、民评代表、专家实施问政，全场电视直播。电视问政结束后，市纪委（市监察局）将各单位整改措施通

---

① 《关于实施2008年度市直单位综合考评的通知》，市委办发〔2008〕181号。

② 《关于印发2012年度杭州市市直单位绩效目标考核办法的通知》，杭考评办〔2012〕26号。

③ 《关于实施2012年度市直单位综合考评的通知》，市委办发〔2012〕144号。

④ 《2011年杭州市市级"公述民评"评议大会——"公述民评"简介》，杭州网（http：//z. hangzhou. com. cn/20110728g/），2015年3月21日。

过媒体公布，并组织媒体持续跟踪整改落实情况。①

从2016年起，“公述民评”活动由市考评办牵头组织。市考评办再一次明确了“公述民评”的性质，把它作为深化作风效能建设的有力抓手、展示工作树立形象的重要平台、接受群众监督的有效途径、提升政府绩效的有益尝试。并且明确了2016年“公述民评”的总体思路就是推进深度问政，即：坚持问题导向，创新方式方法，通过民主协商、共同治理，着力研究解决一些深层次的体制机制问题，进一步提升问政活动的绩效；同时，有机整合以往综合考评跟踪督办社会评价意见整改和“公述民评”面对面问政活动，将“公述民评”各主题的重要内容作为年度跟踪督办意见，两者合二为一。

第四，通过“评价—整改—反馈”机制，不断深化绩效评估中的民意表达。

一般在社会评价中，公众的角色只限于评价者。杭州综合考评把公众的角色又往前推动了一步，社会公众不仅仅是政府绩效的一次性的评价者，更是政府回应社会评价结果的二度评价者，从而让社会公众对政府及部门行为的影响力有了实质性的程序保证，民意表达不断深化。实现这一目的的载体就是杭州综合考评的“评价—整改—反馈”工作机制，具体包含四项制度②：

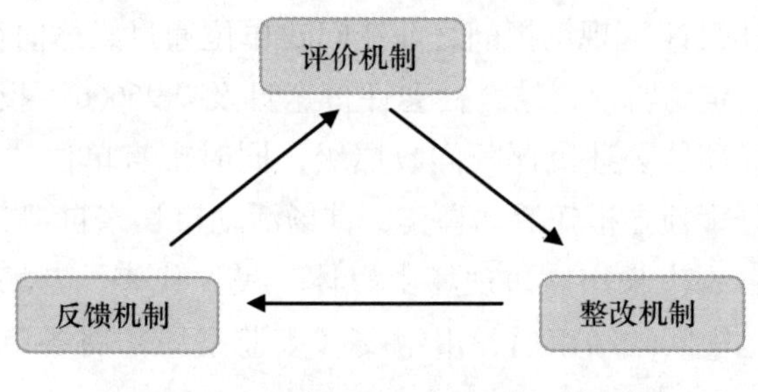

图5.4 “评价—整改—反馈”工作机制

① 关于2014年公述民评情况的介绍，参见徐建国《杭州连续6年公述民评现场问政就是要让官员红红脸出出汗》，浙江在线，2014年11月11日；杭州市纪委机关（监察局）：《杭州市“公述民评”面对面问政活动创新创优项目介绍》，杭州考评网，2014年6月14日。

② 以下内容参见伍彬《中国地方政府绩效管理中的民意价值和治理创新——以杭州综合考评为例》，杭州考评网，2014年6月11日，在奥地利维也纳大学的讲演。

一是建立整改工作责任制。要求整改单位针对分解落实的意见，制定年度整改工作计划，建立形成内部的整改责任机制。

二是建立绩效分析和治理诊断调查机制。市考评办对各类意见和建议做系统的分析、归纳和整理，并将意见和建议及时反馈给相关的责任部门。对于一些政府绩效管理中带有一定普遍性的突出问题，市考评办组织开展绩效分析和治理诊断调查，联合相关部门和有关专家共同商讨解决方案。

三是建立整改目标公示制度。要求每一家整改单位制定年度重点整改目标和整改措施，向社会公示，作出整改承诺。年终，再将整改目标的完成情况向社会公示，接受公众检验。在此基础上，对公示的整改目标完成情况进行公众满意度测评，测评结果纳入整改单位的综合考评。2008 年以来，杭州市已连续 6 年向社会公示年度整改目标，评价每年的整改目标达 200 项以上（表 5.13）。

四是建立整改意见跟踪督办机制。从 2012 年度开始，针对社会评价意见中一些社会各界关注度高、意见集中、多年反映而尚未得到较好解决，且涉及面广，与广大市民日常生活密切相关的问题，建立了重点跟踪督办制度。由市考评办提出整改目标，并邀请市民代表（绩效信息员）、新闻媒体对整改工作进行全过程跟踪，年底组织开展整改成效的绩效评估，评估结果纳入整改单位的综合考评。

表 5.13　历年向社会公示的社会评价意见重点整改目标统计情况

年度	整改目标（项）	涉及单位（家）
2008	261	85
2009	258	92
2010	235	91
2011	237	90
2012	216	83
2013	206	85
2014	183	99
2015	170	101
2016	175	97

资料来源：历年杭州市市直单位向社会公开承诺的社会评价意见整改目标的公告。

四　小结

杭州综合考评的探索呈现出以下几个特征：

第一，综合考评在不断制度化和科学化的过程中日益精细化。

考评的制度化表现为单独设置考评机构的体制性特征：杭州市综合考评委员会办公室（杭州市绩效管理委员会办公室）作为正局级的常设职能部门，配备专职编制和人员，专门负责综合考评日常事务；体现在综合考评工作常规化的程序保障：固定的周期性考评时间表（图5.5），常态化的目标管理，考评—公示—反馈—整改的评估流程。综合考评的制度化将随着《杭州市绩效管理条例》的实施而进一步强化。

考评的科学化是考评主体、内容、对象、方法等评估要素科学化的综合结果，从而使杭州的考评呈现出不断系统化、专门化、复杂化的趋势。系统化指杭州发展多种评估方法，并且努力在各种评估方法之间建立相互结合、相互印证的关系，最后整合各种评估方法产生的数据，形成最终的考评结果；专门化是对系统化的补充，为了突出重点，强化对重点工作的激励，不断在综合考评体系内叠加针对某项工作的考核办法，导致考评体系日益复杂；考评方式和手段的多元叠加不断推进考评体系的复杂化，由此带来下文所要论述的融合问题。

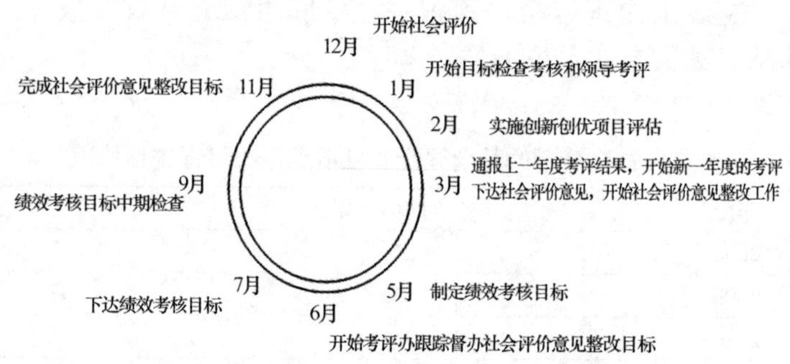

图5.5 杭州综合考评周期

第二，内外评估相互融合，相互渗透，继而相互赋权。

杭州综合考评体系的主轴是作为内部评估方式的目标考核和作为外部评估方式的社会评价，两者各自精细化和科学化的结果就是相互融合、相互渗透，继而相互赋权。这种融合不仅仅是结果使用上的相互应用，更为重要的是内外评估主体的影响力在评估过程中的相互交叉。

一方面，社会公众对绩效评估的影响力从年度社会评价扩展到目标考核，借由目标考核的刚性而提高合法性，并获得强制性的评价权。通过“评价—整改—反馈”的工作机制和目标绩效考核中的公众满意度评价，社会公众不仅获得了评价权，而且在科层内部的目标管理中分享了一定的目标设置权。另一方面，目标考核的约束力借由面向社会的公开而得到强化。公开目标及目标完成情况，增大市直单位完成目标的压力，继而强化目标考核对单位的影响力。

第三，内外评估在相互融合之时也相互掣肘，带来充满张力的评估发展。

首先，目标考核中传统与现代理念的张力。目标考核体系的复杂化、内容的项目化，以及过程管理的刚性化都体现了传统目标考核的回归和强化，凸显通过目标的预设与事后的达标核验来强化自上而下的控制意图。然而，目标考核方式的现代化探索则冲淡了这种意图，它以社会公众分享一定的目标设置权和第三方绩效测量方式冲击了传统目标考核的内部化和封闭性的特征，意味着目标考核在目标的设置和结果的检验上向官僚体系外部的力量做了一定程度的开放。

其次，社会评价中民主与科学的张力。不断扩大社会评价主体的覆盖面是评估民主化的重要表征，但是不一定与评价的科学性兼容。九个评价层面所构筑的360度评价主体不一定能全面真实地反映政府管理的绩效，也不能回避当下多元评价主体之政治意义更大于现实意义的本质。因此，杭州的社会评价能够获得实质性的持续发展，而不是政绩工程似的昙花一现，得益于社会评价的科学化努力，而不仅仅是社会评价主体比例的单纯扩大，事实上社会评价的样本在缩小。[①] 近几年社会评价的发展主题是“知情人评知情事”、专项社会评价和社会评价意见整改，淡化了多元评价主体在面上的扩张，而在实质上推进社会评价的针对性和影响权重。但是，如何在社会评价专业化的过程中避免少数人对大众的绑架、以科学之名剥夺民主之实，则是需要进一步考虑的问题。

最后，综合考评在价值导向上的张力。综合考评是对目标责任制考核和满意度评价的综合，事实上，当初综合考评体系的建立就是对两者的折中，所以在最初的分值设置上，各占50%（领导评议和目标责任制考核

① 从2013年度开始，社会评价九大层面样本总量压缩到12000个，其中市民代表样本量调整为6000个，企业代表样本量增加到2000个。这改变了从2002年度以来一直保持的10000个市民代表样本的数量。见2013年度市直单位综合考评实施办法。

在价值取向上是一致的，都体现出自上而下控制的意图，所以可以视为同一类型的考评)。这种平分秋色的折中也预示了两者的势均力敌，而占主导者将决定综合考评的价值导向和性质，即，走向内部控制的评估工具，还是实现民主参与的治理机制。在杭州综合考评数十年的发展演化之中，目标考核和社会评价是体制内和体制外对政府管理施以影响的两个基本路径，从官方的宣传来看，更突显公民导向的价值取向①，然而，两者的互动以及对政府管理的真实影响需要进一步观察。

第三节　绩效问责之绩效信息的使用：杭州市政府绩效评估的落实（implementation）

如果说，考察杭州综合考评的方式方法是了解绩效信息怎么产生的过程，那么接下来对考评结果的梳理，就是了解绩效信息怎么使用的过程。考评结果有两种表现：一是综合考评的最终结果，二是构成综合考评的各个分项考核评价体系的结果，如目标责任制考核的结果、社会评价的评议结果等。同时，对考评结果的分析可以依据两个维度展开：一是考评结果的评定，即，考评结果如何形成可以施以奖励惩罚的等级；二是考评结果的应用，即，处于不同等级的市直单位为各自的考评结果承担了什么样的后果。下文依循这两条线索对杭州的情况做一梳理。

一　考评结果的评定：不断扩大的正激励

1. 结果评估的基本原则

综合考评体系建立后，最终考评结果的评定基本遵循以下四个原则："淘汰制 + 达标线"、综合考评单位和非综合考评单位分别排序、按比例动态确定各等级单位数量、与"一票否决制"工作挂钩。

"淘汰制 + 达标线"是指在综合考评结果评定上设置达标线，是一种调整不满意单位的评定规则。这是始于 2003 年评选方案的举措。之前，满意评选的结果评定规则是按照评选得分由高到低排序，排名前 5 名是满意单位，后 2 名是不满意单位，市委市政府对满意单位予以表彰奖励，按干部级别增发一定比例的年终目标管理考核奖金；对不满意单位，在一定

① 可参见杭州考评网的官方宣传、领导的国外讲演、国内研讨会的领导发言。

范围内公布，并由市委市政府予以通报，列为重点整改单位，连续两次被评为不满意单位的，依照有关规定和干部管理权限，对领导班子进行调整[①]。这意味着满意评选实行“末位淘汰制”，区别于目标责任制的“达标制”，无论满意评选分数如何，只要排在最后都被评为不满意单位。这种“末位淘汰制”在2003年度的满意评选中做了调整，“不满意单位”的产生规则由“末位淘汰”改为“淘汰制+达标线”，即，排名末位且综合得分又低于达标线的才被评定为“不满意单位”[②]。从此，“淘汰制+达标线”的原则得到保留，并成为杭州综合考评的基本内核之一。

达标线的具体数字是综合考评根据以往的得分情况反复模拟测算后确定的，达标线的确定原则就是抓住“达标制和淘汰制相结合”这个内核不变[③]，既不能造成压力太大，又不能造成压力过小，结果评定主要在于更好地调动方方面面的积极性，促使各单位自觉地把压力转化为动力，扎扎实实地做好工作，不断提高群众的满意度和各项工作的水平（伍彬，2012：56）。从2005年综合考评体系建立以来，达标线经过几次调整，2007年度开始稳定在综合考评单位84分，非综合考评单位90分。

结果评定原则自2003年开始由“淘汰制”转变为“淘汰制+达标线”后，2003年度和2004年度依然出现不满意单位，而2005年度成为分水岭，2005年度是自开展评选活动6年来第一次未出现不满意单位[④]，从此以后，除了2008年度市安监局因综合得分低于达标线成为不满意度单位[⑤]，其

---

① 杭州市委办公厅、杭州市政府办公厅：《关于评选市直机关满意单位不满意单位的通知》，市委办发〔2000〕129号。

② 《2003年度杭州市直单位满意单位不满意单位评选活动实施方案》，市满意办〔2003〕6号。

③ “让人民评判、让人民满意”和“淘汰制+达标制”是满意评选的基本内核，是评选活动的生命力所在。放弃了“让人民评判、让人民满意”，评选活动就失去了意义；放弃了“淘汰制+达标制”，评选活动就难以取得实效。参见王国平《以先进性教育为动力增强前列意识争创满意单位——在全市加强机关效能建设争创人民满意单位总结大会上的讲话》，2005年4月5日。

④ 《扎实推进综合考评以一流业绩让群众满意——朱报春副书记在杭州市2005年度市直单位综合考评总结大会上的讲话》，杭州考评网。

⑤ 2008年11月15日下午3时20分许，由中国中铁股份有限公司施工的杭州地铁一号线萧山湘湖站工地发生坍塌事故。事故造成约10人死亡，13人失踪，20余人受伤。“11·15”地铁事故引发了人民群众对安全生产问题的高度关注，2008年度社会评价中，有关安全生产的意见占各类意见总量的4.69%，较上年度有明显增长。意见主要集中在地铁事故、大型工程车辆肇事和高空施工安全管理三个方面。这或许可以解释市安监局在当年的综合考评结果。见2008年度杭州市市直单位综合考评社会评价意见报告。

余年度均没有产生不满意单位，这种现象持续至今（表5.14）。

表5.14　2000—2014年度不满意单位（未达标单位）情况

年度	不满意单位（未达标单位）
2000	市规划局、市土管局
2001	杭州日报报业集团、市房管局、市药品监督管理局
2002	市药品监督管理局、市城管执法局、市文联
2003	市规划局（综合得分低于达标线72分的末位单位）
2004	市城管办（综合得分低于达标线70分的末位单位）
2005—2007	/
2008	市安监局（综合得分低于达标线84分的末位单位）
2009—2016	/

资料来源：根据历年考评结果整理。

综合考评单位和非综合考评单位分别排序、按比例动态确定各等级单位数量指的是参加综合考评的单位根据得分确定为优胜单位（满意单位）、先进单位、达标单位、未达标单位、未达标末位单位（不满意单位）5个等次，其中优胜单位（满意单位）、先进单位的比例，分别为综合考评单位总数的15%和20%；参加目标考核的单位（非综合考评单位）根据得分确定为成绩显著单位、工作先进单位、合格单位和不合格单位4个等次，其中成绩显著单位和工作先进单位的比例各占15%左右①。这样的规则从2005年综合考评体系建立后一直延续至今。

考评结果与“一票否决制”工作挂钩也是保持基本稳定的结果评定原则，在历年的考评方案中都得到保留，指的是综合考评确定为优胜单位（满意单位）、先进单位，非综合考评确定为成绩显著单位、工作先进单位的，必须同时符合两项条件：(1)领导班子建设、党风廉政建设、社会治安综合治理、计划生育四项工作中，没有被“一票否决”的；(2)年度内单位未发生重大责任事故的。而对于在领导班子建设、党风廉政建设、社会治安综合治理、计划生育四项工作中，有两个“一票否决”的，综

① 中共杭州市委、杭州市人民政府：《关于对市直单位实行综合考核评价的意见》，市委发〔2005〕60号。

合考评单位将被确定为未达标单位，非综合考评单位则被确定为不合格单位。[①]

2005 年度到 2007 年度，综合考评结果评定的原则相对稳定，从 2008 年度开始，出现了新的现象。为充分调动综合考评中排位处于中间和相对靠后单位的积极性，促进市直单位争先进位，在 2008 年度综合考评中设置“进位显著奖”，根据综合考评单位排位，与上一年度相比，进位幅度最大的 5 家单位（非综合考评单位为 3 家）确定为“进位显著单位”（已获得先进的不重复计奖），给予表彰，颁发奖牌或奖杯；综合考评中，个别退位特别明显的，要分析原因，向市委、市政府作出说明[②]。当年综合考评进位显著单位 9 个（第 5 位有 5 家单位并列），分别是：市社科联（市社科院）（44 位）、杭州文广集团（37 位）、市民族宗教局（47 位）、市西博办（市会展办）（39 位）、市国土资源局（43 位）、市物价局（65 位）、市环保局（60 位）、市侨办（48 位）、市打私与口岸办（63 位）。非综合考评进位显著单位 4 个（第 3 位有 2 家单位并列），分别是：市红十字会（15 位）、农工民主党市委会机关（16 位）、民进市委会机关（20 位）、杭州移动公司（32 位）。显而易见，这些单位的考评排名从绝对数值来说都属于中等甚至中等偏下，没有“进位显著奖”不可能进入表彰奖励的单位之列。因此，“进位显著奖”的设置和“淘汰制 + 达标线”的原则具有异曲同工之妙，以激发部门工作积极性为主要目的。

这种指导思想在后面几年的综合考评中继续生根发芽。2011 年度又增设了“政府服务质量奖”和“创新奖”两个单项奖，“创新奖”针对的是市直单位创新目标，得分较高的项目为获奖项目（市直单位前 7 名）[③]。“政府服务质量奖”针对的是提升政府服务质量的项目，同时也纳入市直单位创新创优目标申报范畴，是 2011 年根据市委、市政府《关于推进创新型城市建设的若干意见》（市委〔2011〕2 号）精神，加快推进

---

① 中共杭州市委、杭州市人民政府：《关于对市直单位实行综合考核评价的意见》，市委发〔2005〕60 号。

② 杭州市委办公厅、杭州市政府办公厅：《关于实施 2008 年度市直单位综合考评的通知》，市委办发〔2008〕181 号。

③ 杭州市委办公厅、杭州市政府办公厅：《关于实施 2011 年度市直单位综合考评的通知》，市委办发〔2011〕131 号。

创新型城市和服务型、效能型政府建设而作出的考评创新。[①]"政府服务质量奖"按照政府服务质量评价指标体系和评价办法，在对该年市直单位申报的创新创优目标"提升服务质量"项目绩效评估的基础上，确定前3名为获奖项目。[②] 2012年度和2013年度相继又增加两个单项奖，一个是"意见整改成效显著奖"，为鼓励市直单位积极回应群众诉求、狠抓社会评价意见整改落实，该奖根据社会评价意见整改目标考核结果，对得分前5位的社会评价意见整改工作先进单位予以表彰[③]；另一个是"重点工作项目单项奖"，以进一步加大市委市政府确定的重点工作目标任务的推进力度。[④]

2. 结果评定的特点

综上，在考评结果评定的演化发展过程中（表5.15），呈现出三个显著的特征：

表5.15　杭州市市直单位综合考评结果评定的变化

年度	考评结果的评定				
1. 达标线设置；2. 综合考评与非综合考评单位分开排序；3. 固定比例动态决定等级单位数量；4. 与"一票否决"工作挂钩。					
2005—2007	满意单位/先进单位				
2008	同上	进位显著奖			
2009	同上				
2010	同上				
2011	同上		政府服务质量奖+创新奖		
2012	同上			意见整改成效显著奖	

① 《关于印发杭州市市直单位2011年度提升服务质量项目绩效考核实施细则的通知》，杭考评办〔2011〕29号。

② 杭州市委办公厅、杭州市政府办公厅：《关于实施2011年度市直单位综合考评的通知》，市委办发〔2011〕131号。

③ 杭州市委办公厅、杭州市政府办公厅：《关于实施2012年度市直单位综合考评的通知》，市委办发〔2012〕144号。

④ 《2013年度市直单位综合考评实施办法》。

续表

年度	考评结果的评定	
2013	同上	重点工作单项奖

资料来源：历年市委市政府关于对市直单位实行综合考核评价的意见。

一是获得嘉奖的单位的覆盖面不断扩大；

二是奖项数量和种类不断增多，且从综合性的奖项设置向专项的工作目标奖项发展。换言之，不仅用足了综合考评的最终结果，而且也充分用足每一单项考评产生的结果，目标考核、社会评议、创新创优等考评方式都设置了单独的激励奖项；

三是考评结果的评定与确立以激励为主要导向，为调动不同层面考评单位的工作积极性不仅增加奖励的奖项数量，而且降低末位淘汰单位的可能性。

二　考评结果的运用：明暗两条线

1. 明线：声誉、奖金、职位

相对于考评结果评定，杭州综合考评结果的运用相对简单而稳定。2005 年综合考评体系确立之时，考评方案对综合考评结果的运用做了如下规定（伍彬，2012：56—57）：

综合考评单位中确定为优胜（满意）和先进的单位以及非综合考评单位中确定为成绩显著和先进的单位，由市委市政府予以通报表彰。这些单位的工作人员，在发放基本奖、年终奖的基础上，按不同考评等次和不同职务的系数加发先进奖。奖励的标准，根据当年杭州市经济发展水平，以及市级财政收支情况，按照“奖优罚劣、拉开档次”的原则确定发放。综合考评未达标单位的工作人员，按照不同职务的系数扣发当年年终奖。综合考评未达标末位单位和非综合考评不合格单位，由市委市政府予以通报，并扣发当年年终奖。连续三年的未达标末位单位和不合格单位依照有关规定和干部管理权限，对其领导班子进行调整。

这是一种声誉、奖金和职位激励的结果承担方式，是杭州综合考评结果运用的主要方式。这一结果运用的方式看上去是奖惩并举，但是，事实上，由于 2005 年至今，只有市安监局在 2008 年度未达标，而连续三年不达标的情况从未出现，所以根据 2005 年开始执行的结果评定原则，考评结果的适用基本上以奖励为主。

从2005年至今，考评结果的运用也有两个新的变化。一是2010年度的考评方案，强调综合考评结果与领导班子考核互为应用，即，领导班子年度考核民主测评“一般”和“差”得票率之和在10%以上的单位，综合考评不能评为“优胜单位（满意单位）和成绩显著单位”，评为“优胜（成绩显著）单位”的部门，领导班子成员和机关干部年度考核的优秀名额相应增加。① 二是2013年度的考评方案，设立“重点工作单项奖”后额外的奖金激励，如前文所述。

然而，结果运用的这两个调整在实践中却有着不同的命运。综合考评结果与领导班子考核互为应用是对评估结果应用的重要突破，但是最后却不了了之，原因在于领导力这一动力的缺失。② 而重点工作单项奖的奖金激励延续至今。

2016年1月实施的《杭州市绩效管理条例》对结果运用做了更加具体的规定。对绩效评估结果不合格的单位给予通报批评，对直接负责的主管人员和其他直接责任人员，取消当年或者次年度评优评先资格。对连续两年绩效评估结果不合格的单位，除按照上述规定处理外，对直接负责的主管人员和其他直接责任人员一年内不得晋升职务。对连续三年以上绩效评估结果不合格的单位，除按照上述规定处理外，对直接负责的主管人员和其他直接责任人员予以调离岗位、降职、免职、解聘或者辞退。而且，《条例》提出了“绩效问责”的概念，专门做了一章的论述③，其中对于

---

① 杭州市委办公厅、杭州市政府办公厅：《关于实施2010年度市直单位综合考评的通知》，市委办发〔2010〕152号。

② 根据考评办工作人员解释，2010年之所以会出现这个方案，主要是和市委组织部合作的一个课题的研究成果。当年的市委组织部部长很支持考评工作，但是后来因其工作调整离开市委组织部。在考评办工作人员看来，这是造成综合考评结果与领导班子考核互为应用的方案不了了之的主要原因。

③ 《杭州市绩效管理条例》对绩效问责的界定有双重含义：一是对绩效管理责任的追责，表现为绩效管理机构对绩效责任单位的扣分或者不合格评定，这是绩效管理机构过程管理的体现，以及主管机关和监察机关对于绩效管理人员因绩效管理工作中不当行为或者渎职失职行为的追责；二是对绩效责任的追责，表现为主管机关和检察机关对绩效不佳的主管人员和其他直接责任人员的追责。但是第二层的绩效问责含义又与《条例》第五章“结果运用”相交织，因为在结果运用上，《条例》也作出了对主管人员和其他直接责任人员从调离岗位到辞退的追责规定。因此，在笔者看来，《条例》对绩效问责作出了非常有价值的探索，但是在基本内涵和工作机制上依然存在模糊，需要进一步明确。而本文讨论的绩效问责是对绩效不佳的问责行为，不涉及绩效管理行为失职渎职的责任追究。

无正当理由未完成工作任务、工作效率低下、重大决策失误等绩效不佳情形，由主管机关或者监察机关责令改正，对直接负责的主管人员和其他直接责任人员，按照管理权限，施以通报批评、停职等相应处分。[①] 相比以前的制度，《条例》在消极的绩效评估结果运用上呈现出三个变化：一是两年调整期的回归[②]，追责标准提高；二是对人的处理的规定更为具体；三是明确了绩效问责的概念，在责任追究的工作层面上，将主管机关和监察机关纳入绩效管理组织体系，建立绩效评估与行政问责、纪律处分相衔接的工作机制。

（2）暗线：公开、整改、服务决策

杭州综合考评的结果运用呈现出传统的公共部门奖惩方式的特点，即，声誉、奖金和职位方面的影响。如果说这是考评结果运用的一条明线，那么，还有一条结果使用的暗线生根发芽，渗透在日常考核的过程之中。

一是公开。杭州综合考评的信息公开程度非常高，在信息公开方面做到了常态化和制度化。“杭州考评网”是考评信息公开的主阵地，考评全过程的信息都可以在该网上方便地获取，如参评单位的工作职责、年度工作目标、目标完成进度，考评方案、进度以及考评结果。从 2005 年实行综合考评开始，综合考评结果由市委市政府通报，并在《杭州日报》上进行公布。[③] 2008 年，杭州市首次通过《杭州日报》、“中国杭州”门户网站、“杭州考评网”等媒体公开发布《市直单位社会评价意见报告》，首次通过上述渠道在上半年向社会公示社会评价意见重点整改目标，年末再向社会公布社会评价意见重点整改目标的完成情况。这种公开一直延续至今，成为考评中非常重要的工作环节。2014 年度又首次试行工作职能“晒亮点”、绩效目标“晒清单”。目标公示相当于政府及部门的工作承诺，结果公示对部门来说是承诺的兑现，对社会公众来说，是对承诺的检

① 《杭州市绩效管理条例》，杭州市第十二届人民代表大会常务委员会公告第 57 号，2015 年 10 月。

② 杭州市最初满意评选方案中因考评不达标而作出职位调整的时间是两年，从 2003 年度开始这一处分时间放宽至三年，而《条例》对连续两年绩效综合评定等次不合格的单位和连续三年以上绩效综合评定等次为不合格的单位，分别规定了不同的处理意见。

③ 中共杭州市委、杭州市人民政府：《关于对市直单位实行综合考核评价的意见》，市委发〔2005〕60 号。

验。公开作为一种考评结果的运用方式对考评部门具有重要的影响力。

二是整改。将社会评价意见整理归纳，反馈给责任单位，推动整改目标制定和整改措施落实，并重新将整改结果公之于众，接受社会的再评价，从而推动政府管理绩效的持续提升。这是继社会评价意见公开后进一步回应民意的举措，是对“公开”这一结果使用方式的推进，是社会评价意见的实质性使用。2012年度，这种对社会评价意见的回应又进一步深化。从2012年度开始，考评办推出跟踪督办整改目标，即，考评办在全面分析社会评价意见的基础上，梳理出20项社会各界关注度高、意见集中、与广大市民日常生活密切相关，多次反映而未得到较好解决的一些具体问题，作为年度跟踪督办社会评价意见整改目标，下达到相关牵头责任单位，并在《杭州日报》和“杭州考评网”上向社会做公示。[①] 考评办牵头的跟踪督办整改目标是对部门主导的整改目标的深入，下文将对两者做一比较，分析杭州综合考评通过目标整改而发挥的责任追究特点。

三是服务决策。绩效信息发挥辅助决策的作用最突出的表现就是社会评价意见的整理归纳和运用。来自社会的意见和建议不仅反馈给责任单位推动整改落实，还从中梳理出百姓普遍关心的问题，公布《社会评价意见报告》。《社会评价意见报告》通常对上年度社会评价意见整改情况进行总结，对当年度社会评价意见的主要内容和基本特点进行梳理分析，并提出对策建议，成为一份反映城市公共治理的“民意白皮书”，作为市委市政府制定公共政策和施政的重要依据。[②] 由此，综合考评为解决民生问题提供了一种有效的工作机制。最为典型的是“七难”问题的形成、演化和解决。

经过对2001年社会评价意见的分析整理，杭州市考评办发现在机关作风建设中，存在着人民群众普遍关心的四大问题：机关“门难进、脸难看、话难说、事难办”的“四难”综合征问题，困难群众生活和就业问题，“行路难、停车难”问题和城市卫生“脏乱差”问题。2002年的评选，发现上述四大问题仍然是老百姓普遍反映和急需解决的热点难点问题，同时又归纳整理出另外三个问题，这就是“看病贵、药价高”的问题，教育乱收费问题，房价逐年攀升、普通民众住房难的问题。在2003

---

① 《2012年度杭州市市直单位综合考评社会评价意见报告》。

② 伍彬：《中国地方政府绩效管理中的民意价值和治理创新——以杭州综合考评为例》，杭州考评网，2014年6月11日，在奥地利维也纳大学的讲演。

年的评选中，这七个问题仍然是人民群众反映最强烈的问题。2007 年以来，市委、市政府又根据社会评价中公众关注度的变化，陆续将食品药品安全、生态环境保护、物价、安全生产监管、垄断行业服务等问题纳入“七难”，形成“7 + X”的“破七难”新框架，使“破七难”成为杭州市关注解决民生问题的一个代名词和实施“民主促民生”战略的重要抓手。近年来，市委、市政府又根据社会评价意见，提出了惠民为民十大工程建设。“破七难”工作机制的形成和与时俱进的发展，成为杭州综合考评推动政府决策民主化，实现民主促民生的一个实践样本（图 5.6）。[①]

图 5.6　“破七难”工作机制演进图

绩效信息发挥辅助决策的作用还表现在杭州市绩效评估中心开展的绩效评估以及形成的绩效评估报告。绩效报告在反馈给责任部门的同时，也抄送市考评办领导和市政府分管领导，发挥发现问题、解决问题的决策咨询服务功能。绩效报告递交部门、市政府分管领导的做法始于 2009 年，截至 2014 年，绩效评估中心就食品安全、教育、医疗、交通、就业、社会管理、城市建设等方面的工作进行了 48 项目标任务的绩效测评（表 5.16）。

表 5.16　　2009—2015 年度绩效测评报告数量

年度	2009	2010	2011	2012	2013	2014	2015
报告数量	7	15	9	5	5	7	8

资料来源：杭州市考评办提供。

三　小结

综上，综合考评结果运用呈现出以下几个特点：

① 上述内容可具体参见伍彬《中国地方政府绩效管理中的民意价值和治理创新——以杭州综合考评为例》，杭州考评网，2014 年 6 月 11 日，在奥地利维也纳大学的讲演；伍彬，2012：245；余逊达，黄天柱：《加强执政能力建设的有益探索——杭州市解决“七难”问题的实践与思考》，《浙江社会科学》2004 年第 6 期。

第一，传统的考评结果运用呈现正向激励主导的特点。理论上，声誉、奖金和职位上的结果承担方式既有正向的嘉奖和激励，也有负向的惩罚和约束。但是事实上，杭州综合考评自从确立“淘汰制＋达标线”的原则以来，负激励越来越少（表5.14）。

第二，考评结果运用逐渐被考核奖金所绑架。只要参加综合考评，就拥有了发放考核奖的正当理由，某种意义上，参加综合考评成为了增加福利的合法途径。这也是诸如垂直管理单位、在杭企业等自愿积极加入综合考评体系的原因之一。这将阻碍绩效管理理念的形成和发展，继而影响绩效管理的科学化。因为当考核奖成为了绩效评估的合法性来源时，部门没有从根本上建立以部门为主体的绩效管理理念，对综合考评的理解有一定程度的偏差，甚至产生“如果取消考核奖，就无须考评”的想法。

第三，组织人事影响的间接性。由于考评办组织的综合考评和组织部组织的干部考核缺少衔接机制，所以，综合考评结果对干部使用几乎没有直接影响。考评结果只是发挥了一种类似于赫茨伯格双因素理论中的“保健因素”的作用，即，综合考评的结果和排名会对干部的选拔任用产生“没有不满意”的效果，但是不会产生“满意”的效果。综合考评结果运用的这个特点也体现在它对预算管理、编制管理等工作的影响力上。《杭州市绩效管理条例》对此作出了明确规定，要求绩效评估结果作为政策调整、预算管理、编制管理、奖励惩戒、领导人员职务升降任免等方面的重要依据。政策调整的效果有待进一步观察。

第四，考评结果运用的新方式逐渐形成并制度化。公开、整改以及决策咨询等结果运用方式对推动政府部门及相关单位积极高效履职具有重要价值，它们都是问题指向的，并且问题都是具体的。通过这些方式产生的激励约束效果往往针对的是中间行为，希望通过后续工作方式的调整，实现最终的绩效改善，具有过程管理的特点。而在这一点上，它与明线呈现的结果运用明显不同，声誉、奖金和职位的奖励或者惩罚是一种结果管理，是对既往的绩效行为及结果的追溯性和终结性的判断。

第五，考评结果运用逐渐从封闭走向开放。考评结果运用的封闭性主要是指评估结果的“内部消费”（周志忍，2007），杭州的实践对这种封闭性的打破主要体现在三个层面：其一，杭州综合考评以公民导向的显著特征，形成了制度化的社会评价，实现了评价过程的开放性，在结果运用上，也以对社会评价意见的整理、分析和再利用的显著特征，形成了社会评价意见回应和整改机制的制度化，力图让民意对政府行为产生实质性影响；其二，结果使用方式的公开范围不断扩大，逐渐从社会评价结果的公开，走向传统上仅供“内部消费”的目标考核结果的公开；其三，第三方的政策评价或者项目评价逐渐发展，从2009年开始，绩效评估中心在这方面发挥了积极的作用。

第四节　政府绩效问责的特点与成效

上文以绩效评估的采用（adoption）和绩效评估的落实（implementation）两个维度详细梳理了杭州综合考评的演化过程。那么，这一复杂的绩效评估过程是否以及如何服务于问责呢？根据本章开篇界定的绩效问责度量方式，本节分析杭州绩效评估中的绩效问责现象及其空间。

根据第三章的分析和界定，问责是一种社会关系，其中行动主体感到有义务向一些重要的行动主体解释他（她）的行为，证实他（她）的行为的合法性，并承担相应的后果（Bovens，2005：183—184）。因此，问责是一个存在责任关系的两个主体之间的“信息披露—审议讨论—结果承担”过程。绩效问责借由绩效评估的过程实现这个问责过程，问责主体基于绩效评估的结果，追究没有达到基本绩效目标的政府机构的责任。下文首先明确在政府绩效评估中存在责任关系的主体，界定其中的责任关系及其性质，然后考察这种问责如何实现及其价值。

一　评估权的分析

在政府绩效评估中，存在掌握“评估管理权、评估组织权、具体评估权”（包国宪、曹西安，2006）的多元行动主体。本书认为，评估管理权称之为评估领导权更为合适，因为管理权与组织权在内涵上有重叠。根据上文的梳理，在杭州综合考评的实践中，评估领导权实际由党委政府掌握，杭州市综合考评委员会（杭州市绩效管理委员会）代表党委政府实现对综合考评工作的全面领导和监督；综合考评委员会下设办公室，即考评办，考评办掌握评估组织权，负责综合考评工作的全方位组织和筹划，协调各种具体考评事项（《杭州市绩效管理条例》中称为绩效管理机构）；而具体评估权则分散在多个主体之中：领导、考评办（包括直属单位杭州市绩效评估中心、杭州市综合考评资讯中心）、专项目标考核的牵头单位（《杭州市绩效管理条例》中称为绩效管理相关部门）、社会公众（包括专家、媒体、绩效信息员等）。其中，考评办的具体评估权是市委市政府赋予的，代表市委市政府实施对单位的目标考核，在性质上与市委市政府主要领导对单位的目标考核等同（图 5.7）。

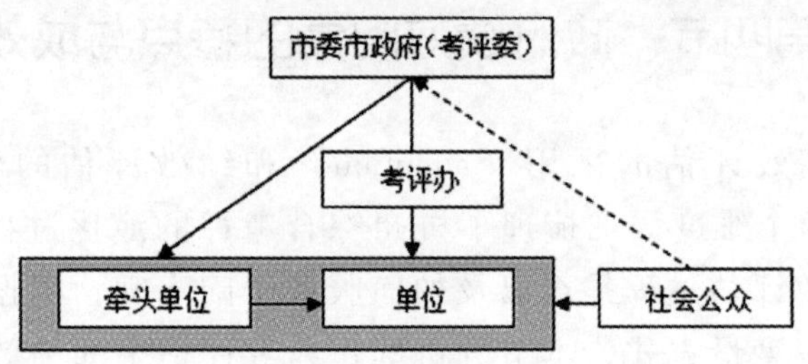

图 5.7 杭州综合考评中的评估权

评估权可以和问责权重合，也可以分离，这取决于评估权在“信息披露—审议讨论—结果承担”问责三阶段中的延续性。尤其需要讨论结果承担的责任强制权的归属问题，当评估主体可以根据绩效评估结果直接采取相关责任追究措施时，责任强制权与评估权整合；当评估主体将绩效评估结果报送其他部门，仅提供问责的依据和建议时，责任强制权与评估权分离。但这不影响绩效问责的成立。

因此，基于上述评估权的分析，绩效问责涉及两种性质的责任关系：政府对公众的公共受托责任，以及政府与其内部机构的等级责任。从本质上说，前者呈现的是政治责任关系，后者是科层的行政责任关系。在政府与公众的责任关系中，政府有向公众说明回应绩效的义务，要履行绩效报告和绩效信息公开的义务；在政府与其部门的等级责任关系中，政府机构要向政府报告履行职责的情况。前者通过社会公众对政府部门的评价予以实现，后者通过自上而下的领导评估、考评办评估和牵头单位对专项目标所涉单位的评估实现。社会公众对部门的评估实际承载着公众评价政府整体绩效的意义（图 5.7 中的虚线箭头），但这一责任关系经由政府内部等级结构自上而下传递，而表现为公众对部门的评价。这既是委托代理链的发生过程，也是政府向部门转移社会压力或者政府借由社会的力量对内部机构强化控制力的过程。

二　绩效问责的成效分析

杭州综合考评实践中，或明或暗、或强或弱地呈现着第四章所总结的绩效问责要素：绩效评估目标导向的路径和参与导向的路径清晰可见，等级问责的目标不言而喻，民主导向的理念也一直为官方津津乐道，而考评推动政策优化的功效也被冠之以“民主促民生”工作机制。下文用考评数据进一步分析这种绩效问责的特点及其成效。

1. 惩戒式问责逐渐减少，整改式问责日益突出

凯恩（2008：68）将制裁分为惩罚性制裁、修复性（或矫正性）制裁和预防性制裁三种，传统问责往往关注惩罚性质的制裁，绩效问责由此就表现为根据绩效评估结果，对绩效不佳的单位及单位领导人施以惩戒性后果。从这个角度看，这样的绩效问责在杭州不显著。

在制度规定上，因绩效不佳而需要承担的惩戒性后果包括三种：通报、扣发奖金和班子调整，并且班子调整的前提是连续三年不达标（不满意）。[①]但是在考评的实际操作上，不断降低惩戒性后果承担的标准，以至于这样的惩戒性后果在事实上很难发生。这种标准的降低表现为：结果评定从“淘汰制”向“淘汰制+达标线”转变，极大地降低了绝对意义上排名淘汰的负激励强度；班子调整的时间条件从最初满意评选方案规定的两年延长为三年。[②] 因此，从表5.14可以看到，从2000年杭州实施满意评选至今，不满意单位（未达标单位）越来越少，而且班子调整仅仅发生过一起，即，市食品药品监督管理局因2001年和2002年连续两年被评为不满意单位，按照市委、市政府关于开展评选活动的有关规定，作出以下三条决定：一是决定对领导班子在全市范围内通报批评，该局原党委书记、局长给予诫勉；二是决定对在评议中意见相对较多的局分管负责人，调离现任

---

① 除了连续三年以上考评不达标单位，《杭州市绩效管理条例》对连续两年考评不合格单位的处理也做了重新规定。

② 事实上，原先的淘汰制和两年调整班子成员被杭州的主要领导视为杭州综合考评区别于全国其他城市的特点，是体现杭州综合考评工作力度的成绩。参见《坚持执政为民　让人民评判　让人民满意——王国平书记在全市领导班子和干部队伍建设大会上的讲话》，杭州考评网，2003年2月17日。

岗位，另行安排工作；三是要求局领导班子针对评选活动中群众提出的意见和领导班子考核中反映的问题，认真制定整改措施，限期抓好整改工作①。值得关注的是，与这种利用综合考评实施负激励的弱化形成对比的是正向激励的强化，综合考评奖项的不断递增（表 5.15）。

同时，杭州不断强化修复性的绩效改进机制，“评价—整改—反馈”工作机制被称为“杭州滚动式绩效管理的最大特色”（伍彬，2012：155）。评价、整改、反馈三个过程互为前提，往复循环，在政府与人民之间形成了常态的、制度化的平等互动，构成了一个政府绩效持续改进的工作机制（伍彬，2012：155）。本质上，这一工作机制是对通过绩效评估发现的问题的一种柔性处理方式，是以解决问题、促进组织学习和绩效持续提升为目的的积极问责方式，而非针对问题的单纯惩戒式的消极问责。

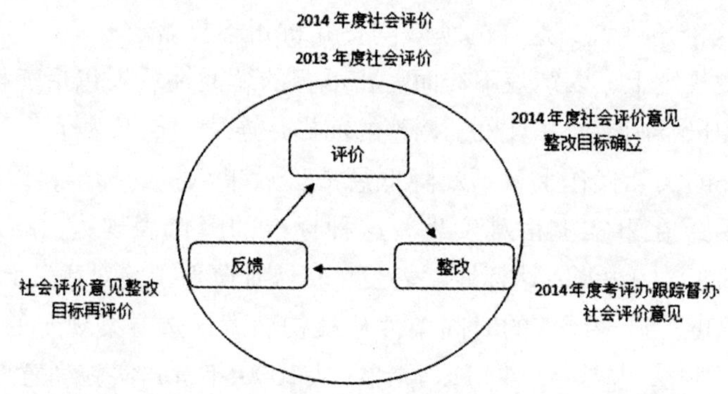

图 5.8 “评价—整改—反馈”工作机制具体表现

以 2014 年度的综合考评为例，“评价—整改—反馈”工作机制包含了“2013 年度社会评价—2014 年度社会评价意见整改目标确立—2014 年度考评办跟踪督办社会评价意见—社会评价意见整改目标再评价—2014 年度社会评价”循环的工作流程（图 5.8）。

社会评价意见分为有明确指向和具体陈述及要求的 A 类意见和比较原则笼统的 B 类意见，A 类意见要按照明确的、可度量的、面向结果的原

① 《坚持执政为民 让人民评判 让人民满意——王国平书记在全市领导班子和干部队伍建设大会上的讲话》，杭州考评网，2003 年 2 月 17 日。

则确定具体整改目标，B 类意见要积极研究，作为改进工作的参考。然后，市直单位在 A 类意见中确定若干项群众意见突出、社会影响较大，通过努力当年能够解决或取得明显成效的问题，制定向社会公开承诺的重点整改目标。社会评价意见在 300 条以上的（含 300 条）单位，向社会公开承诺的重点整改目标不得少于 5 项；200 条（含）以上的不得少于 4 项；100 条（含）以上的不得少于 3 项；30 条（含）以上的不得少于 2 项；30 条以下的不得少于 1 项。社会评价中意见数量较少（10 条以下的）或者没有收到意见的单位，要积极进行自查，或者结合党的群众路线教育实践活动等途径收集到的意见，制定出 1 项重点整改目标。市考评办从社会评价意见中梳理出 20 项跟踪督办意见整改目标，直接下达相关责任单位。向社会公开承诺的重点整改目标及 20 项跟踪督办意见整改目标均列为市直单位专项目标进行考核。其中，重点整改目标的考核标准包括基本要求（30%）和整改情况（70%），基本要求包括分解落实（10 分）、目标制定（10 分）、过程管理（20 分）三个考核要素；整改情况包括办理率、解决率、满意率三个要素，各占 10 分、10 分和 50 分的权重。如下一年度社会评价意见（有明确指向的意见）中，仍然存在与本年度已经解决的意见有明显重复的，每重复一件（次）的在“解决率”中扣 2 分，直至扣完设定分值（伍彬，2012：149）。市考评办下达的 20 项跟踪督办意见整改目标，将通过日常跟踪监督、明察暗访，强化过程管理，并对整改结果实行以调查问卷为主要方式的专项绩效测评（图 5.9）。①

2013 年度市直单位综合考评社会评价共收到 9 大层面 12000 余名参评代表各类意见建议 7847 条，99 家市直单位据此共制定 183 项重点整改目标，其中，13 家社会评价中意见较少（10 条以下的）或者没有收到意见的单位，也按要求制定出 1 项重点整改目标，考评办继续跟踪督办 20 项社会各界关注度高、意见集中、近年来多次反映尚未得到较好解决的具体问题，包括牵头协调单位 17 家、配合单位 17 家。②

无论是社会影响力，还是单位和考评办对评价意见整改的工作投入，

---

① 以上情况介绍云参见《关于下达 2013 年度社会评价意见及做好 2014 年意见整改工作的通知》，杭考评办〔2014〕5 号。

② 《关于公布 2014 年杭州市直单位向社会公开承诺的社会评价意见整改目标的公告》，《杭州日报》2014 年 5 月 12 日。

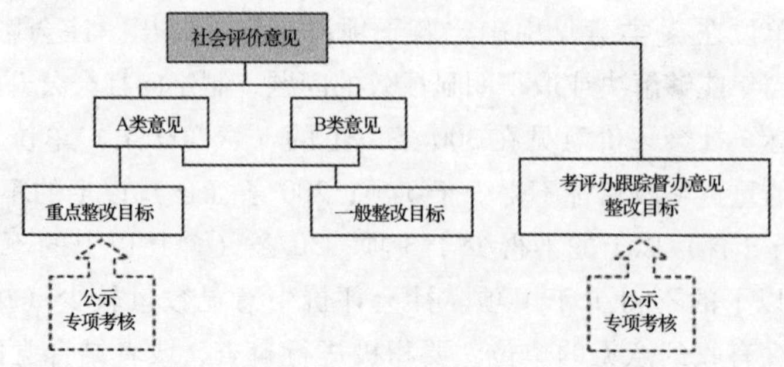

图5.9 社会评价意见整改目标分类

社会评价意见整改在综合考评体系中日益凸显。

2. 整改式问责逐步深化，但问责结果不彻底

社会评价意见的整改体现政府对社会的积极回应，表现为管理绩效的持续改进，这是积极责任观的体现。如前所述，在杭州的实践中，意见整改通过两个评估程序实现：单位的重点整改目标与考评办跟踪督办社会评价意见整改目标（图5.9），考评办跟踪督办社会评价意见整改目标是2012年度开始的绩效评估创新，标志着整改式问责的不断深化。下文通过2014年度“考评办跟踪督办社会评价意见整改目标”（以下简称整改目标Ⅰ）和“市直单位社会评价重点整改目标”（以下简称整改目标Ⅱ）的比较，来分析考评办跟踪督办社会评价意见对推进整改式问责的价值。

（1）两种整改目标的比较

整改目标Ⅰ和整改目标Ⅱ在来源和整改主体上具有相似之处：

其一，来源。两者都来自2013年度社会评价意见的整理分析和归纳，而且“意见比较集中、关注度较高、社会影响比较大”是选择社会评价意见的共同标准。

其二，两者的责任主体都是市直单位，且考核结果都纳入社会评价意见整改目标考核。

但是，这两种目标整改方式也存在重要区别：

其一，整改目标的确立方式。

整改目标Ⅱ主要是单位选择的结果，而整改目标Ⅰ更多的是市考评办对单位的“命题作文”。单位依据一定的标准，对考评办反馈的数量大且

分散的社会评价原始意见作出分类，然后从中确定公之于众的重点整改目标，同时上报考评办。虽然考评办有审核权，但是整改意见、整改目标以及整改措施的选择权在单位。而20项整改目标Ⅰ由考评办从社会评价原始意见中梳理出来，直接下达单位，单位据此制定年度整改目标，因此，目标选择的主动权主要在考评办，而不是单位。

其二，整改目标的内容。

整改目标Ⅰ覆盖内容多，解决难度大，在社会意见整理时考评办主动选择那些近年来重复提出的、意见比较集中的社会评价意见，提出年度整改目标。而且，跟踪督办意见往往涉及多个责任单位，通常是需要部门协调联动的问题。2014年度20项整改目标Ⅰ中，14项意见涉及两家以上责任单位（表5.18），承担整改的责任单位共34家，其中牵头责任单位17家、配合单位17家①。而整改目标Ⅱ是单一部门为责任主体的项目，是各单位相互独立地完成整改目标的设定和整改措施的落实。

其三，整改过程。

参与整改目标Ⅰ的整改过程主体多元。考评办建立由各整改责任单位、市考评办联系人、市绩效信息员以及新闻媒体等三方成员组成的跟踪督办社会评价意见整改联动机制，在半年的时间内，按照工作分组，每个工作组与牵头责任单位开展整改对接，进行专题研究，加强信息沟通，强化监督，查找不足，共同完成整改目标。整改目标Ⅱ的落实相对而言是以单位为实施主体展开的内部管理过程，整改过程没有考评办、绩效信息员，甚至新闻媒体等外部主体的参与，在这里，考评办是独立于整改过程之外的监督力量和考核主体；而在整改目标Ⅰ中，考评办依然是整改的监督和考核主体，但是也是整改的参与者之一，参与并推动整改全过程。

（2）整改式问责的深化

那么，为什么还要在单位整改目标Ⅱ确立后，再设立考评办跟踪督办社会评价意见的整改目标Ⅰ？整改目标Ⅰ发挥什么作用？下文通过梳理对

① 《2014年市考评办跟踪督办社会评价意见整改情况通报》。

比整改目标Ⅰ和所涉及单位制定的整改目标Ⅱ来寻找这个问题的答案。[①]

通过对比，可以发现整改目标Ⅰ和整改目标Ⅱ存在三种关系（表5.17和表5.18）：

①整改目标Ⅰ与整改目标Ⅱ回应相同的社会评价意见，而且整改目标一致，即，整改目标Ⅰ是单位确立的整改目标Ⅱ的一部分，尤其是牵头责任单位。这类整改目标占20项整改目标Ⅰ的13项（意见编号1，2，3，5，7，8，9，11，14，16，17，18，20）。

②整改目标Ⅰ与整改目标Ⅱ回应相同的社会评价意见，但是，整改目标不完全一样。整改目标Ⅰ超越甚至改变了单位针对此类意见提出的整改目标Ⅱ。包括针对“食品安全监管”和“行政审批效率不高”这两个意见的整改目标（意见编号15，19）。

③整改目标Ⅰ与整改目标Ⅱ回应不同的社会评价意见，即，单位没有将此类社会意见确定为需要重点整改的意见，而考评办挑选出来列为跟踪督办意见。总共5项，包括：整改目标Ⅰ中意见编号4——路面经常修补、意见编号6——城区积水排涝、意见编号10——医疗资源冷热不均、意见编号12——垃圾分类落实、意见编号13——工程车管理。“路面经常修补”“城区积水排涝”“垃圾分类落实”这三项意见及整改目标可部分在城管委的“绩效考核目标—重点工作目标”中找到类似的表述[②]，针对社区医院等基层医院的“医疗资源冷热不均”和“工程车管理”这两个意见的整改目标既没有出现在所涉单位的绩效考核目标中，也没有出现在所涉单位的重点整改目标中。

表5.17　　整改目标Ⅰ与整改目标Ⅱ的对应关系

	回应相同的社会意见		回应不同的社会意见
	整改目标一致	整改目标不一致	
意见数量	13	2	5

① 两类整改目标由于数量较大，无法在文中一一呈现。下文涉及的单位重点整改目标（整改目标Ⅱ）、跟踪督办社会评价意见整改目标（整改目标Ⅰ）的内容见《2014年杭州市直单位社会评价意见重点整改目标》《2014年市考评办跟踪督办社会评意见整改目标》，《杭州日报》2014年5月12日。而且，为了分析的可行性，也仅讨论整改目标Ⅰ所涉及的单位，仅比较这些单位的整改目标Ⅱ与整改目标Ⅰ的关系。

② 《2014年度杭州市市直单位绩效考核目标——市城管委（市城管执法局）》，杭州考评网。

表 5.18 2014 年度市考评办跟踪督办社会评价意见

编号	项目名称	意见内容	责任单位
1	交通标志设置不合理	一些路段交通标志和红绿灯设置明显与道路状况不符，不利引导流量、行人，交通资源利用和管理水平待提高	市公安局
2	公交出行	早晚高峰时间段不少公交车里拥挤不堪，公交车运营安排不够合理；公交优先要从线路规划、车辆状况、道路通行、公交（地铁）配套等方面大力推进	★市交通运输局、市城投集团、市建委、市公安局、市规划局
3	打的难	打车太难了，尤其早晚高峰难打到出租车，出租车数量少；加强出租车运营管理，规范运营，人性化管理；顾客经常被拒载，黑车宰客现象严重	市交通运输局
4	路面经常修补	窨井盖、道路破损多，经常修修补补，常年不断；不少小区年年在翻改，施工周期长，管理乱，质量差	★市城管委、市建委
5	河道污水	河水脏黑臭现象依然存在，工业企业偷排污水常有发生；多条河流水质污染重	★市环保局、市林水局、市城管委、市运河综保委
6	城区积水排涝	每逢暴雨，不少路段积水严重，老小区、桥梁及涵洞等低洼处污水倒灌、水漫金山，造成内涝	★市城管委、市建委、市林水局
7	工地扬尘机动车排放黑烟	不少公交车、货车都排放黑烟，加快淘汰尾气超标的污染车辆；工地附近道路损坏严重，扬尘问题突出；城郊结合部居民时常焚烧垃圾，一些农户季节性焚烧农作物秸秆，严重污染大气	★市环保局、市建委、市交通运输局、市城投集团、市农业局、市地铁集团
8	下沙环境保护	下沙周边和区内少数企业生产对大气质量有影响，造成晚上空气中部分区块有恶臭现象；部分雨污混排导致局部河段存在异味和水质较差	杭州经济开发区管委会
9	教育资源配置不均	促进优质教师资源共享，缩小校际间教育水平的差距，统筹教育资源均衡配置，促进教育公平	市教育局
10	医疗资源冷热不均	社区医院冷冷清清，大医院熙熙攘攘，医院医生医疗设施分布不均，社区等基层医院要加强，方便群众就近就诊；基层医院医保倾斜力度不够大	★市卫生局、市人力社保局

续表

编号	项目名称	意见内容	责任单位
11	养老服务“夕阳关怀”	老龄化日益严重，养老院太少、太贵，入住困难；社区老年食堂不多，要进一步推广，便利老人就餐	市民政局
12	垃圾分类落实	垃圾分类已宣传多年，可很多居民不太了解垃圾如何分类，不少小区落实差；垃圾分类、运送、处理后续工作还要跟上	★市城管委、市城投集团
13	工程车管理	工程车速度飞快，事故频发；抛撒渣土司空见惯，建筑垃圾乱倒	★市安监局、市公安局、市城管委、市交通运输局、市建委
14	景区日常管理	野导拉客现象仍然存在，部分景区节假日要价乱，多人自行车屡禁不止，日常管理需加强	★市旅委、市园文局、市公安局、市民族宗教局、市城管委、市工商局
15	食品安全监管	食品安全管理源头追溯不到位，加工、销售环节监管薄弱，信息公开程度低，往往是出了问题后再去管	★市市场监督管理局（市食品药品监管局、市工商局）、市质监局、市贸易局、市农业局
16	体育场馆闲置	大型体育场馆经常闲置，群众体育活动中心极少，公共体育设施缺乏规划，中小学校体育场馆开放不够	★市体育局、市教育局、市规划局
17	社区“减负”	严格社区准入，切实为社区“减负”，社区台账多、牌子多，亟须规范	市民政局
18	物价监管	超市、商场价格监管要到位；医院内设小店部分物品，价格超出超市 50%	★市物价局、市卫生局、市食品药品监管局
19	行政审批效率不高	办理具体事项时常在几个窗口打转，审批要真正简政放权提效；要把好中介机构的效率关和品质关；对取消的审批事项，事后监管、服务要跟上；投资环境要优化	★市审管办、市编委办、市法制办、市发改委、市国土资源局、市建委、市规划局、市环保局、市经信委、市工商局及相关单位
20	通信行业资费及信息安全	手机上网流量未用完当月清零，有些不合理；收费不透明；诈骗短信泛滥、电话频繁，没有很好地保护个人信息安全	杭州移动公司、杭州联通公司、杭州电信公司、市公安局

资料来源：关于下达 2013 年度社会评价意见及做好 2014 年意见整改工作的通知，杭考评办〔2014〕5 号

因此，我们可以认为，考评办通过跟踪督办社会评价意见，发挥三个功能，强化社会意见的回应和整改：

其一，整改强化。

首先，双重考核。通过整改目标Ⅰ和整改目标Ⅱ的重复和叠加，强化单位对社会评价意见的整改力度。因为，两种整改目标都要接受满意度考核，而且考核的途径是不一样的。整改目标Ⅱ的满意率，通过在年度社会评价中组织专项满意度测评进行。整改目标Ⅰ满意率，由专项测评（委托第三方组织实施）和述评会现场评价两部分组成（分别占50%权重）。参评单位社会评价意见整改满意率由这两种整改目标的满意率加权获得，即，社会评价意见整改满意率 = 重点整改测评分 × 单位评价系数 ×60% + 跟踪督办测评得分 × 跟踪督办系数 ×40%。因此，与整改目标Ⅱ一致的13项整改目标Ⅰ实际上是对这些工作的重复计分，叠加考核。

其次，重点突出。整改目标Ⅰ对社会评价意见的整改力度强化还体现在对重点责任单位的强调。2014年度重点整改目标（整改目标Ⅱ）共183项，涉及99家市直单位，覆盖原始意见3048条，自查意见13条①，平均每个单位1.85项整改目标Ⅱ，平均16.7条社会意见形成一项整改目标Ⅱ。从公示的情况看，99家单位的整改目标Ⅱ项数都是5项以下（包含5项）②，其中，13家单位的整改目标Ⅱ数量为4项以上（包括4项），7家单位的整改目标Ⅱ数量为5项（表5.19）。这13家单位都是考评办跟踪督办社会评价意见的整改责任单位，其中，整改目标数达到5项的7家单位都是跟踪督办意见整改目标的牵头单位，分别是公安局、城管委、环保、人力社保以及移动、联通、电信。这说明，考评办跟踪督办意见牢牢抓住了群众意见比较集中、关注度较高的评价意见，以单列20项的方式对这些问题做了重申，对整改单位施加了又一考核压力，从而提高了回应民意和解决问题的力度。

---

① 《关于公布2014年杭州市直单位向社会公开承诺的社会评价意见整改目标的公告》，《杭州日报》2014年5月12日。

② 《2014年杭州市直单位社会评价意见重点整改目标》，《杭州日报》2014年5月12日。

表 5.19　2014 年度市直单位社会评价意见重点整改目标（整改目标Ⅱ）数量与责任单位数量

重点整改目标数（项）	1	2	3	4	5
单位数（个）	59	16	11	6	7

资料来源：2014 年杭州市直单位社会评价意见重点整改目标，杭州日报，2014 年 5 月 12 日。

其二，措施重构。

有些社会评价的意见是真实且重要的，但是单位制定的整改目标不到位、不完整，跟踪督办意见整改在目标上做了重新调整。如对“食品安全监管”意见的处理。2014 年 3 月 21 日，杭州市政府整合市工商局、市食品药品监管局、市食安办的职责，组建市市场监督管理局（保留市工商局、市食品药品监管局牌子），将市质监局承担的食品和食品添加剂生产加工环节质量安全监督管理职责划入市市场监督管理局。① 跟踪督办意见的整改目标（整改目标Ⅰ）根据新的体制要求，从全市生产、流通、消费环节的食品安全实施统一监督管理的角度做了新的调整。还有“行政审批效率不高”这个社会意见，跟踪督办意见整改目标（整改目标Ⅰ）以市审改办牵头单位，吸收市编委办、市法制办、市发改委、市国土资源局、市建委、市环保局、市经信委、市市场监督管理局等单位，覆盖了前置性的权力清理和下放、操作性的具体工作流程，做到了宏观与微观、主体与平台之间的兼顾和平衡。而在单位的整改目标Ⅱ中，只有市编委办选择了这项意见进行整改，但基本不涉及具体的操作流程；作为牵头单位的市审管办，也只是把“为民服务窗口双休日开放服务”作为唯一的整改目标Ⅱ，这显而易见与行政审批改革的主旨相差甚远；国土等具有行政审批权力的其他单位在重点整改目标中也没有列出行政审批问题。

事实上，考评办跟踪督办意见整改目标（整改目标Ⅰ）在各个单位的绩效考核目标中都有所涉及，具有一定的合法性依据，而且从全局性、系统性的角度，对问题症结的把握更准确，有利于突破部门间的壁垒，约

① 《关于调整市和区县（市）工商质监体制改革完善食品药品监管体制的实施意见》，杭政函〔2014〕52 号。

束部门化的利益。所以，考评办的跟踪督办社会评价意见（整改目标Ⅰ）开辟了落实单位责任、回应民意的新途径。

其三，议题聚焦与引导。

整改目标Ⅱ是单位自主选择的结果，所以，选择容易实现的意见进行整改是理性的表现，但是不一定就是社会意见最集中的方面。20 项整改目标Ⅰ中有 5 项是有别于所涉单位自己确定的整改目标Ⅱ，其中三项的牵头单位都是市城管委（编号 4——路面经常修补、编号 6—城区积水排涝、编号 12——垃圾分类落实，见表 5.17）。下文以城管委为例，分析考评办跟踪督办意见（整改目标Ⅰ）和城管委的重点整改目标（整改目标Ⅱ）各回应了什么样的评价意见（表 5.20 和图 5.10）。

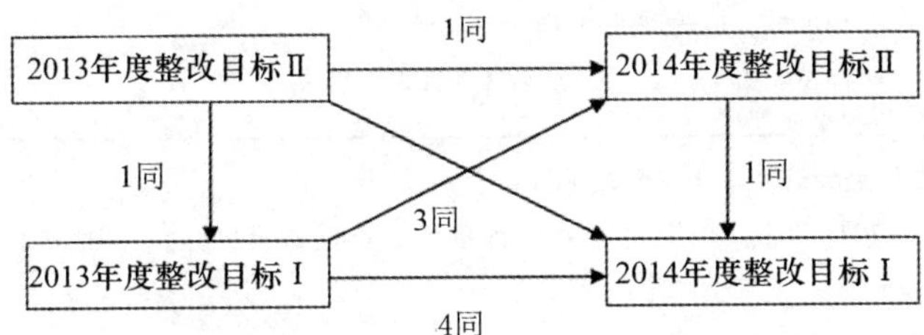

图 5.10　市城管委整改目标Ⅰ和整改目标Ⅱ年度延续性比较

表 5.20　2013、2014 年度杭州市城管委的整改目标Ⅰ与整改目标Ⅱ

2013 年度单位重点整改目标（整改目标Ⅱ）	13B1. 路边市场整治 13B2. 犬类管理 13B3. 人行道违章停车 13B4. 文明执法 13B5. 城市道路有序停车管理
2013 年度考评办跟踪督办意见整改目标（整改目标Ⅰ）	13A1. 食品安全——小吃摊位和饮食店无证经营和卫生问题 13A2. 环境保护——灰霾天气 13A3. 环境保护——工业企业偷排污 13A4. 城市管理——公共场所影响市容环境及行车行人安全的人员行为★ 13A5. 城市管理——生活垃圾分类处理问题★ 13A6. 城市管理——景区野导及卫生死角问题 13A7. 交通两难——小区车位不足 13A8. 城市管理——道路施工质量较差、道路重复开挖及修补现象较多

续表

2014 年度单位 重点整改目标 （整改目标Ⅱ）	14B1. 环境卫生保洁 14B2. 流动摊贩管理 14B3. 违章建筑查处拆除 14B4. 工地环境整治（工地文明施工和出入口管理，工地周边保洁，渣土综合治理） 14B5. 河道整治
2014 年度考评办 跟踪督办意见 整改目标 （整改目标Ⅰ）	14A1. 城市管理——路面经常修补★ 14A2. 环境保护——河道污水 14A3. 城市管理——城区积水排涝★ 14A4. 城市管理——垃圾分类落实★ 14A5. 城市管理——工程车管理 14A6. 市场监管——景区日常管理

标注★的项目是城管委牵头的整改项目。

资料来源：《2014 年杭州市直单位社会评价意见重点整改目标》，《杭州日报》2014 年 5 月 12 日。

——整改目标Ⅰ与整改目标Ⅱ的对应性。

2014 年度的整改目标Ⅰ与整改目标Ⅱ只有 1 项的交集，即，河道污水整治（14B5 & 14A2）；2013 年度的整改目标Ⅰ与整改目标Ⅱ也只有 1 项的交集，即，路边市场整治（13B1 & 13A1）；2013 年度的整改目标Ⅰ与 2014 年度的整改目标Ⅱ则有 3 项指向相同的意见，分别是食品安全中的“流动摊贩管理”(13A1 & 14B2)、环境保护中的“工地管理”（13A2 & 14B4)、环境保护中“河道污水治理”（13A3&14B5)；2013 年的整改目标Ⅱ与 2014 年的整改目标Ⅰ基本没有交集。

——整改目标Ⅰ的年度延续性。

2013 年度与 2014 年度的整改目标Ⅰ具有较高的延续性。2014 年度总共 6 项的整改目标Ⅰ中，有 4 项延续了 2013 年度的整改目标Ⅰ内容（13A3 & 14A2 企业排污污染河水、13A5 & 14A4 垃圾分类、13A6 & 14A6 景区野导治理、13A8 & 14A1 路面经常修补）。而且，将“路面经常修补”意见的牵头单位由 2013 年度的建委调整为 2014 年度的城管委，但是 2014 年度城管委的整改目标Ⅱ并未涉及此类意见。

——整改目标Ⅱ的年度延续性。

2013 年度和 2014 年度整改目标Ⅱ的延续性却没有这么强烈，只有“流动商贩管理”都体现在了城管委的整改目标中（13B1 & 14B2）。

从上述对比中，可以看到，整改目标Ⅱ的延续性较弱，而整改目标Ⅰ的延续性较强，而且，上一年度的整改目标Ⅰ对下一年度的整改目标Ⅱ有一定的影响。这说明，考评办自 2012 年度以来，通过 20 项跟踪督办社会评价意见整改目标，形成了对社会评价意见的聚焦。

（3）整改式问责结果不彻底及其原因

以城管委为例的两种整改目标比较也留下了一个疑问，即，整改目标Ⅰ和整改目标Ⅱ都是对上年度社会评价意见的梳理和回应，单位确定的整改目标Ⅱ年度之间的延续性差，差异性大，这似乎说明社会评价意见整改到位，考评办确立的整改目标Ⅰ年度之间的延续性强，差异性小，这似乎说明社会评价意见整改效果有限。这个自相矛盾的结论说明什么？下文详细比较自从 2012 年度考评办跟踪督办社会评价意见以来三个年度的意见内容（表 5.21、表 5.22 和表 5.23），可以发现：

其一，延续性的特征较为明显。从 2013 年度延续到 2014 年度的整改意见达到 12 项，占 20 项总意见数的 60%；其二，这 12 项意见的整改满意率普遍在当年选取的 20 项整改意见满意率排名 10 名之后，且满意率绝对值有较大下降，说明绝大多数的问题没有得到很好的解决；其三，相对满意程度有所提升，12 项延续的意见中，满意率排位上升的有 7 项，下降的有 3 项，维持不变的有 2 项（第 18 名和第 20 名）。

由此可以说明社会反映的政府管理问题依然没有很好地解决，社会对政府管理绩效的改进依然不是很满意，整改式问责结果不彻底，成效不显著。

表 5.21　　考评办跟踪督办社会评价意见的年度延续性

年度延续性	2012/2013	2012/2014	2013/2014	2012/2013/2014
意见数（个）	3	1	5	7

表 5.22　**2012—2014 年度考评办跟踪督办社会评价意见整改目标**

<table>
<tr><th colspan="3">2012 年度跟踪督办意见</th><th colspan="3">2013 年度跟踪督办意见</th><th colspan="3">2014 年度跟踪督办意见</th></tr>
<tr><th>分类</th><th>意见内容</th><th>牵头责任单位</th><th>分类</th><th>意见内容</th><th>牵头责任单位</th><th>分类</th><th>意见内容</th><th>牵头责任单位</th></tr>
<tr><td rowspan="6">教育卫生</td><td rowspan="3">中小学生学业负担过重，小学生的近视率越来越高</td><td rowspan="3">教育局</td><td rowspan="6">教育卫生</td><td>中小学学生课业负担重，文体课经常被挤占，学生素质下降</td><td>教育局</td><td rowspan="6">公共事业</td><td rowspan="2">教育资源配置不均，促进优质教师资源共享，统筹教育资源均衡配置，促进教育公平</td><td rowspan="2">教育局</td></tr>
<tr><td rowspan="2">学校食堂有时会出现食物和饮用水的质量问题，营养午餐的饭菜质量不高</td><td rowspan="2">教育局</td></tr>
<tr><td rowspan="2">医疗资源分配不均，社区等基层医院要加强；基层医院医保倾斜力度不够大</td><td rowspan="2">卫生局</td></tr>
<tr><td rowspan="3">市级各大医院看病排队等待候诊时间长，重复检查项目多</td><td rowspan="3">卫生局</td><td rowspan="2">社区医疗服务站还不能满足需要，基础医疗设施短缺，服务水平较低，药品配备的品种和数量少</td><td rowspan="2">卫生局</td></tr>
<tr><td rowspan="2">体育场馆闲置，群众体育活动中心极少，公共体育设施缺乏规划，中小学校体育场馆开放不够</td><td rowspan="2">体育局</td></tr>
<tr><td>开大处方，过度检查和治疗</td><td>卫生局</td></tr>
<tr><td rowspan="2">公共服务</td><td>审批部门信息资源不共享，同一份材料需要复印多份，给企业增加麻烦，而且不低碳</td><td>行政服务中心</td><td rowspan="2">公共服务</td><td>营业执照办理涉及前置的卫生、消防和环保等审批手续，办照时间太长，影响店主开业</td><td>审管办</td><td rowspan="2">公共服务</td><td>行政审批效率不高，办事要在几个窗口打转；把好中介机构的效率关和品质关；对取消的审批事项，事后监管，服务要跟上；投资环境要优化</td><td>审管办</td></tr>
<tr><td>通讯、金融行业收费不透明，在窗口办事排队等候时间过长</td><td>杭州电信</td><td>地铁在运营磨合期中出现了漏水等运营安全问题，配套建设不到位</td><td>地铁集团</td><td>养老院太少、太贵，入住困难；社区老年食堂不多，要进一步推广，便利老人就餐</td><td>民政局</td></tr>
</table>

续表

2012 年度跟踪督办意见			2013 年度跟踪督办意见			2014 年度跟踪督办意见		
分类	意见内容	牵头责任单位	分类	意见内容	牵头责任单位	分类	意见内容	牵头责任单位
		杭州移动		大、中型超市、商场明码标价不规范时有发生，节假日促销陷阱多	物价局		严格社区准入，切实为社区“减负”，社区台账多、牌子多，急需规范	民政局
		杭州联通		电话收费的项目多，收费不合理也不够透明，垃圾信息太多，对私人的信息有时保密性还需加强	移动公司		手机上网流量未用完当月清零，有些不合理；收费不透明；诈骗短信泛滥、电话频繁，没有很好地保护个人信息安全	移动公司
		杭州联合银行			联通公司			联通公司
		杭州银行			电信公司			电信公司
食品安全	加大对食品包括蔬菜等的检测力度	工商局	食品安全	小吃摊位和饮食店无证经营的现象较多，卫生状况令人担忧	工商局	市场监管	野导拉客现象仍然存在，部分景区节假日要价乱，多人自行车屡禁不止，日常管理需加强	旅委
	城市农贸市场和超市的熟食品、半熟食品卫生质量堪忧	工商局		食品安全管理源头追溯不到位，加工环节监管薄弱，经常性的检查不多，往往是出了问题后再去管	食品药品监管局		食品安全管理源头追溯不到位，加工、销售环节监管薄弱，信息公开程度低，往往是出了问题后再去管	市场监督管理局（市工商局、市食品药品监管局）
							超市、商场价格监管要到位；医院内设小店部分物品，价格超出超市 50%	物价局

续表

2012年度跟踪督办意见			2013年度跟踪督办意见			2014年度跟踪督办意见		
分类	意见内容	牵头责任单位	分类	意见内容	牵头责任单位	分类	意见内容	牵头责任单位
	加快建立 PM2.5 监测、治理和信息发布机制	环保局		汽车尾气、工业废气及各类扬尘太多，造成目前灰霾天气严重，空气质量差	环保局		机动车排放黑烟和工地扬尘，城郊结合部居民时常焚烧垃圾、农作物秸秆，污染大气	环保局
	加强对饮用水源的监测，加大源头管理力度	环保局						
环境保护	市区小河道虽经多年治理，但效果仍不如人意，黑臭时有发生	城管委	环境保护			环境保护	河水脏黑臭现象依然存在，工业企业偷排污水常有发生，多条河流水质污染重	环保局
	餐饮店油烟扰民，夜间无证饮食摊使用的燃料及食材污染环境较为严重，噪声也很大	城管委		工业企业偷排污水现象时有发生，对排放的污水治理和水源的监测不够到位，水质污染严重	环保局			
	住宅小区周边工地夜间施工噪声影响居民	建委					下沙周边和区内少数企业生产对大气质量有影响；部分雨污混排导致局部河段存在异味和水质较差	杭州经济开发区管委会

续表

2012 年度跟踪督办意见			2013 年度跟踪督办意见			2014 年度跟踪督办意见		
分类	意见内容	牵头责任单位	分类	意见内容	牵头责任单位	分类	意见内容	牵头责任单位
交通两难（一）	打的越来越难；出租车安装的刷卡器大多成摆设；出租车公司的经营管理方式亟须改变	交通管理局	交通两难	打的难，顾客经常被拒载；上下客时乱停车，付费不能刷卡，服务不规范，“小、散、乱”的经营模式亟须改进	交通运输局	交通出行	打的难，尤其高峰；加强出租车运营管理，规范运营，人性化管理；顾客经常被拒载，黑车宰客现象严重	交通运输局
	城乡结合处部分区域和市区各车站码头等公共场所秩序混乱，黑车黄鱼车拉客宰客现象严重	交通管理局		行人乱闯红灯现象较普遍，电动车速度超快，有的乱转弯、乱过马路，无视交规，事故不断	公安局			
	统缴卡取消后，需要经常上绕城的车主费用负担太重	交通管理局		公交路线安排和站台设置不够合理，一些大型住宅区出行不便；不少公交车辆破旧、车况差，准点率和舒适性不够好	交通运输局			
	市民居住密集区公交线路和站点设置不尽合理	交通管理局					公交车运营安排不够合理；公交优先要从线路规划、车辆状况、道路通行、公交（地铁）配套等方面大力推进	交通运输局

续表

2012 年度跟踪督办意见			2013 年度跟踪督办意见			2014 年度跟踪督办意见		
分类	意见内容	牵头责任单位	分类	意见内容	牵头责任单位	分类	意见内容	牵头责任单位
交通两难（二）	道路重复开挖，建设改造工程缺乏系统规划和通盘考虑，低水平重复建设	城管委		小区车位明显不足，尤其是中心老小区停车泊位实在太少，车辆停放混乱，挤占消防通道，120、119 车开不进小区	公安局		交通标志和红绿灯设置不合理，交通资源利用和管理水平待提高	公安局
	公交自行车系统租车、还车难	城投集团						
	道路岔口的红绿灯设置过多，红绿灯转换时间不科学	公安局						
	小区车辆停放散乱无序，停车难现象较为严重	公安局						

续表

2012 年度跟踪督办意见			2013 年度跟踪督办意见			2014 年度跟踪督办意见		
分类	意见内容	牵头责任单位	分类	意见内容	牵头责任单位	分类	意见内容	牵头责任单位
			城市管理	红绿灯处散发广告、举牌带路、临街乞讨、露宿街头等各类人员经常出现在十字路口、入城口、旅游风景区等公共场所，对市容环境及行车路人安全造成困扰	城管委	城市管理	每逢暴雨，不少路段积水严重，老小区、桥梁及涵洞等低洼处污水倒灌、水漫金山，造成内涝	城管委
				生活垃圾没有按规定做到分类装袋、分类直运，垃圾分类处理后续工作没跟上	城管委		垃圾分类已宣传多年，可很多居民不太了解垃圾如何分类，不少小区落实差；垃圾分类、运送、处理后续工作还要跟上	城管委
				景区及周边经常发生野导拉客现象；卫生死角不少	园文局		工程车速度飞快，事故频发；抛撒渣土司空见惯，建筑垃圾乱倒	安监局
				部分道路施工质量较差、道路下陷，窨井盖和管道常有破损破裂，道路重复开挖及修补现象较多	建委		窨井盖、道路破损多，经常修修补补；不少小区年年在翻改，施工周期长，管理乱，质量差	城管委

资料来源：2012、2013、2014 年度考评办跟踪督办意见。

表 5.23　2013、2014 年度延续的 12 项跟踪督办意见专项考核总体满意率比较

序号	意见	2013 年度		2014 年度	
		满意率（%）	排名	满意率（%）	排名
1	景区整治	94.52	3	87.20	9↓
2	垃圾分类	93.87	4	80.10	16↓
3	行政审批效率	93.16	7	90.21	2↑
4	公交出行	91.74	10	87.76	8↑
5	物价监管	91.66	11	82.71	13↓
6	医疗资源均等	91.39	12	88.35	5↑
7	食品安全监管	90.66	14	84.99	11↑
8	环境保护—大气	90.47	15	82.85	12↑
9	环境保护—水	89.25	16	81.81	14↑
10	打的难	84.70	18	78.12	18
11	道路开挖	84.28	19	88.28	6↑
12－1	通信行业资费及信息安全（电信）	80.43	20	72.45	20
12－2	通信行业资费及信息安全（移动）	75.38		70.70	
12－3	通信行业资费及信息安全（联通）	85.07		72.67	

资料来源：2013、2014 年度杭州市市直单位综合考评社会评价报告。

依托于绩效整改的绩效问责不彻底、成效不显著，可能的原因包括以下几个方面：

一是整改问题的复杂性。

跟踪督办的意见本身就是问题解决比较困难的顽疾，群众关注度较高，意见比较集中，近年来反复出现，往往需要多部门协调联动（多部门性见表 5.18）。这类问题往往会遭遇多主体治理结构下的责任归因困境。治理结构越复杂，主体越多元，越难以激发个体的责任感，也越难以清晰地界定个体对整体绩效的贡献。2014 年度杭州市公述民评第三场的主题是“治堵”，重点就“交通信号灯和交通标志设置、高峰期交通管理、文明交通水平”这三方面对杭州市公安局交通警察局问政。其中涉及违章停车问题，点评专家指出这不是接受问政的交警局一家所能解决的

问题，涉及公交专用道的合理性问题，点评专家直指问题的核心，指出公交专道的问题关键是决策失误。[①] 换言之，导致交通拥堵的原因之一是决策环节，而不仅仅是执行环节。所以，当考评办通过跟踪督办意见整改的方式对集体绩效追责时，不仅很难精确地把集体行为的后果准确地分解到其中的每个部门上，而且也会因为整改问责缺乏对政策本身的反思，导致整改不彻底。这是缺少双环学习的结果。所以，整改意见多年延续，整改目标整体满意率不高，客观上也反映了治理这些社会问题的挑战。

二是整改问责机制的简单化和单一性。

整改式问责的工作机制包括三个阶段：一是确定和公开整改目标，二是建立整改联动机，三是整改目标考核与再度公开。各责任单位自己确定的重点整改目标的整改过程基本控制在单位自己内部，最后的考核通过考评办在年度社会评价中组织专项满意度测评进行，评价主体是社会各界人员；考评办确定的20项跟踪督办意见的整改，依托于由各整改责任单位、市考评办联系人、市绩效信息员以及新闻媒体三方成员组成的跟踪督办社会评价意见整改联动机制，根据问题性质，分为若干工作组，每个工作组与牵头责任单位开展整改对接，进行专题研究，加强信息沟通，强化监督，共同完成整改目标，最后的考核由跟踪督办意见专项测评（委托第三方组织实施）和跟踪督办意见整改目标述评会现场评价两部分组成，其中，参加述评会的评议代表由来自基层单位的部分市党代表、市人大代表、市政协委员、市绩效信息员、评估专家、新闻媒体等社会各界人员组成。

显而易见，这个意见整改过程所蕴含的问责要素是不健全的，问责特征不显著：

其一，绩效整改主体单一，且缺少问责的强制性权力。整改过程仍然是一个作为评估组织者的考评办、社会评价主体与考评单位之间的绩效评估过程，评估的信息反馈与解决绩效问题的工作流程和机制之间耦合性不强，无论是考评办还是社会评价主体缺少整改落实的强制性手段。

其二，对绩效问题的本质缺少审议讨论的程序和机制。几年来一直重

---

① 《2014年杭州市“公述民评”面对面问政》，杭州网（http：//hangzhou. com. cn/2014/gsmp/），2014年10月24日。

复的社会意见的解决以及跨年度延续的整改目标的落实，有些需要体制性的系统规划，有些需要部门职责关系的理顺，有些需要资金的重新分配，如果不对这些问题予以反思和讨论，如果与这些问题相关的管理系统不纳入绩效整改系统，那么列为整改目标的绩效问题很难真正解决。这是缺少双环学习的必然结果。

总之，缺乏一个围绕绩效问题的讨论程序，缺乏决策者、执行部门、保障部门以及利益相关者的讨论，仅仅通过考评办会同具有自利性的责任单位，以及微弱的社会力量，很难实现问题的真正整改以及整改责任的真正落实。从2016年开始，杭州市“公述民评”面对面电视问政活动将由考评办牵头组织实施，倡导在理性的对话中协商治理。这是深化绩效评估结果使用的重要举措，或许在领导高层高度重视、部门参与覆盖面广、意见问题集中、社会公众关注度高的背景下，将弥合上述两个不足，从而对以绩效整改推进绩效问责产生积极的影响。

3. 针对部门绩效的责任归因困境，尝试探索合理的部门绩效问责方式

如图5.7所示的杭州综合考评中的评估权分配，单位是绩效评估的对象，也是绩效的责任主体，它既接受来自等级链上端的市委市政府对其工作绩效的评估和问责，也接受来自外部的社会公众的评估和问责。因此，本研究讨论的绩效评估事实上是部门绩效评估。然而，无论是市委市政府还是公众，对绩效目标的确定和绩效结果的期待都是整体性的。所以，在杭州综合考评中，我们观察到目标考核的项目化趋势，项目来自当年市委市政府重点工作，项目是整体绩效的载体，项目的完成需要多个部门的参与。每年的市政府为民办实事项目考核就是典型（表5.24）。公众对绩效结果的期待更是如此，因为部门分工是科层内部的结构特征，公众无须也无法了解部门的绩效，而只能感受多部门集体行动之后产生的整体绩效，也就是作为整体的政府绩效。因此，部门承担了政府与公众之间的公共受托责任，从公共责任的属性而言，理论上应该由作为整体的政府接受公众的绩效评估和责任评判。

表 5.24　　2013 年度市政府为民办实事项目和责任单位

序号	项目名称	责任单位
1	推进保障性安居工程	市建委、市住房保障局
2	改善交通环境	市建委、市城投集团、市地铁集团
3	提升小区生活环境	市城管委、市城投集团
4	改善城区河道水质	市城管委
5	加大养老服务和学前教育推进力度	市民政局、市教育局
6	扩大基层文体活动覆盖面	市委宣传部、市体育局、市文广新闻出版局
7	推行智慧医疗和卫生应急培训	市卫生局、市红十字会
8	开展大气综合防治	市环保局、杭州西湖风景名胜区管委会（市园文局）
9	培育农村电子商务	市农办
10	实施重大气象灾害预警信息电视、手机全网直达式发布	市气象局

资料来源：《关于对 2013 年度市政府为民办实事项目进行绩效考核的通知》，杭考评办〔2013〕33 号

归因困境是治理复杂性下绩效问责不可回避的现实问题，整体性绩效需要分解到部门，而分解的合理性直接影响责任归因的准确性和可接受性，也直接影响责任的落实。可以说，从 2000 年启动满意评估，与目标责任制考核双规并行开始，杭州综合考评体系的每一次调整和变化都是对这种责任归因困境的回应，尤其 2005 年建立综合考评体系后。黄俊尧（2014）以行动者的视角对 2012 年前的综合考评体系做了分阶段的描述，大量的访谈显示出部门为责任分配和归因困境所困扰，表现出对考评体系的抵触和不认同，而综合考评体系在政治领导层、官僚机构和公众的相互博弈中，通过制度调整、技术创新不断解决责任分配的科学性问题。这个问题在 2012 年后的综合考评体系中又有了较大的调整：

（1）逐渐强化整体责任的概念

2012 年之前的目标考核体系用“其他涉及面广的综合性工作任务”的目标来落实需要有关部门牵头、多部门协作配合的整体绩效责任，从 2012 年开始，这种意识更明确，目标也更清晰如，从 2013 年度开始的重点专项目标（市委市政府年度重点推进、涉及多部门联动的重点工作目

标），从2012年度开始的考评办跟踪督办社会意见的整改目标，从2012年度试行的专项社会评价（市委市政府部署的、由多部门协同推进的事关民生、有较高公众知晓度的年度重点工作任务）。这些都是反映集体行动绩效的目标，一般都列入绩效测评的范围，即，不仅需要接受目标核验，而且接受满意度评价。

（2）三种途径落实整体责任

杭州综合考评有三种途径来落实上述的整体绩效责任：

其一，正激励替代负激励。表现为重点专项目标单独设置、单独加分的激励，这与综合考评结果运用的总体趋势保持一致。既然责任贡献难以准确区分，那么用正向激励的手段而不是负激励的惩戒的手段来推动部门履职，防止部门规避风险的策略行为。严格意义来说，奖励为主的正激励不属于问责的范畴，只是表明科层控制的激励方式的转变。

其二，按不同权重系数分解责任。这是对专项社会评价目标的处理方式，对市委市政府部署的、由多部门协同推进的事关民生、有较高公众知晓度的年度重点工作任务，进行一事一评，再根据评价结果对工作关联单位予以赋分，计入相关单位社会评价总分。这是传统的专项目标考核的基本方法。

其三，通过绩效整改落实绩效责任。这是跟踪督办意见整改目标的处理方式，上文已经做了详细的分析，不再赘述。与按照系数分解责任的第二种责任落实途径比较，整改是所涉及的多家责任单位会同考评办和社会评价主体协商共治，从而解决问题、落实责任。按照系数分解责任依然是以单个部门为主体单独承担综合考评的后果，整改落实的机制更加体现整体性绩效责任的整体承担，因此是值得进一步研究和优化的针对组织责任的问责方式。

4. 职责意义上的问责少，回应意义上的问责多

问责可以从职责的角度加以理解，即，保证官员的行为符合公职部门的法律或者伦理法典。职责意义上的问责强调所问之责的含义，指的是公职人员个体和科层组织应该履行的职责，它规定公职部门的行为方式、内容及其标准。从回应性的角度去讨论问责，则意味着科层官僚需要回应和服从来自政治家以及公众的各种需求。这个角度的问责直接凸显问责中的权力、利益冲突，反映公职人员行为选择的多重压力以及随之而来的困境。从这两个角度来看杭州综合考评中的问责现象，可以发现回应性的问

责占主导，而职责意义上的问责较少发生。

战略导向、公民导向、职责导向、绩效导向是杭州综合考评的四大导向[①]：所谓战略导向是指在考评目标设定上，以市委市政府提出的战略目标和重大决策作为区、县（市）和市直单位年度工作任务的重点，以战略目标的实现程度、推进力度作为衡量各地各单位工作的基本尺度；公民导向是指以"让人民评判、让人民满意"为综合考评的核心价值观，把解决群众关注的热点难点问题作为各地各单位工作的根本出发点和落脚点，把群众满意度作为检验各地各单位工作好坏的根本标准；职责导向是指在综合考评中，重视各地各单位履行职责和完成目标的过程与结果，正确评价各地各单位的工作实绩，强化依法行政、依法管理，促进政府职能和机关作风转变；绩效导向指综合考评发挥其内在的发现、协调、改进功能，强化绩效分析和治理诊断功能，坚持问题导向，帮助各单位不断改进工作，提升政府整体绩效，推动服务型、效能型政府建设，促进全市经济社会又好又快发展。

绩效导向的综合考评表现为目标考核的项目化、目标考核激励机制从负激励向正激励的转向，表现为向过程整改式的积极问责的发展，而其余三个评估导向之间的关系，恰好可以用来说明下文所述观点。

2011 年杭州确立为全国绩效管理试点城市是职责导向原则确立的契机。市政府印发《杭州市政府绩效管理试点工作方案（2011—2012年）》，提出完善反映市直单位法定职责履行情况的相关绩效指标，并在大幅度调整的 2012 年度综合考评体系中设置"职能指标"，那是反映市直单位法定职责履行情况的相关绩效指标，并根据党群政务类、执法监督类、社会管理和服务类、经济管理类四个维度形成单位的个性指标（表 5.3）。职能指标是各单位根据"三定"方案中的主要职责，结合杭州市实际，在全面分析职能定位的基础上，认真提炼的相关绩效指标。

那么，这类职能指标对整个目标考核体系产生什么影响呢？

（1）从指标的性质看，职能指标呈现个性化。目标绩效考核指标体系中的所有指标内容都应该来自该单位的职责要求，否则，目标考核体系失去合法性基础。以 2012 年度的目标绩效考核指标体系为例（表 5.3），

① 《杭州综合考评的基本导向》，杭州考评网，2014 年 12 月 3 日。

根据方案对目标（指标）的解释，增加的“职能指标”与其他指标的主要区别在于其个性化的特点。其他指标的来源主要有两种，一是来自党委政府的要求；二是来自牵头单位的要求（落实在专项指标之中），而只有“职能指标”是各单位自己提炼形成，在指标及标准确定上，各单位拥有相对于其他指标更大的自由裁量和更大的信息优势。

（2）从指标的数量占比情况看，职能指标占比较小。根据2014年度目标考核的统计数据，围绕贯彻落实省委省政府“五水共治、五措并举”，“11380”和市委市政府“杭改十条”“三个主题年”活动，解决城市管理中的“四大难题”“五个紧抓不放”“八个方面重点工作”等重大决策部署，形成1011项绩效考核目标，其中，涉及上级党委政府与杭州市签订责任状的考核目标有120项；涉及市委市政府重点任务分解的细化、量化的重点工作考核目标有402项；涉及“杭改十条”落实到当年的目标有244项；涉及市政府为民办实事项目的考核目标有30项；涉及重点项目的考核目标有53项，以上合计为849项，数量占考核目标总量的84%，涉及市委市政府重点工作任务的考核目标占比较上年提高14.3个百分点。[①] 而且，近三年涉及市委、市政府重点工作任务的考核目标数量占年度目标总量不断递增（表5.5）。

（3）从单位的目标考核体系来看，职能指标较为稳定。以市城管委为例，比较2013年度和2014年度的职能指标和重点工作目标，可以发现，职能指标及标准基本未变，而重点工作目标基本上随着市委市政府中心工作的转移而发生变化。职能指标唯一变化的一项是2013年度的“生活垃圾无害化处理率”变成了“道路设施完好度”（表5.25）。

以上三点说明职能指标对目标考核的结果影响甚小。由于单位的信息优势和自利性，每个单位都把可能圆满完成的任务指标列为职能指标，因此，单位之间考核结果的差别度主要不会由职能指标而产生；由于数量和比例的悬殊，以及存量和增量的关系，目标考核结果波动的主要动因不会是职能指标。因此，杭州综合考评中的绩效控制和问责主要是回应性质的，而不是职责意义上的。那么，是回应党委政府的战略导向，还是回应社会公众的公民导向，更成为回应性的杭州绩效问责的特点呢？这个问题

① 《突出重点树立标杆注重绩效——市考评办五项举措力推年度目标任务完成》，杭州考评网，2014年7月21日。

在下文予以分析。

表 5.25　2013、2014 年度市城管委绩效考核目标

类　别	分项指标	目标名称	
		2013 年度	2014 年度
绩效指标	职能指标	深化数字城管	数字城管及时解决率
		道路清洁度	道路清洁度
		街面序化度	城区序化度
		城管热线处置满意率	城管热线处置满意率
		道路停车服务投诉率	道路停车服务投诉率
		生活垃圾无害化处理率	道路设施完好度
工作目标	重点工作目标	垃圾分类投放	垃圾治理
		公厕改造	公厕改造
		清除老旧小区照明“暗区”	清除城市照明“暗区”
		截污纳管	截污纳管（低洼积水治理）
		消除河道黑臭	消除河道黑臭（清淤和闸站改造）
		取消屋顶水箱	自来水一户一表改造
			便民服务点改造
			完善公共自行车系统
			推行门前新三包
			杭改重点任务
			节水工作
			有效投资
			小流域综合治理工程

资料来源：2013、2014 年度杭州市市直单位绩效考核目标。

5. 弱化结果控制，强化过程控制，评估组织者的问责权不断强化

绩效评估结果刚性使用的原则一直未曾松懈，但是结果评定的标准越来越低，越来越显著的正向激励事实上弱化了传统意义上的惩戒问责目的。与此同时，绩效评估的过程管理越来越强化，而且被认为是“实现传统的目标责任制考核向功能型绩效管理转变的手段”（伍彬，2012：140）。具体体现在：

（1）加大综合考评中间产品的利用。最典型的做法就是社会评价意

见的整改与反馈，并将社会评价意见的整改纳入目标考核，提高社会评价对单位的约束力，同时让社会评价意见的整改具有了目标管理的刚性。

（2）建立目标管理责任。2009 年度对实施多年的目标管理责任考核做了较大改进，形成一系列制度化的目标准备、申报、审核、反馈、公示、下达的程序，并将目标管理责任列入单位的目标考核体系之中（表 5.2和表 5.3），对目标制定、过程管理、目标完成情况分别赋分，使目标考核从重结果、轻管理向结果和过程并重转变。具体规定在前文关于“目标责任制考核的精细化”中已经介绍，不再赘述。

尤其，考评办在目标管理的过程控制中，不断规范专项目标的管理。专项目标的具体评估权掌握在牵头单位手中，由他们制定考核的具体指标、标准、方法和程序，并上报考评办最终的考评结果。由于专项目标在目标体系中占据重要比例（表 5.4），对考评办这一考评组织者而言，对专项目标的控制显得尤为重要。2014 年度，杭州市专门出台《杭州市市直单位综合考评专项目标管理办法（试行）》（杭考评办〔2014〕11 号），遵循“突出重点、体现导向，统筹协调、总量控制，严格准入、规范管理”的基本原则，对专项目标的内容、考核方法、考核程序、日常管理等做了规定。并明确，考核组织单位对专项目标的组织、协调和管理工作情况，纳入“绩效目标管理”进行考核。有下列情况的，在“考评组织和管理”项中予以扣分：未及时制定考核办法、报送考核申请表和考核结果，或考核办法不符合要求的；随意改变考核范围、方式、内容和标准的；未经报批，擅自开展单独检查、实施表彰通报的；检查考核搞形式主义，产生不良影响的。

《杭州市绩效管理条例》借由立法推进绩效管理程序的刚性化，针对纳入绩效管理的单位（即绩效管理相关部门）及其工作人员和绩效管理机构（即考评办）及其工作人员的责任做了专门的“绩效管理问责”规定，可见强化过程控制的意图。

（3）绩效动态跟踪。通过“绩效卡”的形式，及时上报目标完成进展情况及绩效改进信息。建立“绩效信息库”，根据绩效信息库收集的各类信息资料，进行分析研究，对一段时期反映比较集中或者连续多次重复出现的问题，以《绩效改进通知书》的形式向责任单位通报有关问题，要求责任单位在 10 日内作出情况说明，提出处理意见并反馈处理结果（伍彬，2012：145）。这项工作一直持续到 2011 年度，公开的材料显示三年《绩效改进通知书》数量如表5.26所示。2012年度开始，绩效动态跟踪升级为跟踪督办社会评价意见整改，这是一种对单位的绩效改进过程渗透力更强的绩效动态跟踪机制。

表5.26　　2009—2011年度《绩效改进通知书》数量

年度	2009	2010	2011
份数	7	9	3

资料来源：《2009年工作总结和2010年工作要点》，杭考评办〔2010〕7号；《2010年工作总结和2011年工作要点》，杭考评办〔2011〕6号；《2011年工作总结和2012年工作要点》，杭考评办〔2012〕3号。

（4）加大过程的公开力度。绩效评估过程的公开和考评结果的公开是杭州综合考评的重要特征。在杭州考评网上，基本上可以查询到每一个考评周期的详细情况，包括考评办法和规定、单位职能和绩效指标、单位的社会评价意见整改目标、创新创优目标、跟踪督办社会意见、社会评价意见报告以及最终的考评结果，也可以查询到近几年综合考评的各类数据。透明是公共责任的重要维度（Koppell，2005），绩效信息的公开是绩效问责的起始环节，也是基础环节。杭州综合考评公开考评目标和结果，在目标与结果的比较中，完成最基本的绩效责任信息披露，这是对被考评单位的极大约束；杭州综合考评公开考评程序，不仅推进绩效评估的刚性发展，而且提升评估组织权的权威。因此，从这个意义上而言，绩效评估过程和结果的公开，强化了考评组织机构的问责权。

6. 绩效信息公开的程度和范围不断扩大，但是有限的双向绩效信息沟通阻碍参与导向绩效问责的有效性

本书第四章根据Arnstein（1969）定义的“参与阶梯”（a ladder of citizen participation）框架，分析了参与导向的绩效问责的制度结构与功能。Arnstein（1969）从权力掌握者向公民赋权的角度界定参与的价值，将参与分为在质量上依次递进的八个“阶梯”：操控（manipulation）、宣传教育（therapy）、告知（informing）、征求意见（consultation）、安抚（placation）、合作（partnership）、授权（delegated power）、公民控制（citizen control）。将此分析框架置于参与式绩效评估的情景中，可以分析公众作为绩效问责主体的实质性参与意义。

绩效评估中的公众参与是杭州综合考评的重要特征，公民导向是综合考评的基本导向。自2000年开展“满意单位不满意单位”评选活动、2005年实施综合考评以来，杭州市在推进政府绩效管理的过程中，始终秉承“创一流业绩、让人民满意”的宗旨，始终坚持“让人民评判、让人民满意”的核心价值观，不断完善社会公众参与渠道，优化民意表达的制度设计，引领各部门持续深入地关注民生、倾听民意，并将社会公众的合理化建议和意见纳入政府决策，在政府和社会公众之间，建立了良性的、制度化的互动平台，不断推动政府治理能力的现代化建设。①

开放是杭州综合考评的理念价值之一。所谓开放是指综合考评的体系和方法是兼容和多元的，过程是公开透明的，考评结果及相关的考评信息及时向社会公开。② 绩效评估的开放和透明推动政府决策和城市公共治理的开放，提升社会公众对政府的认同感和满意度。③ 从“信息披露—审议讨论—结果承担”的问责结构来看，绩效评估信息的公开，构成了社会公众施以审议和讨论，并据此要求责任主体承担责任的问责的前提。

杭州综合考评中，公开的绩效信息包括两类，一类是评估结果信息，包括综合考评最终结果（总分及等次、获得各类奖项的单位）、分项结果（年度社会评价意见报告）；另一类是评估过程信息，包括各单位绩效考核目标的开展进度、部分原始社会评价意见以及针对此意见确定的整改目标完成进度。两类信息都在杭州考评网予以公开。因此，可以看到，绩效信息公开由单一的结果性信息，发展为结果和过程兼顾的绩效信息，由综合性的结果信息，发展为考评分项的结果信息，从而让评估信息的公开更为充分和完整。

对绩效信息的讨论和审议是绩效信息双向沟通的重要表现，是绩效问责非常关键的一个环节。在Arnstein（1969）看来，如果公众消极地接受来自报告者提供的信息，而没有回应的程序，即，信息的沟通是单向的，那么有可能存在被操控的公众参与，给予的信息可能是误导的，目的是为了说服公民，让他们相信或者接受所给予的信息。严格意义上而言，单向的绩效信息沟通，没有发生公众主导的绩效问责过程。如果是绩效信息的

---

① 伍彬：《公共治理与政府绩效管理中的公众参与——以杭州市为例》，在“治理现代化与绩效管理科学化研讨会”上的讲话，杭州考评网，2014年12月27日。

② 《杭州综合考评的主要成效》，杭州考评网，2014年12月3日。

③ 伍彬：《中国地方政府绩效管理中的民意价值和治理创新——以杭州综合考评为例》，在奥地利维也纳大学的讲演，杭州考评网，2014年6月11日。

双向沟通，则意味着公众对公开的绩效信息有审议、质疑的程序，才产生有实质意义的绩效问责过程。绩效信息的双向沟通是绩效问责非常关键的一个环节。

在杭州的实践中绩效信息的单向沟通和双向沟通并存。评估结果信息基本上采取单向沟通的方式，杭州考评网和《杭州日报》公之于众的综合考评结果和年度社会评价意见报告都是官方的最终版本，而没有公众对之质疑、对话以及更改结论的程序和空间。如果考虑到最终结果是多方利益博弈的过程，考虑到从近万条原始社会意见到浓缩为两万字左右的年度社会评价意见报告，期间经历了原始意见整理、报告撰写者对原始意见的解读等多重环节，显而易见，这样的绩效信息披露尚不能构成实质性的绩效问责。

同时，杭州综合考评也在部分环节和程序上显现出向双向绩效信息沟通发展的趋势：一是社会评价意见整改，如前所述不再赘述。二是“公述民评”面对面问政活动。以 2016 年“公述民评”面对面问政活动为例，问政活动包含动员部署、治理诊断、电视现场问政、意见整改落实四个阶段。先在动员部署阶段向社会公开征集问政主题，然后组织民评代表围绕问政主题收集问题线索，查找问题，并通过杭州电视台《我们圆桌会》栏目，邀请问政单位、专家学者、市民、媒体评论员等人进行交流探讨，分析存在问题，会商治理措施。在多方交流、沟通、互动和对话后，对问政问题达成聚焦和共识，然后公开征集参加电视现场问政的民评代表以及针对问政主题的意见建议，进行电视现场问政。因此，“公述民评”面对面问政不仅让公众分享了问题定义权，而且在政府部门与社会之间创设了多个审议讨论绩效问题的制度化渠道和程序，对“公众想评价什么政府管理绩效”和“管理绩效存在什么问题及其治理措施”以及“目前公众对该问题的治理存在什么意见和建议”等问题展开了协商和对话，从而让面对面问政更具理性和深刻。

“公述民评”是一个非常典型的“信息披露—审议讨论—结果承担”的绩效问责过程，将推进绩效信息的双向沟通，深化绩效评估信息综合利用，对社会评价意见的整改以及以公众为主体的绩效问责产生积极的影响。

7. 公众的评估权逐渐具体化，但是政策反馈日益弱化

从 2000 年杭州满意评选活动开始，政府绩效的社会评价一直延续至今，期间社会评价的方法、技术手段、样本等几经变化。其中一个重要的特点是公众的评估权逐渐具体化，即，从对一般性问题的社会评价逐步升级到针对具体问题的专项社会评价。在最初的满意评选中，公众只拥有一次年终的终极评判权，而现在的社会评价方案，公众拥有三种渠道的评价

权：(1)年度社会评价权；(2)年度社会评价意见整改目标的评价权；(3)目标考核中的评价权，即针对目标考核体系中采取绩效测度的方式予以考核的单位目标（如，市政府为民办实事等专项工作目标的满意度评价），以及以杭州市绩效评估中心的名义展开的对具体项目或者政策的第三方绩效评估中体现的满意度评价。后两种评价渠道体现作为科层内控手段的目标管理对社会公众的开放。社会评价渠道的多元意味着社会评价的内容细分，从年度泛化的整体性评价发展到针对项目或者政策的具体评价。在 Arnstein（1969）看来，从一般问题的反馈到具体问题的评价意见，意味着公民监督力度加强和公民问责的影响力的提升。然而，评价权并不一定与问责权重合，关键是评估权在“信息披露—审议讨论—结果承担”问责三阶段中的延续性，尤其是对评价产生的绩效信息的利用。

在杭州的制度设计中，绩效评估中的社会参与被认为有效增强了评估的发现功能，多渠道形成的公众评价意见和建议，可以让各级政府部门能够找准问题，从而为及时、有效地解决问题，缓解矛盾提供了可能，也为引领政府创新提供了方向。[①] 换言之，绩效评估中的社会参与通过政策反馈，能够带来双环学习的组织学习效果。这是绩效问责的重要方向。

那么，在实践中，以公众参与为导向的绩效评估是否发挥了上述的问责功能呢？

表5.27　　2009年度和2010年度破解“七难”问题满意率比较

您对杭州市一年来在破解“七难问题（7+X）”、改善民生方面的哪一项最满意？						
选项	2010年			2009年		同口径比较
	满意率	同口径	位次	满意率	位次	
清洁卫生难	18.67%	20.55%	1	21.10%	1	-0.55%
环境保护	16.93%	18.64%	2	15.84%	3	2.80%
困难群众生活就业难	14.36%	15.81%	3	17.22%	2	-1.41%
看病难	11.12%	12.24%	4	11.51%	4	0.73%
办事难	6.98%	7.68%	5	7.87%	5	-0.19%
上学难	6.38%	7.02%	6	6.67%	7	0.35%
行路停车难	5.86%	6.45%	7	7.77%	6	-1.32%

① 伍彬：《公共治理与政府绩效管理中的公众参与——以杭州市为例》，在“治理现代化与绩效管理科学化研讨会”上的讲话，杭州考评网，2014年12月27日。

续表

您对杭州市一年来在破解“七难问题（7+X）”、改善民生方面的哪一项最满意？						
选项	2010 年			2009 年		同口径比较
	满意率	同口径	位次	满意率	位次	
住房难	5.29%	5.83%	8	6.21%	8	-0.38%
食品安全	5.25%	5.78%	9	5.81%	9	-0.03%
物价稳定	4.78%		10			
安全生产	2.99%		11			
垄断行业服务	1.40%		12			

资料来源：《2010 年度杭州市市直单位综合考评社会评价意见报告》。

杭州解决“七难”民生问题的方式被认为是杭州绩效评估政策反馈功能最显著的方面（具体见第五章第三节考评结果的运用：明暗两条线中的分析）。在杭州，公众对解决公共民生问题的参与不仅表现在就民生问题的政策议题发表意见上，而且表现在公共政策的规划和确立上，是一种民主促民生的工作机制（余逊达，2010）。无论是最初提炼的“七难”，还是 2012 年以来提出的“十大惠民工程”，都体现了政府对民生问题的关注和对公众民生需求的回应。然而，分析历年的年度社会评价意见报告，发现民生问题年年提，然而满意率有不同程度的下降。从 2009 年到 2011 年，对前后两年度同一“七难”问题破解的满意度做同一口径的比较，可以发现，2/3 问题都呈现满意度下降的现象（表 5.27 和表 5.28）。从 2012 年度到 2013 年度，民生问题意见量占比总体上升，17 项民生问题意见中，12 项意见数占比递增（表 5.29）。

表 5.28　　2010 年度和 2011 年度破解“七难”问题满意率比较

序号	“7+X”问题	2011 年度	同口径	2010 年度	同口径比较
1	社会治安	14.56%			
2	困难群众生活就业	13.90%	18.99%	14.36%	4.63%
3	公共文化服务	12.25%			
4	清洁保洁难	12.21%	16.68%	18.66%	-1.98%
5	环境保护	11.16%	15.25%	16.93%	-1.68%
6	看病难	7.48%	10.22%	11.12%	-0.90%

续表

序号	"7+X" 问题	2011 年度	同口径	2010 年度	同口径比较
7	行路停车难	4.72%	6.46%	5.86%	0.60%
8	上学（入托）难	4.40%	6.01%	6.38%	-0.37%
9	办事难	4.33%	5.91%	6.98%	-1.07%
10	物价稳定	4.00%	5.47%	4.78%	0.69%
11	住房难	3.70%	5.05%	5.29%	-0.24%
12	食品安全	3.46%	4.73%	5.25%	-0.52%
13	安全生产	2.84%	3.88%	2.99%	0.89%
14	垄断行业服务	0.99%	1.35%	1.40%	-0.05%

资料来源：《2011 度杭州市市直单位综合考评社会评价意见报告》。

因此，下文将比较 2013 年度市政府为民办实事项目和跟踪督办社会评价意见整改目标的内容，从回应和利用社会评价意见的角度分析社会评价意见建议的政策反馈效果。

截至 2014 年，杭州市政府已经连续 20 年开展为民办实事工程，并从 2007 年开始对为民办实事项目实施绩效考核，将为民办实事项目分解到各单位的重点工作目标之中，纳入综合考评体系。每年的为民办实事项目在上一年 11 月由杭州市人民建议征集办公室通过报刊、网络、走访、座谈等形式和渠道，向社会公开征集，最终梳理整理而成。[①] 跟踪督办社会评价意见整改目标是市考评办从上一年度的社会评价意见中梳理出 20 项群众关注度较高、意见比较集中、近年来重复提出的社会评价意见，作为跟踪督办意见，直接下达相关责任单位，并再度接受考评。理论上，为民办实事项目和跟踪督办社会评价意见整改目标都是典型的民意反馈的政策结果。由于杭州综合考评中原始评价意见数量庞杂，出于分析可行性的考虑，本文仅对这两种民意反馈的结果进行比较，从中梳理民意反馈的特点。

表 5.29　　2012 年度和 2013 年度各类民生问题意见量的分布对比

问题	2013 年		2012 年		占比变化（%）
	意见数	占比（%）	意见数	占比（%）	
环境保护	912	11.62	306	3.19	8.43

① 《杭州市人民政府关于公开征集 2013 年市政府为民办实事项目公告》，2012 年 11 月 14 日。

续表

问题	2013 年		2012 年		占比变化（%）
	意见数	占比（%）	意见数	占比（%）	
垄断行业服务	838	10.68	1230	12.84	-2.16
行路停车难	832	10.60	785	8.20	2.40
食品安全	341	435	411	4.29	0.06
办事难	313	3.99	333	3.48	0.51
物价稳定	300	3.82	239	2.50	1.32
公用事业服务	250	3.19	1021	10.66	-7.47
上学难	166	2.12	136	1.24	0.70
住房难	151	1.92	189	1.97	-0.05
清洁卫生难	109	1.39	46	0.48	0.91
看病难	99	1.26	108	1.13	0.13
社会治安	97	1.24	111	1.16	0.08
安全生产及劳动保护	67	0.85	62	0.65	0.20
养老托幼	63	0.80	60	0.63	0.17
困难群众生活就业难	56	0.71	76	0.79	-0.08
迁安置	31	0.40	8	0.08	0.32
物业管理	13	0.17	23	0.24	-0.07
合计	468	59.16	5144	53.71	5.45

资料来源：《2013 度杭州市市直单位综合考评社会评价意见报告》。

2013 年市政府共梳理 10 个为民办实事项目，涉及 18 家责任单位；市考评办从社会评价意见中梳理出 20 项跟踪督办意见，涉及 28 家责任单位。所涉及责任单位按照综合考评的单位分类标准，各单位数量分布如表 5.30 所示。责任单位基本上是社会服务多和社会服务较多的政府部门，由此表明项目（意见）回应和解决民生问题的共性特征，也印证了两者作为民意反馈的政策的特性。

同时，表 5.30 也显示，同一责任单位会同时面临为民办实事项目和跟踪督办意见的双重考核任务。以责任单位为基准，可以看到，在完成为民办实事项目和跟踪督办意见中，存在三种关系，表 5.31 根据这三种关系对为民办实事项目和跟踪督办意见重新做了详细的呈现：

（1）同时承担为民办实事项目和跟踪督办意见的责任单位，但是项目（意见）内容不一致，满足这个特点的责任单位共 8 家（序号 1—8 的单位）。为民办实事项目的内容多为建设性的工程，通常以产出指标加以评估，而跟踪督办意见的内容多为管理行为，通常以结果指标加以评估。

（2）同时承担为民办实事项目和跟踪督办意见的责任单位，且部分项目（意见）内容一致，满足这个特点的责任单位共 4 家（序号 9—12 的单位）。以城管委为例，需要完成 8 项意见整改和 4 项为民办实事项目，而两者只有一项内容相近。其他 3 家责任单位也存在这个问题，虽然具有内容的一致，但是内容交叠的范围较小。

（3）二选一的责任单位，即，只承担为民办实事项目的责任单位 6 家，只完成跟踪督办意见整改的责任单位 16 家（序号 13—28 的单位）（数量分布及相互关系见图 5.11）。

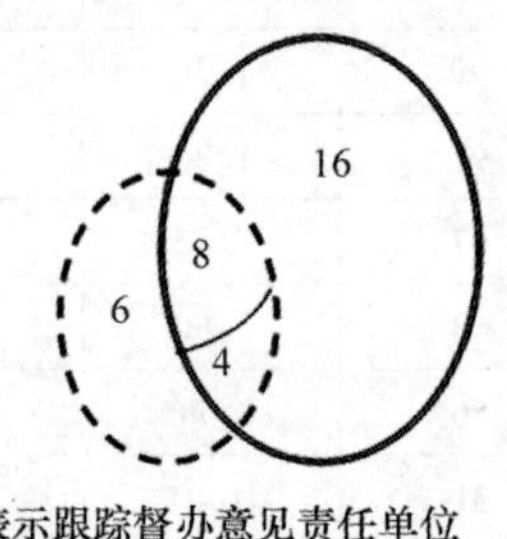

表示跟踪督办意见责任单位

表示为民办实事项目责任单位

图 5.11 责任单位分布数量图

由此可以说明两点：

其一，民意收集分析的分散性。如前文分析，考评办跟踪督办意见连续三年具有较高的延续性（表 5.21），是群众反映最集中、反复出现的问题，因此可以认为是民意最集中、最迫切的方面。跟踪督办意见整改目标的绝对满意度下降，从一定程度可以说明社会公众意见整改的不彻底性（表 5.23）。然而，为民办实事项目却与跟踪督办意见分歧大于共识，基本上只有涉及 4 个责任单位的 4 个问题具有一致性。因此，需要深入研究民意收集、分析的方式方法，研究科层体系对民意的整合问题，真正发挥民意在政策周期中的价值。

其二，民意的效益性与行政体系的效率性的张力。社会公众对问题解决的结果性质的目标，往往被替代为过程性质的或者产出性质的目标，量的产出不一定意味着质的结果保证。

表 5.30　2013 年度市政府为民办实事项目与考评办跟踪督办意见责任单位分布数量

单位分类	为民办实事项目责任单位数量(个)	跟踪督办意见责任单位数量(个)	为民办实事项目责任单位	跟踪督办意见责任单位
社会服务多的政府部门	7	14	市建委、市住房保障局、市城管委、市工商局、市教育局、市卫生局、市环保局	市教育局、市卫生局、市物价局、市工商局、市食品药品监管局、市环保局、市城管委、市交通运输局、市公安局、市人力社保局、市物价局、市质监局、市规划局、市住保房管局
社会服务较多的政府部门	4	7	市民政局、市体育局、市文广新闻出版局、市园文局	市审管办、市园文局、市安监局、市农业局、市林水局、市民政局、市旅委
社会服务相对较少的政府部门	2	2	市贸易局、市农办	市贸易局、市运河综保委
党群部门	1	0	市委宣传部	/
征求意见单位	3	5	市城投集团、市地铁集团、市气象局	市城投集团、市地铁集团、移动公司、联通公司、电信公司
不参加社会评价单位	1	0	市红十字会	/
合计	18	28	/	/

表 5.31　　2013 年度为民办实事项目和跟踪督办意见比较

序号	单位	为民办实事项目内容	市考评办跟踪督办意见内容
1	市住房保障局	公开销售经济适用住房	小区车位停放问题
2	市工商局	农贸市场改造提升工程	审批手续时间太长 小吃摊位和饮食店卫生问题 食品安全管理问题
3	市教育局	新建、改扩建幼儿园，提升全市标准化建设达标幼儿团率和优质学前教育覆盖率	中小学学生课业负担重，文体课经常被挤占，学生素质下降；学校食物和饮用水的质量问题，营养午餐的质量不高
4	市卫生局	推行智慧医疗	审批手续时间太长 社区医疗服务站工作需完善 开大处方，过度检查和治疗 小吃摊位和饮食店卫生问题 食品安全管理问题 学校食物和饮用水的质量问题，营养午餐的质量不高
5	市民政局	构建“9064”适度普惠型养老服务格局 完善养老机构建设，缓解“入院难”矛盾	红绿灯处各种影响市容环境及行车行人安全问题
6	市园文局	全年扩绿建设	景区野导及卫生死角问题
7	市贸易局	农贸市场改造提升工程	食品安全管理问题
8	市地铁集团	地铁 2 号线东南段工程，开展车站装修、机电安装及景观施工；完成蜀山车辆段主要功能用房及设施建设；地铁 2 号线西北段工程 9 座主要站点全面开工建设	地铁运营安全问题，配套建设不到位

续表

序号	单位	为民办实事项目内容	市考评办跟踪督办意见内容
9	市建委	牵头落实保障性安居工程 完成农村住房改造和困难家庭危房改造 协调推进市区公共停车场(库)建设	灰霾天气问题 小区车位停放问题 道路施工质量较差、道路重复开挖及修补现象较多
10	市城管委	完成城郊结合部公厕改造 消除老旧小区照明“暗区” 实施市区截污纳管项目 实施清洁水体五年行动方案	小吃摊位和饮食店卫生问题 灰霾天气问题 工业企业偷排污 红绿灯处各种影响市容环境及行车行人安全问题 生活垃圾分类处理问题 景区野导及卫生死角问题 小区车位停放问题 道路施工质量较差、道路重复开挖及修补现象较多
11	市城投集团	新辟公交线路,新增和更新公交车,加快国Ⅱ及以下公交车的淘汰和更新 新增自来水“一户一表”入户 新增管道燃气点火数	工业企业偷排污 地铁运营安全问题,配套建设不到位 生活垃圾分类处理问题 公交路线安排和站台设置不够合理
12	市环保局	开展大气综合防治	审批手续时间太长 灰霾天气问题 工业企业偷排污

续表

序号	单位	为民办实事项目内容	市考评办跟踪督办意见内容
13	市物价局	/	超市、商场明码标价不规范，节假日促销陷阱多
14	市食品药品监管局	/	审批手续时间太长 小吃摊位和饮食店卫生问题 食品安全管理问题 学校食物和饮用水的质量问题，营养午餐的质量不高
15	市交通运输局	/	公交路线安排和站台设置不够合理 打的难及管理规范问题
16	市公安局	/	审批手续时间太长 灰霾天气问题 红绿灯处各种影响市容环境及行车行人安全问题 小区车位停放问题 行人乱闯红灯现象，电动车快、乱，无视交规，事故不断
17	市人力社保局	/	社区医疗服务站工作需完善
18	市质监局	/	食品安全管理问题
19	市规划局	/	小区车位停放问题 道路施工质量较差、道路重复开挖及修补现象较多
20	市审管办	/	审批手续时间太长
21	市安监局	/	小区车位停放问题 地铁运营安全问题，配套建设不到位

续表

序号	单位	为民办实事项目内容	市考评办跟踪督办意见内容
22	市农业局	/	食品安全管理问题
23	市林水局	/	工业企业偷排污
24	市旅委	/	景区野导及卫生死角问题
25	市运河综保委	/	工业企业偷排污
26	移动公司	/	电话收费的项目多，收费不合理也不够透明，垃圾信息太多，对私人的信息有时保密性还需加强
27	联通公司	/	
28	电信公司	/	
29	市红十字会	应急救护培训	/
30	市体育局	建设健身中心、健身公园、健身广场等公共体育设施	/
31	市文广新闻出版局	广播电视“村村通”“村村响”工程 推进农村电影放映“2131”工程	/
32	市农办	培育农村电子商务	/
33	市委宣传部	加强农村“文化礼堂”建设	/
34	市气象局	实施重大气象灾害预警信息电视 手机全网直达式发布	/

资料来源：《2013 年市政府为民办实事项目和责任单位一览表》；《关于对 2013 年度市政府为民办实事项目进行绩效考核的通知》，杭考评办〔2013〕33 号；《2013 年市考评办跟踪督办意见分组表》；《关于下达 2012 年度社会评价意见及做好 2013 年意见整改工作的通知》，杭考评办〔2013〕。

第五节　小结

杭州综合考评是中国地方政府绩效评估实践的典范，它经历了由传统的目标责任制考核向多元的现代评估方法、由单一封闭的政府组织内部考核模式向开放的现代绩效管理体系转变的发展过程。它的实践和发展体现了一般公共行政发展中绩效评估与行政问责制度整合的特征，具有“信息披露—审议讨论—结果承担”的绩效问责现象，然而也呈现出不一样的特点：

第一，传统惩戒性质的结果控制式问责逐渐隐退，表现为绩效整改的积极问责开始出现，体现组织单环学习的逻辑，但是问责不彻底，成效不显著。

第二，结果控制式问责的隐退并不意味着基于绩效评估的等级控制的消失，而是责任控制的方式发生了新的变化，等级权威借助绩效评估过程控制的强化和绩效评估中公众参与的强化，进一步扩大对科层的责任控制。在这个过程中，评估领导权和评估组织权不断固化和强化。

第三，由此导致绩效评估中基于政策反馈的促进组织双环学习的问责和职责意义上的问责的弱化。

第六章
有效政府绩效问责的优化路径

在公共行政的发展史上，绩效评估和行政问责之间一直有着非常强烈的关系，绩效评估以不同的方式推动不同性质的政府责任的实现，在治理体系中发挥越来越重要的作用。绩效问责是一个包含着不同制度类型的制度群，在治理环境、责任属性与绩效评估方法之间的互动中，形成不同的制度结构，发挥不同的制度功能。

绩效问责是根据绩效评估的结果，让没有达到绩效目标的责任主体承担相应后果的过程。因此，有效的绩效问责必须包含几个逻辑上递进的环节：绩效评估产生有质量的绩效信息；绩效信息可以回溯到行为，绩效结果与行为之间的因果关系清晰完整；绩效信息被积极地、恰当地加以应用，包括公开披露、讨论，以及被其他管理系统采纳，从而对治理和责任履行产生实质性影响。每一个环节都需要制度化的机制加以落实和保障，由此，绩效问责可持续性地发挥作用，成为重要的治理工具。

第一节　提高绩效评估体系的整合度

绩效问责是一个以绩效信息的应用为核心的问责过程，实质上是绩效评估的结果应用，让评估产生的绩效信息对其他管理系统产生影响，这些管理系统与政府职责履行密切相关，它们根据评估结果采取相关措施，落实对政府部门的责任追究，推动绩效提升。责任的提升和绩效的改进需要对组织进行系统安排、动员，并提供资金，以便让它们从事创造结果的活动（福赛斯，2014：49）。换言之，仅仅绩效评估不能实现问责的目的，需要整合绩效评估系统与政府管理的其他系统。绩效评估不能视为一个单独的管理制度，而应该视为整个管理体系的组成部分，如果将绩效评估与其他管理过程相隔离，那么收集和传播的绩效信息对管理体系很少产生真正的影响，问责便无从谈起。

制度的整合本质上反映权力配置的结构。围绕着绩效评估而形成的评估领导权、评估组织权、具体评估权和责任强制权的分配是评估系统与其他系统之间关系的表征。如前所述，在政府绩效评估中，存在掌握评估领导权、评估组织权、具体评估权的多元行动主体，评估权可以和责任强制权重合，也可以分离，这取决于评估权在“信息披露—审议讨论—结果承担”问责三阶段中的延续性，尤其在结果承担阶段的延续性。与评估领导权、评估组织权、责任强制权相比，具体评估权是一个可以分享的权力，是评估主体多元化的体现，保障政府对利益相关者的绩效期待的回应。鉴于当前政府绩效评估内部化的特征，评估领导权、评估组织权、责任强制权的内化特征更为显著，三者在政府内部的分配关系，实质上决定绩效评估在政府治理中的地位以及绩效问责作用发挥的空间。

评估组织权和责任强制权可以集中在一个部门，也可以分置在多个部门，关键是整合。权力分散的体制消减绩效评估的功效，美国学者 Radin（1998，2000）研究美国政府绩效与结果法案的实际运作，从碎片化的治理体系的角度给出了法案存在诸多问题的原因。绩效评估与其他管理过程的整合度是发挥问责功效的关键，只有当绩效评估系统达到一定的水平整合和垂直整合程度时，绩效问责机制才能得到最有效的运转。

所谓绩效评估的水平整合是指评估系统与其他管理系统——如人事、财政和预算——以及与其他相互依赖地执行政策的不同机构之间彼此协调，其实质是充分、合理地运用绩效评估的结果，避免为评估而评估，避免绩效评估结果使用的非制度化。在组织学习取向的绩效问责情境中，问责的方式是敦促责任主体通过调整政策优先排序，重新分配资源，提供问题的解决方案，从而实现绩效改进。这是独立于评估过程之外的管理过程，但又是根据评估结果逻辑衍生的结果。如果没有重新定义管理问题、提供问题解决资源的后续环节，针对绩效不佳的责任追究无法完全落地，绩效问责就仅仅止步于问题的揭露。这是评估权与责任强制权属于不同的管理系统而又彼此割裂所产生的现象。杭州综合考评中，绩效整改结果不彻底根源于此。

由于问责的强制权可以提高评估组织权的权威性，并给予绩效评估一定的合法性，所以，当既有的评估组织权没有完全整合责任强制权时，行使评估组织权的组织就要通过其他途径来强化其权力，继而证实和强化自身的合法性。所以，我们看到杭州考评办强化综合考评的过程管理，强化目标设定权和检查核验权，强化“开门整改”的过程性，约束专项目标考核中牵头单位的具体评估权，强化绩效管理问责。[①] 通过强化绩效评估的程序控制，考评办竭力维持着综合考评的价值，不断提醒着考评办作为综合考评组织者的地位。而强化程序导向的绩效评估也符合作为评估领导者的党委政府借由考核的指挥棒推动工作的控制意图，因而获得领导层的支持。

绝大多数关于政府内部管理监督的注意力的文献聚焦于精确的量化目标设置（Barnow，1999），我国地方政府绩效管理创新也对改善目标清晰度、准确度、战略相关性等目标特征的转变给予了极大的重视（杨宇谦、吴建南，2012）。然而，在绩效评估系统与其他管理系统割裂的情况下，这种“程序导向”的绩效评估会过于囿于过程控制而降低对绩效本身的关注，重视绩效评估的采用环节（adoption），忽视绩效评估的落实环节（implementation），而后者才是作为绩效评估结果使用的绩效问责应该强化的重要方面。[②] 较低的绩效评估水平整合度会让绩效评估成为重新强化传统的机械控制模式的工具。

绩效评估的垂直整合度是影响绩效问责有效性的另一个要素。当绩效评估评价政府管理的每一个层面，并且每一个层面产生的绩效信息一体化，相互印证，这就产生了绩效评估的垂直整合。这些层面包括宏观的整体意义上的公共政策层面、组织层面及个体层面。在整体性的政府绩效中客观地反映部门的绩效，在部门的绩效中客观地反映个人的绩效，这是绩效评估高垂直整合的理想状态。这种垂直整合度能够保证绩效责任之可问性，组织绩效的改善终须通过个体的努力实现；也保证所问绩效责任之合理性，组织绩效与个体绩效具有内在的一致性和相互印证性，个体绩效是组织绩效的基础，个体绩效的集合是组织绩效，组织绩效之与政府绩效也是如此。这种一致性本质上体现从个体到组织职责的一体化和清晰化。绩

---

① 《杭州市绩效管理条例》对纳入绩效管理的单位有令不行、有禁不止、弄虚作假等情况专门做了绩效管理问责的条款规定。

② 比如，在杭州市目标考核体系的专项目标考核中，由于牵头单位与其他单位在专项目标完成上是“责任—利益”共同体，往往会出现没有区分度的专项目标考核分值。这极大地破坏了综合考评存在的意义，进而也让考评办失去了控制的抓手。于是，考评办对专项目标牵头单位的考核工作做了详细的规定，强制要求专项目标考核的区分度。这在牵头单位看来，无助于绩效提升，有时还会违背工作规律，是为了考评而考评。

效问责试图建立的因果逻辑是从绩效（结果）归因至行为，从行为归因至责任。垂直整合能力差的绩效评估体系会加剧从绩效到责任的因果链断裂问题，从而让绩效问责失去赖以存在的基础。

公共组织职责体系的复杂性往往影响绩效评估垂直整合能力。权力主体在责任划分上边界模糊，同一级政府不同系统之间、同一系统不同层级之间职责交叉，权责关系不对应。更何况，中国的治理体系不是运用立规授权来定责，而是运用动员机制（开会和检查）和组织机制（成立机构、委任成员）来推动工作，职责的阐明是人（领导指示），而不是规则，下属无法辨明自己的职责（张静，2014）。职责不清，如何辨析责任，以求科学性？又如何追究责任，以求合理性？职能的厘清、聚类、合并、优化是取得绩效的首要因素，没有职能优化，绩效管理可能与公共机构的目标、宗旨、使命南辕北辙（尚虎平、于文轩，2011）。

总之，绩效问责的核心是绩效信息的使用，一定强度的绩效评估水平整合和垂直整合能够为公共部门的利益相关者有效使用绩效信息创造条件。垂直整合需要建立从个体到组织职责的一体化和清晰化，克服碎片化，水平整合需要不同管理系统的相互合作协调运转，本质上，这是推动绩效评估走向绩效管理的过程。

第二节　完善绩效数据分析和沟通

责任追究的强制性和权威性会影响个体的职业生涯和声誉，影响组织的资源和地位，因此，绩效问责对绩效评估的可信度提出了较高的要求。在绩效领域最为棘手的问题之一是“好”信息的有效性——信息可以被所有各方证明并相信对这种关系是有效的（福赛斯，2014：275）。如果绩效评估不为参与其中的组织及个体所认可，他们认为绩效评估没有真实反映他们的绩效及责任，那么就会对评估产生敷衍了事的态度或者抵触的情绪，就会提供虚假的或者是自我防御性质的信息，继而恶性循环，进一步恶化评估对真实问题的客观反映度，从而降低绩效信息一体化使用的可能性，并最终影响问责的有效性和权威性。因此，在目前条件下，评估的科学化是关键问题，它解决绩效问责的共识度问题，即，评估体系产生有效的信息，并被受绩效问责约束的政府内部成员认可和接受。

理论上，绩效评估是对组织效率和效益问题的真实回答，是以量化的方式对现实的呈现，可信的绩效评估应该具备以下几个特征：方法合理，具有符合逻辑的合理性；问题相关，具有针对性；内容完整，公正、客观、无偏见地反映所要讨论问题或者对象的情况。而要达成这样的目标，需要在评估技术上不断进步，需要处理结果的贡献问题，需要解决评估主体多元化带来的无偏见问题。但是在实践中，无论是绩效信息的生产，还是绩效信息的使用，都会让绩效评估本身成为需要解决的问题。在 Pollitt（2000）看来，通过绩效评估来判断公共服务的优劣存在概念、激励和技术三类问题。所谓概念问题是指绩效标准会因不同的价值判断而存在差异，会因理念价值的变化而变化，也会因价值的冲突而权衡和折中，更何况没有可传递的、一致的、稳定的偏好。所以，长期以来，绩效指标从未能完整、客观，甚至稳定，指标本身和通过指标来呈现的政策或者项目优劣与否之间，不是一种线性的关系。而且，指标变化过快会破坏成熟的指标体系的制度化，但指标变化过于迟钝，则又会降低指标的辨识力。所谓激励问题是指针对公共服务某方面的绩效评估会引发对责任主体的抵制、策略行为和其他激励扭曲行为。对此有诸多研究：如撇脂行为（creaming），挑选更有助于显示目标完成程度的群体作为评估主体，从而展现出好的绩效；短期主义（short-termism），无论是考虑政治周期的政治家，还是想捍卫项目并使之存续的官僚，都需要能够呈现短期结果的指标，但事实上一些从长期来看成功的项目在短期内未必能显示出收益。策略性的行为一般都发生在短期，主要目的是提高评估的分值，来降低评估结果应用对他们的影响。所谓技术性问题涉及的是评估技术本身以及评估过程的安排，如指标的设定、标准的选择等。

绩效评估因其固有的因素导致绩效信息的质量成为一个关键的问题，而这一关键问题又由于使用者的原因而不断恶化，如，评估可评估的，过程评估代替结果评估，寻找评估结果的替代物尽管这些都被认为是理性的选择。事实上，绩效信息本身不复杂，也不偏见，而只有不完整和模糊，只是它受到利益主体有选择的呈现和解释而表现出复杂性；绩效数据本身并没有告诉我们为什么会产生或者不产生好的绩效，政策或者项目如何实施，以及外在的因素如何影响绩效，只是评估主体影响了绩效数据的解读和判断。更何况，问责的政治本质会与绩效信息的这一特点相互作用。从根本上说，政府绩效评估不仅仅是一种纯粹的“科学活动”，而是一种渗透着利益、权力、心理、文化等因素的“行政活动或政治活动”（张璋，

2000）。因此，绩效信息的含义是建构的，绩效指标背后隐含着假设，绩效评估被理解为对现实的数字化解释而不是事实。

综上，绩效信息因各种原因在准确性、相关性和可信度上不可避免地存在着问题。但是，这种对绩效信息使用的狭隘理解无助于问题的解决，如绩效评估的发展。行动者以不同的方式使用绩效信息，取决于他们的动机和绩效信息对目标的效用。问题不在于工具本身，而是工具与目的的匹配。因此，需要强化绩效问责的组织学习逻辑，拓展绩效信息应用的方式，弥补信息质量固有的缺陷，规避使用者的主观因素：

第一，提升大数据时代的绩效数据分析能力。

绩效评估中的策略性行为是因评估结果可能带来的强制性负面后果而产生的防御性行为，是个体在有威胁的环境下的理性回应。如果适当弱化评估结果与强制性的消极后果承担方式之间的直线关系，弱化问责的惩戒性责任分配逻辑，强化绩效评估的组织学习逻辑，会让责任主体减少策略行为的动机，这也是对绩效与责任因果链之复杂性的化解。在组织学习的问责导向下，问责不是一种对抗性的机制，而是发现问题、解决问题的机制，责任后果承担的方式指向绩效改进，而不是单纯性的惩罚错误或者失败。为了更好地实现推动组织学习的绩效问责，需要发展强有力的数据中心，保证数据类型统一和适当的稳定，持续性地形成绩效信息报告。换言之，较之过去对数据收集的强调，当前需要强化数据分析，从绩效数据中发现政府管理的真问题。

第二，建立绩效信息沟通讨论的常规程序。

绩效问责系统的设计者不仅要强化数据分析，而且要像建立常规化的数据收集和传播程序一样，建立绩效信息讨论的常规程序，这是组织学习的机构化路径（Lipshitz，Popper & Oz，1996）的基本要求。首先要有促进学习的正式规则和程序，然后强调对这些规则和程序的遵从，培养组织学习的理念和习惯，从而实现基于学习的绩效持续提升。绩效信息讨论的常规程序应该在绩效信息公开的程度和范围、绩效信息双向流通的渠道、绩效信息审议讨论的程序等方面予以制度化。而且，对审议讨论绩效信息的参与者选择也很重要。对基于目标的单环学习而言，要强调包含一线的工作人员，强化对既定目标的执行力；对双环学习而言，则应强调包含更高级的管理者，因为他们理解组织全局和内外环境，更因为他们拥有改变目标和政策的决策权。

总之，在绩效信息质量不可避免存在一定问题的情况下，需要调整信息应用的目的和方式，发展基于组织学习的绩效问责，优化绩效评估的数据分析能力，建立信息的讨论程序。

第三节　设计合适的激励导向和结构

责任主体承担问责后果的方式具有多样性和多层次性，既有正式和非正式之分，也有积极和消极之分（Bovens，2007），在程度上也会形成从轻处理方式到严厉措施的制裁阶梯（ladder-of-sanction）（胡德等，2009：56）。从这个意义上说，中国地方政府的绩效问责一直存在，变化的只是承担问责后果的方式。有研究者用德尔菲法，对 11 种地方政府绩效评估结果使用情况开展调查，研究了绩效评估结果使用现状，研究发现，地方政府绩效评估结果使用多出于政治考虑，偏重将结果用于"实施奖惩"和"控制下级"（刘蕊、刘佳、吴建南，2009），而这种结果使用被认为是中国本土化行政科层制创造的绩效问责机制，根据政府绩效状况实施奖惩（阎波、吴建南，2013）。中国政府自上而下层级间的行政管理体制，一直实行由上级政府向下级政府下达指标、分解任务、量化考核的目标责任制，并对结果实施考评奖惩，加强行政问责制，在运作中将政治锦标赛与政治淘汰赛相结合，呈现出压力型体制的本质特征（渠敬东、周飞舟、应星，2009；王汉生、王一鸽，2009）。

然而，这一绩效评估结果运用的方式被认为是结果利用上的急功近利，不分场合地推行"一票否决""末位淘汰"，貌似激进，实则不尽科学，是亟须所涉及避免的结果利用的极端方式之一，相对于评估结果与干部任用、奖惩和资源配置相互脱节这另一个极端方式而言，这种结果利用方式更值得警惕（周志忍，2007），因为它可能带来虚假信息、共谋等绩效考核的非预期行为。正如第四章分析，这是结果控制取向下绩效问责容易出现的问题。

那么，为什么惩戒性质的结果控制式绩效问责能够在中国地方治理存在并持续？

问责本质上是一个事关政府治理结构、权力配置和干部激励的问题。长期以来，中国的行政问责呈现出人格化的、结果导向的特征，这是行政体制内部形成的一个相对分权和市场化的发包体制及其构建的激励机制的必然结果。在行政发包的体制下，作为发包人的上级掌握人事、监督、审批等正式权威和不受约束的否决权和干预权，赋予作为承包人的下级在具体决策和执行时的自由裁量权，同时给予包干性质浓厚的预算体制和人员报酬强激励（周黎安，2014）。行政事务的层层分包赋予承包人因自由裁量带来的实际控制权，从而导致一种松散式、简约式的集权（周黎安、王娟，2012），于是，形成“只看结果，不管过程和程序”的考核逻辑（周黎安，2014）。由于缺乏程序和流程的控制，在考核上只能依靠“个人责任制”，即，诉诸对主要官员的监督和控制，并依赖可量化和可观察的指标对官员进行考核，伴之以定期或不定期的检查（周黎安、王娟，2012）。

结果控制的治理模式赋予地方政府及官员在地方治理上的整体性责任和无限责任，但是官员具有授予或者默许的高自由裁量权所带来的实际控制权的激励，以及财政预算包干的激励，因此在激励约束兼容的原则下，目标责任制作为一种惩戒性质的结果导向式的绩效问责机制能够存在并持续发挥作用，然而主要是作为一种上级控制下级的机制而存在。甚至，在分权的威权体制（regionally decentralized authoritarianism）下，问责本身成为了中央政府降低执政的社会风险而设置的激励结构，即，问责与事后复出构成两阶段的激励结构，一方面是中央政府让地方政府承担风险与责任的安排；一方面也是中央政府激励地方官员在经济发展与社会稳定两个任务上都付出努力的一种激励选择（周杰，2013）。

当绩效评估主要是作为一种控制机制发挥作用的时候，它以控制效果最大化为目标，而治理绩效的问题，则交由与行政发包制相匹配的政治锦标赛机制加以解决，希望通过创造横向竞争来提供绩效提升的激励。

然而，新一轮的国家治理模式呈现出不断压缩行政自由裁量权、加大权力约束、明确权力和责任清单的特征，“放手做事”的体制逐渐向“束手做事”的体制过渡（周黎安，2008：324），这就打破了原先建立的地方政府及官员的激励与约束兼容的平衡，当原先结果控制模式下的无限责任与低自由裁量相遇，必然产生干部激励不足的问题。这就是当前“懒政怠政”发生的结构性原因。

因此，当政府内部治理结构由行政发包体制逐步向“公平、透明、程序、依法”的科层体制转变时，需要回归到职业主义本位、程序控制的行政问责，这是区别于行政发包制的科层制的重要特征。西方的官僚体制从20世纪70年代末80年代初起经历了一场冠名为“新公共管理运动”的政府改革，在分权和公共服务市场化改革中，建立起了市场化的结果为本的绩效问责机制。而中国的官僚体制正在从结果导向的人格化问责迈向韦伯式的行政问责、程序公平和权力制约。绩效问责需要契合政府内部治理结构的转型，服务于新的责任观，建立新的激励结构：

首先，回归职责导向，建立规则意识，实现底线控制。绩效评估从“投入、过程、产出和结果”等方面衡量和讨论政府行为，根据评估结果与事先确定的目标及标准的比对结论，形成问责的依据。如果没有达到既定的目标与标准，则施以惩戒性质的责任追究，问题的关键是，这里的底线指的是政府及部门的职责。绩效问责要回归职能主义本位，这是对科层不足的当代中国公共行政走向科层理性的呼吁，也是对行政自由裁量走向合理空间后官员激励设计的必然要求。学者研究了英国卡梅隆政府公共机构改革的做法，认为，即使作为一个从后工业化向信息社会高速转变的发达国家，目前的公共机构改革也仍然要遵循产生于工业社会的科学管理理论，科学管理理论仍然并未过时（尚虎平、于文轩，2011）。作为底线控制的职责本位的绩效问责是在这个意义上对科学管理原则的遵从。

其次，注重评估反馈，强化组织学习，实现绩效提升，适当的官僚自主性是高质量治理的一个重要特征（福山，2014），对权力的约束与控制，必须与治理绩效相兼容，国家治理需要有效官僚。而且，从绩效评估的规律来看，评估后的绩效改进是科学的绩效管理系统的内在要求。因此，基于绩效评估的行政问责不能过于违背绩效评估的制度规律性，应该借由绩效评估的建设性、反思性、创造性特性，发展积极的促进组织学习的责任机制，即，关注政策反馈，根据评估反馈信息，强化整改措施优化管理，进而提高完成工作目标的质量和效率。

总之，绩效评估与其他关乎责任追究的管理系统相整合时，才可以产生绩效问责的效果，但是，不同的管理系统，会形成不同的制度导向。绩效问责本质上是一个激励机制，问责的有效性取决于合理的激励导向和结构。

第四节 落实绩效问责中的公民权

政府部门实施绩效评估的努力由来已久，但“结果导向”和“外部责任”原则，无疑是当代政府绩效评估区别于传统实践的主要特征（周志忍，2008）。第四章对绩效评估发展路径的分析和比较已经表明了绩效评估从传统向现代发展的特征，以及各自所包含的问责结构的差异。绩效评估的参与导向、政策反馈视角（Wichowsky & Moynihan，2008）、信任范式（Morgan & Shinn，2012），以及非任务价值（罗森布鲁姆，2012），都体现出绩效评估的结果导向与外部责任这两个基本的原则和特征，表明绩效评估从中立的、理性的和技术实践的制度形象向个体和组织社会建构的产物这一新形象的转变。

“结果导向”和“外部责任”的原则可以归结为政府绩效评估中的“公民为本”（周志忍，2008）。通过绩效评估的公民参与，推动绩效评估从原先注重投入产出的效率评估，走向结果导向的效益评估，评价的标准是公众和社会期望的结果；推动绩效评估从原先自上而下的内控机制，发展为向外部公众报告、展示绩效水平的外部责任机制，公众据此对政府的公共责任作出评判。因此，在漫长的绩效评估发展历史中，相对于对浪费、欺诈和权力滥用等内部控制的长期关注，绩效评估中的公民权是绩效评估的增量，也是绩效问责机制的增量，而这种增量将直接影响绩效问责的性质、意义和可持续性。

第一，在参与中实现绩效提升与责任约束的问责。

参与式绩效问责是通过绩效评估中建立的公众参与渠道和结构，创设包含公众的问责机制，从而建立行政机构对公众的直接回应，实现民主责任。相对于其他问责机制而言，它为公众开放了接触政治系统输出端的机会，承载了公众对高质量的公共政策和公共服务需求的期待。因此，绩效问责更关心如何通过责任的识别、认定和追究实现政府治理绩效的持续提升，而不仅仅是惩罚错误。惩戒错误导向的问责是对既往的绩效结果的终结性的判断，是一种结果管理，而促进绩效持续改进的问责更具有过程管理的特点，重在发现政府治理的真问题，以及问题解决方案的分析和讨论，并将这些信息注入与问题解决相关的其他管理系统，从而解决问题实现治理绩效改进。正是在这个发现、诊断绩效问题并推进绩效改进的积极问责的意义上，公众通过参与绩效评估获得了实现民主问责的最大价值。按照参与阶梯理论，从“没有参与”到“象征性参与”，再到“公民权参与”的推进过程，就是参与式绩效问责获得实质性发展的过程。绩效评估的公民权既是绩效问责回归民主问责的结果，也是实现促进组织学习和绩效改进的积极问责的动力。因此，要避免对问责所能承载的功能做狭隘的认知和理解，惩戒错误和失败是狭义的和传统意义上的问责概念，而它与绩效评估的制度特性不相契合，否则，不是产生激励扭曲行为而破坏问责的初衷，就是让绩效评估失去合法性的支撑。同时，公众在对政府的责任追究上缺乏强制权，惩戒错误的问责导向也会让社会问责失去发展的空间。

第二，在有效的绩效评估参与中实现有效的问责。

参与式绩效评估建立在三个维度之上：利益相关者参与的水平和范围、利益相关者的多样性以及控制评估过程的程度（Cousins & Whitmore，1998）。当前，第三个维度是深化参与式评估的增量和创新点，也是通过参与式绩效评估实现责任控制的关键。控制评估的过程本质上是评估所涉权力的分配，关心谁能参与、谁不能参与、在什么情境下参与，权力持续性地形塑着参与的背景（Gregory，2000）。绩效问责的功效就是由公民权在这个参与结构中的位置以及发挥的实质性的影响力决定的，即，公民权与公共权力在绩效信息的产生、定义、传播、使用等环节的相互关系。具体表现为公众所能分享的问题定义权、信息审议权以及绩效改进监督权的程度，确保公众可以在“信息披露”阶段获得充分的信息，在“审议讨论”阶段可就绩效与政府展开协商和对话，在“结果承担”阶段可以让公众的评价信息在政策优化和绩效改进方面发挥实质性的影响力。而要实现这样的目标，既要优化参与式绩效评估的方法和程序，又要优化参与式绩效评估的内容体系。

一是优化绩效评估的方式和工具，发展项目化的绩效评估，深化“知情人评知情事”的评估原则，让公众对可感知的政府绩效表达真实的意愿和观点，从而为责任的判断和绩效的改进奠定客观的基础。二是建立公众与政府之间常规化的对话机制，建立围绕绩效信息的讨论审议程序，一起审查绩效信息，研究它所反映的问题，决定它将如何影响未来的行动。既然绩效评估是个政治性的活动，绩效信息是主观的，绩效信息的解释、报告、传播体现使用者的意图，那么，绩效评估必须面对分化甚至冲突的多元利益，这样才能发现真问题，服务于公共决策，推动基于组织学习的绩效改进。三是倡导自下而上的参与式绩效评估模式。自上而下的社会评价在组织动员、舆论造势上有优势，更具有作为政治符号的意义，而在各个地区或者部门围绕着具体项目或者工作而自下而上开展的公众参与式绩效评估中，公众更容易分享信息、表达意愿、协商共治。

第三，在衔接等级问责中拓展参与式绩效问责的空间。

通常认为，“信息披露—审议讨论—后果承担”三阶段的问责结构中，“后果承担”环节中的公民权是最薄弱的，公众能够发动的往往是非正式的结果承担方式，如公开，而且容易受到一定的政治环境和情境的影响，有象征性问责和操控问责之可能，除非与正式的制裁方式相伴而行，通过它们与等级权力的联系而获得实质性的影响力。社会问责在“等级的影子”（the shadow of hierarchy）中发挥作用（Schillemans，2008）。同时，为缓和委托代理问题，政治的委托人有利用公众对行政机构加以非直接控制的需求，所以，不可否认，社会评价一定程度上是服务于等级控制下的副产品。在杭州的实践中，近几年最大的特色是年度社会评价意见报告公开以及社会评价意见的整改，而这一特色就是上述逻辑的产物。“杭州市的可贵之处在于，虽然‘七难’问题的形成实际上是评选人民满意政府活动的副产品，但为了回应人民的诉求，向人民负责，从2003年起，它把解决‘七难’问题规定为市委市政府各项工作的‘重中之重’，并自此把解决‘七难’问题与评选活动和政府绩效考评内在关联在一起。”（余逊达，2010）绩效问责一直是压力型体制下等级控制的管理工具，上级政府向下级政府下达指标任务，实施量化考核，最后根据结果实施奖惩，只是如今等级控制的方式发生了变化和调整。等级的控制不会消失，更不会减弱，而其中蕴含着社会问责的成长空间，要利用好“等级的影子”，不断拓展公众参与绩效评估以及推动问责的空间，在政府和社会公众之间，建立良性的、制度化的互动平台。

总之，绩效评估的公民权既是绩效问责回归民主问责的结果，也是绩效问责转型的动力，关键是公民权与公共权力在绩效信息的产生、定义、传播等环节的权力结构和相互关系。

第七章
总结与延伸讨论

第一节　研究结论

本研究始于两个基本背景:一是事故(事件)问责的局限,问责赤字与超负荷并存,关于问责的规章制度和手段机制越来越多,但叠床架屋的问责制度并没有必然地带来负责任的政府;二是治庸治懒的紧迫性以及对治理绩效的呼吁,党的十八届三中全会将完善和发展中国特色社会主义制度,推进国家治理体系和治理能力现代化,确立为全面深化改革的总目标。这里所说的治理与福山(2014)的界定一致,即,将治理定义为政府制定或执行规则、提供服务的能力,治理关系执行,是与政治相对的或公共政策那个部分。因此,治理体系和治理能力建设背景下的问责,是一个兼顾权力约束和治理绩效的概念,是对官僚自由裁量权与自主性的平衡。

在这样的背景下,本研究讨论作为行政问责方式的绩效问责。根据Bovens(2007)界定的"信息披露—审议讨论—结果承担"的问责概念,所谓绩效问责是基于政府绩效评估的行政问责模式,意指对政府绩效评估反映的治理绩效问题实施问责。它以评价绩效的过程和方式,要求政府及其部门对工作绩效进行信息披露、解释说明和合法性证明,并就不良的绩效问题承担相应的后果。研究表明,绩效问责是对当前行政问责的深化,也是对干部激励机制的优化。

第一,它建立职责导向的制度化问责。当前主要以官员人事变动为主要形式的行政问责体现的是一种人格化的问责和人事任免,与压力型体制结合在一起,有利于中央对地方的政治控制和完成超大社会的治理,但是直接影响问责的制度化(魏云,2011)。绩效问责通过职责指标化、指标绩效化,推动无限责任的人格化问责发展为以职责为依据的有限责任和制度化问责,塑造公务员内化的价值理念,强化个体对法律的遵循以及对公职部门行为方式和标准的认可,并以此作为责任的标准。

第二,它有助于建立规则意识和程序意识。问责指向行政自由裁量权的约束,绩效评估为职责导向责任的设定、传递、实现提供标准化的刚性程序,专业标准让责任的辨别变得清晰和容易,规则和程序通过定义决策的参数而控制行政的自由裁量行为。由此,依托绩效评估的程序化、常态化,建立规则和程序导向的行政问责。

第三,它是一种前置性的积极责任约束。传统的事故(事件)问责方式关注行政失当所导致的严重后果和不良影响,是惩罚性的事后制裁,是消极意义上的问责。绩效问责通过绩效目标的确定和指标的引领,表明未来要达到的绩效水平以及相应的奖励惩罚措施,预先传递对公职人员行为方式和价值取向的要求,促使政府及公职人员主动履职。绩效问责体现惩戒性质的问责向实现绩效持续改进的积极问责发展的趋势。

第四，它是对政府日常管理的整体性呈现。传统问责方式由于其惩罚的逻辑导致它多聚焦于例外的事件，多基于个案，而不是对政府管理状况的系统考虑。在这种情况下，问责发挥的是复杂的政治议题的功能，评判的标准多出于政治性的考量。而绩效问责不仅满足政治维度下的控制，同时提供充足的有关政府日常管理的客观信息，以日常管理的整体性呈现，督促管理绩效提升。

第五，它具有管理责任和政治责任双维指标的价值性。绩效问责的中心是行政的管理责任，而不是传统的政治家的政治责任，行使的是对政府执政绩效的监督权，而不是对政府的选择权。然而，参与式绩效评估的发展和满意度指标的设置，事实上提高了政府对公众的回应性，实现行政的民主责任。因此，绩效问责兼顾管理效率和公众满意度，是以内部控制提升管理效率和以外部控制强化公共责任的有效工具。

综上，基于绩效评估的问责提供政府日常管理的信息，扩大政府工作的公开与透明，大大提高公共部门外部的问责主体辨别、质疑其行为的可能性，同时以政府履行职能为导向，以绩效目标和指标体系倒逼政府职责体系建构，并以多元评估主体的参与强化政府对多方利益主体回应，是一种有效地推动政府治理绩效的问责工具。

然而，有效的绩效问责需要具备几个关键要素，要设计合适的激励导向和结构，保障绩效问责目标的实现，发展具有一定水平整合度和垂直整合度的绩效评估体系，为绩效信息的充分使用创造组织条件，并发展绩效数据分析能力，建立绩效数据审议讨论的常规程序，从绩效数据中发现政府管理的真问题，推动基于组织学习的绩效持续改进。尤其，建立社会公众与政府之间围绕着绩效信息的常规化的对话机制，落实参与式绩效评估中的公民权，既推动民主问责机制的回归，又建立基于真实民意表达的政策优化机制。

第二节 可能的创新

国内绩效问责的相关研究刚刚起步，本项研究在此基础上做了一点推进：

第一，超越意义层面的绩效问责必要性讨论，而是在分析绩效评估和问责的制度特性的基础上，探讨绩效问责的制度结构与特征，并以治理环境、公共行政责任属性与绩效评估方法之间的互动为主轴，探讨具有多重制度功效的绩效问责制度群。

第二，对问责的内涵做了拓展性的研究，总结分析了实现权力控制、民主价值和绩效改进的问责功能，从而让绩效问责的讨论更具有广阔的空间。

第三，对杭州绩效评估做了一个全景的细致剖析，基于数据的比对分析，推进目前国内绩效评估的案例研究。

第三节 延伸讨论

绩效问责是绩效评估和行政问责的制度整合，然而，绩效评估和行政问责都具有制度复杂性，都有较为成熟的理论研究，也有多元复杂的具体实践，研究具有一定的挑战。现阶段的研究也让下一步的工作更为清晰，可以在以下几个方面进一步细化和拓展：

第一，理论的进一步提炼。尤其是对绩效问责的制度群的清晰刻画，本研究初步建立了绩效评估（工具理性和价值理性）和问责（控制、民主、绩效）的分析矩阵，但还需要进一步开展类型分析，以及不同类型之间的交叉效用，以更准确地把握绩效问责的实质。还可以进一步探讨部门绩效和政府绩效的差异性，以及由此带来的绩效问责制度差异性。

第二，案例的数据挖掘。杭州综合考评历经数十年，产生了大量的绩效数据，这是极为珍贵的杭州市政府数十年管理绩效的呈现，也是极为丰富的研究素材。本研究通过这些绩效数据的复现和比对，梳理绩效信息产生和应用的演化，分析绩效问责的特征。但是相对于浩瀚的绩效数据，目前所做工作极为有限。下一步需要利用先进的研究工具和方法，提高对绩效数据的加工分析能力，通过“加工”实现数据的“增值”，形成更深刻的有关绩效问责的洞察力。

第三，多案例比较分析。杭州市的绩效评估实践走在全国前列，对于绩效问责这一前沿理论和实践话题的探讨，杭州的案例具有一定的合理性。然而，接下去需要进一步关注地方政府绩效评估的多样性特征，可以就国内城市绩效评估的实践展开比较，探讨绩效评估的组织体制、运行机制、制度环境、制度设计等因素对绩效问责的影响。而且，本研究在宏观层面，考察了一般公共行政发展过程中，绩效问责的演进逻辑，并将中国的实践置于这个参照系中加以分析。下一步可以从宏观走向微观，比较国内外城市绩效问责的实践，如，美国巴尔的摩市的 CitiStat 模式和杭州的“公述民评”问政活动，从而让对绩效问责的认知和分析更加深刻和全面。

参考文献

[1] Ammons, D. N. Performance Measurement: A Tool for Accountability and Performance Improvement. County and Municipal Government in North Carolina[EB/OL]. http://www. sog. unc. edu/pubs/cmg/cmg16, 2007.

[2] Anderson, L. The Authoritarian Executive? Horizontal and Vertical Accountability in Nicaragua [J]. Latin American Politics & Society, 2006, 48 (2): 141—169.

[3] Arnstein, S. R. A Ladder of Citizen Participation [J]. American Institute of Planner Journal, 1969, 35 (4): 216—224.

[4] Aucoin, P. & Heintzman, R. The Dialectics of Accountability for Performance in Public Management Reform [J]. International Review of Administrative Sciences, 2000, 66 (1): 45—55.

[5] Barberis,P. The New Public Management and a New Accountability [J]. Public Administration,1998(76): 451—470.

[6] Bardach, E. & Lesser, C. Accountability in Human Services Collaboratives—For What? and To Whom?[J]. Journal of Public Administration Research & Theory, 1996, 6 (2): 197—224.

[7] Barnow, B. S. The Effects of Performance Standards on State and Local Programs [A]. Manski, C. F. &Garfinkel, I. Evaluating Welfare and Training Programs [C]. Harvard: Harvard University Press, 1999: 277—309.

[8] Behn, R. D. The New Public Management Paradigm and the Search for Democratic Accountability [J]. International Public Management Journal, 1998, 1 (2): 131—164.

[9] Behn, R. D. Rethinking Democratic Accountablity [M]. Washington, D. C.: Brookings Institution Press, 2001.

[10] Behn, R. D. Why Measure Performance? Different Purposes Require Different Measures [J]. Public Administration Review, 2003, 63 (5): 586—606.

[11] Bellone, C. J. & Goerl. Reconciling Public Entrepreneurship and Democracy [J]. Public Administration Review, 1992, (2): 131—132.

[12] Bouckaert, G. & Peters, B. G. Performance Measurement and Management: The Achilles Heel in Administrative Modernization [J]. Public Performance & Management Review, 2002, 5 (4): 359—362.

[13] Bovens, M. Public Accountability [A]. Ferlie, E., Lynne, L. & Pollitt, C. The Oxford Handbook of Public Management [C]. Oxford: Oxford University Press, 2005: 182—208.

[14] Bovens, M. Analysing and Assessing Accountability: A Conceptual Framework [J]. European Law Journal, 2007, 13 (4): 447—468.

[15] Bovens, M., Schillemans, T. & Hart, P. Does Public Accountability Work? An Assessment Tool [J]. Public Administration, 2008, 86 (1): 225—242.

[16] Bovens, M. Two Concepts of Accountability: Accountability as a Virtue and as a Mechanism [J]. West European Politics, 2010 (33): 946—967.

[17] Bovens, M. Goodin, R. & Schillemans, T. The Oxford Handbook of Public Accountability [M]. Oxford University Press, 2014.

[18] Box, R. C., Marshall, G. S., Reed, B. J. & Reed, C. M. New Public Management and Substantive Democracy [J]. Public Administration Review, 2001, 61 (5): 608—619.

[19] Brandsma, G. J. & Schillemans, T. The Accountability Cube: Measuring Accountability [J]. Journal of Public Administration Research and Theory, 2013 (2): 953—975.

[20] Cave, M., Kogan, M. & Smith, R. Output and Performance Measurement in Government: the State of the Art [M]. London: Jessica Kingsley Publishers Ltd, 1990.

[21] Chan, H. S. & Gao, J. Putting the Cart Before the Horse: Accountability or Performance? [J]. The Australian Journal of Public Administration,

2009, 68 (s1): 51—61.

[22] Chouinard, J. A. The Case for Participatory Evaluation in an Era of Accountability [J]. American Journal of Evaluation, 2013 (34): 237—253.

[23] Considine, M. & Lewis, J. M. Governance at Ground Level: The Front-line Bureaucrat in the Age of Markets and Networks [J]. Public Administration Review, 1999, 59 (6): 467—480.

[24] Considine, M. The End of the Line? Accountable Governance in the Age of Networks, Partnerships and Joined-up Services [J]. Governance, 2002, 15 (1): 21—40.

[25] Cousins, J. B. & Whitmore, E. Framing Participatory Evaluation [A]. Whitmore, E. Understanding and Practicing Participatory Evaluation: New Directions In Evaluation [C]. San Francisco, CA: Jossey-Bass. 1998: 3—23.

[26] Dahler-Larsen. Evaluation and Public Management [A]. Ferlie, E., Lynn, L. & Pollitt, C. The Oxford Handbook of Public Management [C]. Oxford: Oxford University Press, 2005: 615—639.

[27] Damgaard, B. & Lewis, J. Accountability and Citizen Participation [A]. Bovens, M., Goodin, R. & Schillemans, T. The Oxford Handbook of Public Accountability [C]. Oxford University Press. 2014: chapter 16.

[28] Debrah, E. Assessing the Quality of Accountability in Ghana's District Assemblies, 1993—2008 [J]. African Journal of Political Science and International Relations, 2009, 3 (6): 278—287.

[29] DeHaven-Smith, L. & Jenne, K. Management by Inquiry: A discursive Accountability System for Large Organizations [J]. Public Administration Review, 2006 (66): 64—76.

[30] de Lancer Julnes, P. & Holzer, M. Promoting the Utilization of Performance Measuresin Public Organizations: An Emprical Study of Factors Affecting Adoption and Implementation [J]. Public Administration Review, 2001, 61 (6): 693—708.

[31] Dubnick, M. J. Clarifying Accountability: An Ethical Theory Framework [A]. Sampford, C. & Bois. C. A. Public Sector Ethics: Finding and Im-

plementing Values [C]. Leichhardt, Australia: Federation Press/Routledge, 1998.

[32] Dubnick, M. J. Seeking Salvation for Accountability [Z]. Conference Paper presented at the Annual Meeting of the American Political Science Association. Boston, 2002 (9).

[33] Dubnick, M. J. Accountability and the Promise of Performance: In Search of the Mechanism [J]. Public Performance & Management Review, 2005, 28 (3): 376—417.

[34] Dubnick, M. J. & Romzek, B. S. Accountability and the Centrality of Expectations in American Public Administration [A]. Perry, J. L. Research in Public Administration [C]. Greenwich CT: JAI Press, 1993: 37—78.

[35] Dubnick, M. J. & Frederickson, H. G. Introduction: The Promises of Accountability Research [A]. Dubnick, M. J. & Frederickson, H. G. Accountable Governance: Problems and Premises [C]. Armonk, New York: ME Sharpe Inc., 2011: xiii—xxxii.

[36] Epstein, P. D. Using Performance Measurement in Local Government: A Guide to Improving Decisions, Performance, and Accountability [M]. New York, N. Y.: Van Nostrand Reinhold, 1984.

[37] Finer, H. Administrative Responsibility in Democratic Government [J]. Public Administration Review, 1941, 1 (4): 335—350.

[38] Fox, J. & Brown, D. The Struggle for Accountability: The World Bank, NGOs, and Grassroots Movements [M]. Cambridge, Ma.: MIT Press, 1998.

[39] Friedrich, C. J. Public Policy and the Nature of Administrative Responsibility [A]. Friedrich, C. J& Masom, E. S. Public Policy [C]. Cambridge, Ma.: Harvard University Press, 1940: 221—245.

[40] Friedman, M. S. Accountability: A Grim Perspective [J]. Theory into Practice, 1979, 18 (5): 366—371.

[41] General Accounting Office. Results-Oriented Budget Practices in Federal Agencies. Request for Views. GAO—01—1084SP, Washington, D. C.: US General Accounting Office, 2001.

[42] General Accounting Office. Managing for Results: Agency Progress in

Linking Performance Plans with Budgets and Financial Statements. Report to the Ranking Minority Member, Committee on Governmental Affairs, U. S. Senate. GAO—02—236, Washington, DC: US General Accounting Office. 2002.

[43] Glynn, J. J. & Murphy, M. P. Public Management: Failing Accountabilities and Failing Performance Review [J]. International Journal of Public Sector Management, 1996, 9 (5): 125—137.

[44] Gold, B. Productivity Analysis and System Coherence [J]. Operations Research Quarterly, 1965, 16 (3): 287—307.

[45] Greene, J. Participatory Evaluation [A]. Stake, R. Advances in Program Evaluation [C]. London: JAI Press vol. 3, 41—59. Ferlie, E., Lynne, L. & Pollitt, C. The Oxford Handbook of Public Management [C]. Oxford: Oxford University Press, 2005: 633.

[46] Greene, J. The Inequality of Performance Measurements [J]. Evaluation, 1999, 5(2): 160—172.

[47] Gregory, A. Problematizing Participation: A Critical Review of Approaches to Participation in Evaluation Theory [J]. Evaluation, 2000, 6: 179—199.

[48] Halachmi, A. & Bouckaert, G. Performance Measurement, Organizational Technology and Organizational Design [J]. Work Study, 1994, 43 (3): 19—25.

[49] Halachmi, A. Performance Measurement, Accountability, and Improved Performance [J]. Public Performance & Management Review, 2002a, 25 (4): 370—374.

[50] Halachmi, A. Performance Measurement: A Look at Some Possible Dysfunctions [J]. Work Study, 2002b, 51 (5): 230—239.

[51] Heinrich, C. J. Do Government Bureaucrats Make Effective Use of Performance Management Information? [J]. Journal of Public Administration Research and Theory, 1999, 9 (3): 363—393.

[52] Hibbard, J., Slovic, P. & Jewett, J. Informing Consumer Decisions in Health Care: Implications from Decision-Making Research [J]. The Milbank Quarterly, 1997, 75 (3): 395—414.

[53] Hood, C. A Public Management For All Sseasons? [J]. Public Administration, 1991, (1): 92—101.

[54] Hood, C. The "New Public Management" in the 1980s: Variations on a Theme [J]. Accounting Organizations and Society, 1995, 20 (2/3): 94—101.

[55] Hood, C. Public Service Management by Numbers: Why Does It Vary? Where Has It Come From? What are the Gap and the Puzales? [J]. Public Money and Management, 2007, 27 (2): 95—102.

[56] Ingraham, P. W. You Talking to Me? Accountability and the Modern Public Service [J]. Political Science & Politics, 2005, 38 (01): 17—21.

[57] Isaac-Henry, K. Painter, C. & Barnes, C. Management in the Public Sector: Challenge and Change (second edition) [M]. London: Thomson Business Press, 1997: 89—92.

[58] Jabbra, J. G. & Dwivedi, P. Public Service Accountability: A Comparative Perspective [M]. Hartford, CT: Kumarian Press, 1989: 63—64.

[59] Jones, B. D., Greenberg, S. R., Kaufman, C. & Drew, J. Service Delivery Rules and the Distribution of Local Government Services: Three Detroit Bureaucracies [J]. The Journal of Politics, 1978, 40 (2): 332—336.

[60] Johnson, C. & Talbot, C. The UK Parliament and Performance: Challenging or Challenged [J]. International Review of Administrative Sciences, 2007, 73 (1): 113—131.

[61] Kearns, K. The Strategic Management of Accountability in Nonprofit Organizations: An Analytical Framework [J]. Public Administration Review, 1994 (54): 185—192.

[62] Kelly, J. M. & Swindell, D. A Multiple-Indicator Approach to Municipal Service Evaluation: Correlating Performance Measurement and Citizen Satisfaction Across Jurisdictions [J]. Public Administration Review, 2002, 62 (5): 610—621.

[63] Kettl, D. F. The Global Revolution in Public Management: Driving Themes, Missing Links [J]. Journal of Policy Analysis and Manage-

ment, 1997, 16 (3): 446—462.

[64] Klingner, D. E. , Nalbandian, J. & Romzek, B. S. Politics, Administration and Markets: Conflicting Expectations of Accountability [J]. American Review of Public Administration, 2002, 32 (2): 117—144.

[65] Kloot, L. Performance Measurement and Accountability in An Australian Fire Servise [J]. International Journal of Public Sector Management, 2009, 22 (2): 128—145.

[66] Koppell, J. Pathologies of Accountability: ICANN and the Challenge of Multiple Accountabilities Disorder [J]. Public Administration Review, 2005, 65 (1): 94—108.

[67] Levitt, B. & March, J. G. Organizational Learning [J]. Annual Review of Sociology, 1988 (14): 319—340. 转引自［美］多纳德·莫尼汉、［法］斯蒂芬·拉沃图:《绩效管理改革的效果：来自美国联邦政府的证据》,《公共管理学报》2012 年第 2 期，第 98—105 页。

[68] Lipshitz, R. , Popper, M. & Oz, S. Building Learning Organizations: The Design and Implementation of Organizational Learning Mechanisms [J]. Journal of Applied Behavioral Science, 1996, 32 (3): 292—305.

[69] Long, E. &Franklin, A. L. The Paradox of Implementing the Government Performance and Results Act: Top-Down Direction for Bottom-Up Implementation [J]. Public Administration Review, 2004, 64 (3): 309—319.

[70] Marshall, M. , Shekelle, P. , Leatherman, S. & Brook, R. The Public Release of Performance Date. What Do We Expect to Gain? A Review of the Evidence [J]. Journal of the American Medical Association, 2000, 283 (14): 1866—1874.

[71] Mayne, J. Audit and Evaluation in Public Management: Challenges , Reforms and Different Roles [J]. Canadian Journal of Program Evaluation, 2006, 21 (1): 11—45.

[72] McCubbins, M. D. & Schwartz, T. Congressional Oversight Overlooked: Police Patrols Versus Fire Alarms [J]. American Journal of Political Science, 1984, 28 (1): 16—79.

[73] Mintzberg, H. The Fall and Rise of Strategic Planning [J]. Harvard Business Review, 1994, 72 (2): 107—114.

[74] Moe, R. C. The Reinventing Government Exercise: Misinterpreting the Problem, Misjudging the Consequences [J]. Public Administration Review, 1994 (2): 111—122.

[75] Morgan, D. & Shinn, C. W. The Trust Versus Efficiency Paradigms for Measuring Performance: Some Implications for Local Government Leadership and Decision Making [Z]. 兰州大学中国地方政府绩效评价中心主办的“公共绩效治理：国际学术前沿与全球实践经验高端论坛”，2012 年 10 月 5—7 日。

[76] Moynihan, D. P. Managing for Results in State Government: Evaluating a Decade of Reform [Z]. Paper presented at the Annual Conference of the Association for Public Policy Analysis and Management, Dallas, TX, 2002.

[77] Moynihan, et al. Performance Regimes Amidst Governance Complexity. Working Paper Series, La Follette School Working Paper No. 2009—017, http://www. lafollette. wisc. edu/publications/workingpapers.

[78] Moynihan, D. P. & Pandey, S. K. The Big Question for Performance Management: Why Do Managers Use Performance Information? [J]. Journal of Public Administration Research and Theory, 2010, 20 (4): 849—866.

[79] Mulgan, R. Accountability: An Ever-expanding Concept? [J]. Public Administration, 2000a, 78 (3): 555—573.

[80] Mulgan, R. Comparing Accountability in the Public and Private Sectors [J]. Australian Journal of Public Administration, 2000b, 59 (1): 87—97.

[81] Mulgan. R. Holding Power to Account: Accountability in Modern Democracies [M]. London: Palgrave Macmillan, 2003.

[82] Newcomer, K. E. Using Performance Management to Improve Public and Nonprofit Programs [J]. New Directions for Evaluation, 1997 (75): 5—14.

[83] Norman, R. Managing Through Measurement or Meaning? Lessons From Experience with New Zealand's Public Sector Performance Management

Systems [J]. International Review of Administrative Sciences, 2002, 68 (4): 619—628.

[84] O'Connell, L. Program Accountability As an Emergent Property: The Role of Stakeholders In a Program's Field [J]. Public Administration Review, 2005 (65): 85—93.

[85] O'Donnell, G. Delegative Democracy [J]. Journal of Democracy, 1994, 5 (1): 55—69.

[86] O'Donnell, G. Horizontal Accountability in New Democracies [J]. Journal of Democracy, 1998, 9 (3): 112—126.

[87] OECD. Performance Measurement in Government: Issues and Illustrations [M]. Paris: Author, 1994.

[88] OECD. In Search of Results: Performance Management Practices [M]. Paris: Author, 1997.

[89] OECD. Government of the Future [M]. Paris: OECD, Author. 2001.

[90] Ogawa, R. T. & Collom, E. Using Performance Indicators to Hold Schools Accountable: Implicit Assumptions and Inherent Tensions [J]. Peabody Journal of Education, 2000, 75 (4): 200—215.

[91] Ospina, S., Grau, N. C. & Zaltsman, A. Performance Evaluation, Public Management Improvement and Democratic Accountability [J]. Public Management Review, 2004, 6 (2): 229—251.

[92] Osborne, D. & Gaebler, D. Reinventing Government: How the Entrepreneurial Spirit is Transforming the Public Sector [M]. New York: Addison-Wesley Publishing Company, Inc., 1992.

[93] Peters, G. & Pierre, J. Handbook of Public Administration [M]. Londres, Inglaterra: Sage Publications, 2003.

[94] Peters, G. & Savoie, J. Taking Stock: Assessing Public Sector Reforms [M]. Montreal: McGill-Queen's University Press, 1998.

[95] Piotrowski, S. J. & Rosenbloom, D. H. Nonmission-based Values in Results-oriented Public Management: The Case of Freedom of Information [J]. Public Administration Review, 2002, 62 (6): 643—657.

[96] Poister, T. H. & Streib, G. S. Performance Measurement In Municipal Government: Assessing The State of The Practice [J]. Public Adminis-

tration Review, 1999, 59 (4): 325—335.

[97] Pollitt, C. How Do We Know How Good Public Services Are? [A] Peters, G. & Savoie, J. Governance in the Twenty-first Century: Revitalizing the Public Service [C]. London: McGill-Queen's University Press, 2000: 119—152.

[98] Pollitt, C. Performance Management in Practice: A Comparative Study of Executive Agencies [J]. Journal of Public Administration Research and Theory. 2006, 16 (1): 25—44.

[99] Pollitt, C. Performance Blight and The Tyranny of Light? Accountability in Advanced Performance Measurement Regimes [A]. Dubnick, M. J & Frederickson, H. G. Accountable Governance: Problems and Premises [C]. Armonk, New York: ME Sharpe Inc., 2011: 81—97.

[100] Przeworski, A., Stokes, S. C. & Manin, B. Democracy, Accountability and Representation. Cambridge: Cambridge University Press, 1999. 转引自马骏：《政治问责研究：新的进展》，《公共行政评论》2009 年第4期。

[101] Radin, B. A. The Government Performance and Results Act (GPRA): Hydra-headed Monster or Flexible Management Tool? [J]. Public Administration Review, 1998, 58 (4): 307—316.

[102] Radin, B. A. The Government Performance and Results Act and the Tradition of Federal Management Reform: Square Pegs in Round Holes? [J]. Journal of Public Administration Research& Theory, 2000, 10 (1): 111—135.

[103] Radin, B. A. Does Performance Measurement Actually Improve Accountability? [A]. Dubnick, M. J& Frederickson, H. G. (Eds.). Accountable Governance: Problems and Premises [C]. Armonk, New York: ME Sharpe Inc., 2011: 98—110.

[104] Ragin, C. C. The Comparative Method: Moving Beyond Qualitative and Quantitative Strategies [M]. Berkeley: University of California Press, 1987.

[105] Roberts, N. Keeping Public Officials Accountable Through Dialogue: Resolving the Accountability Paradox [J]. Public Administration Review, 2002 (62): 658—669.

[106] Romzek, B. S. & Dubnick, M. J. Accountability in the Public Sector: Lessons from the Challenger Tragedy [J]. Public Administration Review, 1987, 147 (3): 227—238.

[107] Romzek, B. S. & Dubnick, M. J. Accountability [A] Shafritz, J. M. International Encyclopedia of Public Policy and Administration [C]. Boulder, CO: Westview, 1998: 6—7.

[108] Romzek, B. S. Dynamics of Public Accountability in an Era of Reform [J]. International Review of Administrative Sciences, 2000, 66 (1): 21—44.

[109] Romzek, B. S. & Ingraham, P. Cross Pressures of Accountability: Initiative, Command, and Failure in the Ron Brown Plane Crash [J]. Public Administration Review, 2000, 60 (3): 240—253.

[110] Schedler, A. Conceptualizing Accountability [A]. Schedler, A., Diamond, L. & Plattner, M. F. The Self-Restraining State: Power and Accountability in New Democracies [C]. Boulder and London: Lynne Rienner Publishers, 1999: 13—28.

[111] Schein, E. Organizational Culture and Leadership. San Francisco: Jossey-Bass, 1992.

[112] Schillemans, T. Accountability in the Shadow of Hierarchy: The Horizontal Accountability of Agencies [J]. Public Organization Review, 2008 (8): 175—194.

[113] Schillemans, T. & Bovens, M. The Challenge of Multiple Accountability [A]. Dubnick, M. J. & Frederickson, H. G. Accountable Governance: Problems and Promises [C]. Armonk, New York: ME Sharpe Inc., 2011: 3—21.

[114] Sinclair, A. The Chameleon of Accountability: Forms and Discourse [J]. Accounting Organizations and Society, 1995 (20): 219—237.

[115] Smith, P. On the Unintended Consequences of Publishing Performance Data in The Public Sector [J]. International Journal of Public Administration, 1995, 18: 277—310.

[116] State Services Commission. Improving Accountability: Setting the Scene. Occasional Paper No 10 [EB/OL] http://www.ssc.

govt. nz. 1999.

[117] Steccolini, I. Is the Annual report an Accountability Medium? An Empirical Investigation into Italian Local Governments [J]. Financial Accountability & Management, 2004, 20 (3): 327—350.

[118] Strom, K. Delegation and Accountability in Parliamentary Democracies [J]. European Journal of Political Research, 2000 (37): 261—289.

[119] Ter Bogt, H. J. Politicians in Search of Performance Information? Survey Research on Dutch Aldermen's Use of Performance Information [J]. Financial Accountability and Management, 2004, 20 (3): 221—252.

[120] Thiel, S. V. & Leeuw, F. The Performance Paradox in the Public Sector [J]. Public Performance & Management Review, 2003, 25 (3): 267—281.

[121] Thompson, D. F. Political Ethics and Public Office [M]. Harvard University Press, 1987.

[122] Treasury Board of Canada Secretariat. Evaluation Report: Improved Reporting to Parliament Project. www. tbs - sct. gc. ca/rma/eppi - ibdrp/irp, 1996.

[123] U. S. Congress, Senate, Committee on Governmental Affairs. Government Performance and Result Act of 1993. Report 103—158, 103rd Congress, 1st session. Washington, DC: Government Printing Office, 1993.

[124] Van Ryzin, G. G. Can Citizens Accurately Judge Public Performance? Evidence from New York City, with Implications for Developing International Bureaumetrics [Z]. Paper presented at the European Group of Public Administration Conference, Madrid, Spain, September, 2007.

[125] Waldo, D. 1948. The Administrative States: Conclusion [A]. Shafritz, J. M. Classics of Public Administration [C]. 北京:中国人民大学出版社, 2010: 154—158.

[126] Weber, E. P. The Question of Accountability in Historical Perspective [J]. Administration & Society. 1999, 31 (4): 451—494.

[127] Weber, E. P. Bringing Society Back In: Grassroots Ecosystem Management, Accountability and Sustainable Communities [M]. Cambridge, MA: MIT Press, 2003.

[128] Weiss. C. The Many Meanings of Research Utilization [J]. Public Administration Revies, 1979, 39 (5): 426—431.

[129] Weiss, C. Knowledge Creep and Decision Accretion [J]. Knowledge: Creation, Diffusion, Utilization. 1980, 1 (3): 381—404.

[130] Whitaker, G., Altman-Sauer, L. & Henderson, M. Mutual Accountability Between Governments and Nonprofits: Moving Beyond Surveillance To Service [J]. American Review of Public Administration, 2004 (34): 115—133.

[131] Wholey, J. S. & Hatry, H. P. The Case for Performance Monitoring [J]. Public Administration Review, 1992, 52 (6): 604—610.

[132] Wholey, J. S. Managing for Results: Roles for Evaluators in a New Management Era [J]. American Journal of Evaluation, 2001, 22 (3): 343—347.

[133] Whyte, M. K. Bureaucracy and Anti-bureaucracy in the People's Republic of China[A]. Britan, G. M. & Cohen, R. Hierarchy and Society: Anthropological Perspectives on Bureaucracy[C]. Philadelphia, PA: Institute for the Study of Human Issues. 1980: 123—141.

[134] Wichowsky, A. & Moynihan, D. Measuring How Administration Shapes Citizenship: A Policy Feedback Perspective on Performance Management [J]. Public Administration Review, 2008, 68 (5): 908—920.

[135] Williams, D. W. Measuring Government in the Early Twentieth Century [J]. Public Administration Review, 2003, 63 (6): 643—659.

[136] Willems, T. & Dooren, W. Lost in Diffusion? How Collaborative Arrangements Lead To an Accountability Paradox [J]. International Review of Administrative Sciences, 2011, 77 (3): 505—530.

[137] Wilson, W. The Study of Administration [A]. Shafritz, J. M. Classics of Public Administration. 北京：中国人民大学出版社，2010: 24—36.

[138] Wise, L. R. Public Management Reform: Competing Drivers of Change [J]. Public Administration Review, 2002, 62 (5): 555—567.

[139] Wu, G. G. Documentary Politics: Hypotheses, Processes, and Case

Studies［A］. Hamrin, C. L. & Zhao, S. S. Decision Making in Deng's China［C］. Armonk: M. E. Sharpe, 1995.

［140］Yang, K. Emergent Accountability and Structuration Theory: Implications［A］. Dubnick, M. J. & Frederickson, H. G. Accountable Governance: Problems and Promises［C］. Armonk, New York: ME Sharpe Inc., 2011: 269—281.

［141］Yang, K. Further Understanding Accountability in Public Organazations: Actional Knowledge and the Structure-Agency Duality［J］. Administration & Society, 2012 (44): 255—284.

［142］［美］阿格拉诺如、麦圭尔:《协作性公共管理: 地方政府新战略》, 李玲玲等译, 北京大学出版社 2007 年版。

［143］［美］艾尔·巴比:《社会研究方法》, 邱泽奇译, 华夏出版社 2005 年版。

［144］［美］安东尼·唐斯:《官僚制内幕》, 郭小聪等译, 中国人民大学出版社 2006 年版。

［145］［瑞］鲍·罗斯坦:《创造政治合法性: 选举民主与政府治理水平》,《经济社会体制比较》2011 年第 4 期。

［146］［美］达尔·W. 福赛斯:《更好 更快 更省: 美国政府的管理绩效》, 范春辉译, 江苏人民出版社 2014 年版。

［147］［美］达尔:《民主理论的前沿》, 顾昕、朱丹译, 生活·读书·新知三联书店 1999 年版。

［148］［美］道格拉斯·C. 诺斯:《制度》,《新华文摘》2006 年第 20 期。

［149］［美］戴维·H. 罗森布鲁姆:《论非任务性公共价值在当代绩效导向的公共管理中的地位》,《公共管理与政策评论》2012 年第 1 期。

［150］［英］戴维·毕瑟姆:《官僚制》, 韩志明等译, 吉林人民出版社 2005 年版。

［151］［美］多纳德·莫尼汉、［法］斯蒂芬·拉沃图:《绩效管理改革的效果: 来自美国联邦政府的证据》,《公共管理学报》2012 年第 2 期。

［152］［美］弗兰西斯·福山:《什么是治理?》, 郑寰译, 共识网, 2014

年2月27日。

[153] [美] 汉密尔顿、杰伊、麦迪逊：《联邦党人文集》，程逢如等译，商务印书馆1980年版。

[154] [澳] 凯斯·麦基：《建设更好的政府：建立监控与评估系统》，丁煌译，中国人民大学出版社2009年版。

[155] [英] 克里斯托弗·胡德等：《监管政府》，陈伟译，生活·读书·新知三联书店2009年版。

[156] [美] 克里斯·阿吉里斯、唐纳德·舍恩：《组织学习Ⅱ：组织、方法与实践》，姜文波译，中国人民大学出版社2011年版。

[157] [德] 柯武刚、史漫飞：《制度经济学：社会秩序与公共政策》，韩朝华译，商务印书馆2003年版。

[158] 联合国开发计划署组织：《2002年人类发展报告：在碎裂的世界中深化民主》，中国财政经济出版社2002年版。

[159] [美] 尼古拉斯·亨利：《公共行政与公共事务》（第八版），项龙译，中国人民大学出版社2002年版。

[160] [美] O. C. 麦克斯怀特：《公共行政的合法性——一种话语分析》，吴琼译，中国人民大学出版社2002年版。

[161] [澳] 欧文·E. 休斯：《公共管理导论》（第二版），彭和平等译，中国人民大学出版社2001年版。

[162] [澳] 皮特·凯恩：《法律与道德中的责任》，罗李华译，商务印书馆2008年版。

[163] [美] 乔治·弗雷德里克森：《公共行政的精神》，张成福译，中国人民大学出版社2003年版。

[164] [美] 乔万尼·萨托利：《民主新论》，冯克利、阎克文译，上海人民出版社2009年版。

[165] [美] 全钟燮：《公共行政的社会建构：解释与批判》，孙柏瑛等译，北京大学出版社2008年版。

[166] 世界银行专家组：《公共部门的社会问责：理念探讨及模式分析》，宋涛译，中国人民大学出版社2007年版。

[167] [美] 斯密德：《财产、权力和公共选择》，黄祖辉等译，上海人民出版社1999年版。

[168] [美] 特里·L. 库柏：《行政伦理学：实现行政责任的途径》，张

秀琴译，中国人民大学出版社 2001 年版。

[169] [美] 威廉·F. 韦斯特：《控制官僚》，张定淮等译，重庆出版社 2001 年版。

[170] [美] 小威廉·T. 格姆雷、斯蒂芬·J. 巴拉：《官僚机构与民主——责任与绩效》，俞沂暄译，复旦大学出版社 2007 年版。

[171] [美] 西奥多·H. 波伊斯特：《公共与非营利组织绩效考评：方法与应用》，肖鸣政等译，中国人民大学出版社 2005 年版。

[172] [美] 约瑟夫·熊彼特：《资本主义、社会主义与民主》，吴良健译，商务印书馆 1999 年版。

[173] [美] 詹姆斯·C. 斯科特：《国家的视角——那些试图改善人类状况的项目是如何失败的》，王晓毅译，社会科学文献出版社 2012 年版。

[174] [美] 詹姆斯·汤普森：《行动中的组织——行政理论的社会科学基础》，敬乂嘉译，上海人民出版社 2007 年版。

[175] [美] 詹姆斯·Q. 威尔逊：《美国官僚政治——政府机构的行为及其动因》，张海涛译，中国社会科学出版社 1995 年版。

[176] [美] 詹姆斯·W. 马奇、赫伯特·A. 西蒙：《组织》，邵冲译，机械工业出版社 2013 年版。

[177] [美] 詹姆斯·G. 菲勒斯、唐纳德·F. 凯特尔：《行政过程中的政治——公共行政学新论》，陈振明等译，中国人民大学出版社 2002 年版。

[178] 郑永年：《技术赋权：中国的互联网、国家和社会》，邱道隆译，东方出版社 2014 年版。

[179] [美] 珍妮特·登哈特、罗伯特·登哈特：《新公共服务：服务，而不是掌舵》，丁煌译，中国人民大学出版社 2010 年版。

[180] 包国宪、曹西安：《地方政府绩效评价中的“三权”问题探析》《中州学刊》2006 年第 6 期。

[181] 包国宪、鲍静：《政府绩效评价在西方的实践及启示》，包国宪，鲍静：《政府绩效评价与行政管理体制改革》，中国社会科学出版社 2008 年版。

[182] 包国宪、文宏、王学军：《基于公共价值的政府绩效管理学科体系构建》，《中国行政管理》2012 年第 5 期。

[183] 包国宪、王学军：《以公共价值为基础的政府绩效治理——源起、架构与研究问题》，《公共管理学报》2012 年第 2 期。
[184] 蔡立辉：《西方国家政府绩效评估的理念及其启示》，《清华大学学报》（哲学社会科学版）2003 年第 1 期。
[185] 蔡立辉：《政府绩效评估：现状与发展前景》，《中山大学学报》2007 年第 5 期。
[186] 蔡立辉、欧阳志鸿、刘晓洋：《西方国家债务危机的政治学分析：选举民主的制度缺陷》，《学术研究》2012 年第 2 期。
[187] 蔡立辉、吴旭红、包国宪：《政府绩效管理理论及其实践研究》，《学术研究》2013 年第 5 期。
[188] 曹鎏：《美国专门问责机构研究》，《行政法学研究》2013 年第 3 期。
[189] 曹鎏：《美国问责制的基本构成》，《华东政法大学学报》2013 年第 3 期。
[190] 曹鎏：《从温州动车事故处理看我国行政问责制的发展》，《行政法学研究》2012 年第 1 期。
[191] 曹轩宁：《抓好行风评议　推动行风建设——访中央纪委副书记、监察部部长、国务院纠风办主任何勇》，《中国监察》2001 年第 16 期。
[192] 陈家浩：《中国政府绩效评估研究的新进展——发展语境、理论演进与问题意识》，《社会科学》2011 年第 5 期。
[193] 陈翔、陈国权：《我国地方政府问责制的文本分析》，《浙江社会科学》2007 年第 1 期。
[194] 陈国权：《责任政府：从权力本位到责任本位》，浙江大学出版社 2009 年版。
[195] 陈瑞莲、邹勇兵：《香港高官问责制：成效、问题与对策》，《中国行政管理》2003 年第 11 期。
[196] 陈天祥：《政府绩效评估的经济、政治和组织功能》，《中山大学学报》2005 年第 6 期。
[197] 陈天祥：《基于治理过程变革的政府绩效管理框架——以福建省永定县为例》，《中国人民大学学报》2009 年第 5 期。
[198] 陈天祥：《政府绩效管理研究：回归政治与技术双重理性本义》，

《浙江大学学报》（人文社会科学版）2011 年第 4 期。

[199] 陈巍、曹丹：《绩效评估与政府责任机制的完善》，《湖南社会科学》2008 年第 6 期。

[200] 陈巍：《完善政府绩效评估行政问责制的基本思路》，《理论界》2010 年第 2 期。

[201] 陈巍：《以政府绩效评估推进行政责任机制建设的内容与途径》，《湖南社会科学》2012 年第 3 期。

[202] 陈巍、盛明科：《政府绩效评估与行政问责的制度整合》，《湖南师范大学社会科学学报》2012 年第 2 期。

[203] 范柏乃：《政府绩效评估理论与实务》，人民出版社 2005 年版。

[204] 范柏乃：《政府绩效评估与管理》，复旦大学出版社 2007 年版。

[205] 付景涛、倪星：《地方政府绩效评估的政治理性和技术理性——以珠海市万人评议政府为例》，《甘肃行政学院学报》2008 年第 6 期。

[206] 高小平、刘悦：《我国地方政府部门绩效评估研究》，《江苏行政学院学报》2010 年第 5 期。

[207] 高小平、盛科明、刘杰：《中国绩效管理的实践与理论》，《中国社会科学》2011 年第 4 期。

[208] 谷志军、王柳：《中西不同政治生态中的问责研究综述》，《甘肃行政学院学报》2013 年第 2 期。

[209] 韩志明：《公民问责：理论意义与制度设计》，《中州学刊》2007 年第 9 期。

[210] 韩志明：《政府责任场域中的悖论空间》，《长白学刊》2008 年第 3 期。

[211] 韩志明：《公民问责：概念建构、机制缺失和治理途径》，《探索》2010 年第 1 期。

[212] 韩志明：《对行政问责模式的比较分析及反思》，《探索》2011 年第 4 期。

[213] 何俊智：《结构、历史与行为：历史制度主义的分析范式》，《国外社会科学》2002 年第 5 期。

[214] 黄俊尧：《政府绩效评价、公众参与与官僚自主性——控制官僚的一项杭州实践》，中国社会科学出版社 2014 年版。

[215] 景跃进：《民主化理论的中国阐释——关于一种新的可能性之探索》，余逊达、徐斯勤：《民主、民主化与治理绩效》，浙江大学出版社 2011 年版。

[216] 景云翔：《责任政府建立中绩效考评机制的完善》，《前沿》2004 年第 11 期。

[217] 敬乂嘉：《合作治理——再造公共服务的逻辑》，天津人民出版社 2009 年版。

[218] 蓝志勇、胡税根：《中国政府绩效评估：理论与实践》，《政治学研究》2008 年第 3 期。

[219] 李景鹏：《政府的责任和责任政府》，《国家行政学院学报》2003 年第 5 期。

[220] 李军鹏：《责任政府与政府问责制》，人民出版社 2009 年版。

[221] 李军鹏：《论政府绩效责任机制创新》，《行政管理改革》2010 年第 2 期。

[222] 林毅夫：《关于制度变迁的经济学理论》，《财产权利与制度变迁》，上海三联书店 1994 年版。

[223] 林鸿潮、黎静：《突发事件应对中的政府间权责分配与法律责任承担——“11 · 22”青岛中石化大爆炸事故引发的讨论》，《行政法学研究》2014 年第 3 期。

[224] 刘军宁：《为什么民主政治离不开政府问责》，共识网，2014 年 3 月 31 日。

[225] 刘春萍、徐露辉：《地方政府绩效评估与责任政府建设》，《社会科学战线》2007 年第 5 期。

[226] 刘蕊、刘佳、吴建南：《中国地方政府绩效评估结果使用现状——基于德尔菲法的研究》，《情报杂志》2009 年第 10 期。

[227] 梁爱英：《政府绩效管理过程中内部评估和外部评估的结合机制初探》，硕士学位论文，浙江大学，2004 年。

[228] 卢晖临、李雪：《如何走出个案——从个案研究到扩展个案研究》，《中国社会科学》2007 年第 1 期。

[229] 毛寿龙：《行政性问责与程序性问责》，《安徽决策咨询》2004 年第 8 期。

[230] 毛寿龙：《引咎辞职、问责制与治道变革》，《浙江学刊》2005 年

第 1 期。

[231] 马骏:《实现政治问责的三条道路》,《中国社会科学》2010 年第 5 期。

[232] 马怀德、周慧:《问责观念转变与突发事件问责——基于突发事件应对的视角》,《中国应急管理》2011 年第 2 期。

[233] 彭国甫、陈巍:《政府绩效评估问责功能的形成机理与实现途径》,《湘潭大学学报》(哲学社会科学版) 2009 年第 1 期。

[234] 祁凡骅、张璋:《政府绩效管理——国际的潮流与中国的探索》,中国方正出版社 2013 年版。

[235] 渠敬东、周飞舟、应星:《从总体支配到技术治理——基于中国 30 年改革经验的社会学分析》,《中国社会科学》2009 年第 6 期。

[236] 荣敬本、崔之元:《从压力型体制向民主合作体制的转变:县乡两级政治体制改革》,中央编译出版社 1998 年版。

[237] 尚虎平:《我国政府绩效评估中的一些大问题》,《甘肃行政学院学报》,《卷首文》2008 年第 4 期。

[238] 尚虎平、于文轩:《"职能革命"、管理绩效带动政府责任实现——卡梅隆政府公共机构改革的行政学意涵及对我国的启示》,《公共管理学报》2011 年第 4 期。

[239] 尚虎平、赵盼盼:《绩效评估模式泛滥与绩效不彰困境——基于 42 个案例的分析》,《中国行政管理》2012 年第 11 期。

[240] 尚虎平、张怡梦、张夫中:《我国政府绩效问责的成就、不足与改进之路——面向 20 个改革案例的矩阵分析》,《中国行政管理》2016 年第 2 期。

[241] 尚虎平、张怡梦:《我国政府绩效问责:实现"绩效型政府"与"责任型政府"的统一》,《南京社会科学》2015 年第 9 期。

[242] 宋涛:《行政问责概念及内涵辨析》,《深圳大学学报》2005 年第 2 期。

[243] 宋涛:《西方现代行政问责体系及对我国行政问责建设的启示》,《国家行政学院学报》2006 年第 5 期。

[244] 宋涛:《中国地方政府行政首长问责制度的制度设计缺陷及影响》,《行政论坛》2007 年第 1 期。

[245] 宋涛:《中国官员问责发展实证研究》,《中国行政管理》2008 年

第 1 期。
[246] 孙一平：《美国公共项目评估研究》，中国人事出版社 2011 年版。
[247] 檀秀侠：《我国绩效行政问责制度建设初探》，《中国行政管理》2013 年第 9 期。
[248] 唐铁汉：《加强政府绩效管理，深化行政管理体制改革》，《中国行政管理》2006 年第 3 期。
[249] 王柳、陈国权：《论政府问责制与绩效评估的互动》，《国家行政学院学报》2007 年第 6 期。
[250] 王柳：《以绩效管理科学化推进治理现代化——“治理现代化与绩效管理科学化”会议综述》，《经济社会体制比较》2015 年第 2 期。
[251] 王柳：《国外问责制研究的基本问题及理论发展》，《中共浙江省委党校学报》2013 年第 4 期。
[252] 王雅君：《政府绩效评估与地方政府管理——基于杭州政府绩效考评的样本》，《行政论坛》2012 年第 5 期。
[253] 王发读：《绩效评估在干部考核评价实践中的“二难”处境探析》，《江汉论坛》2011 年第 2 期。
[254] 王汉生、王一鸽：《目标管理责任制：农村基层政权的实践逻辑》，《社会学研究》2009 年第 2 期。
[255] 汪永成：《香港“高官问责制”审视》，《暨南学报》（人文科学与社会科学版）2004 年第 5 期。
[256] 魏云：《压力型体制下的行政问责模式研究》，博士学位论文，复旦大学，2011 年。
[257] 吴建南、庄秋爽：《“自下而上”评价政府绩效探索：“公民评议政府”的得失分析》，《理论与改革》2004 年第 5 期。
[258] 吴建南、陈妮：《探索政府管理的“黑箱”：管理能力对政府绩效的影响分析》，《湘潭大学学报》（哲学社会科学版）2006 年第 2 期。
[259] 吴建南、张萌、黄加伟：《公众参与、绩效评价与公众信任——基于某市政府官员的实证分析》，《武汉大学学报》（哲学社会科学版）2007 年第 2 期。
[260] 吴建南、岳妮：《问责制度、领导行为与组织绩效：面向我国西部乡镇政府的探索性研究》，《中国行政管理》2009 年第 2 期。

[261] 伍彬：《综合考评与绩效管理》，人民出版社 2012 年版。
[262] 伍彬、陈国权：《创新型政府：杭州的探索与实践》，浙江大学出版社 2014 年版。
[263] 徐元善、楚德江：《绩效问责：行政问责制的新发展》，《中国行政管理》2007 年第 11 期。
[264] 徐勇、黄辉祥：《目标责任制：行政主控型的乡村治理及绩效——以河南 L 乡为个案》，《学海》2002 年第 1 期。
[265] 阎波、吴建南：《目标责任制下的绩效问责与印象管理——以乡镇政府领导为例的分析》，《中州学刊》2013 年第 12 期。
[266] 颜海娜、聂勇浩：《基层公务员绩效问责的困境——基于“街头官僚”理论的分析》，《中国行政管理》2013 年第 8 期。
[267] 杨宇谦、吴建南：《授权缺失——绩效管理“结果导向”中的偏差分析》，《理论与改革》2012 年第 2 期。
[268] 杨雪冬：《分权、民主与地方政府公共责任建设》，《华中师范大学学报》2004 年第 11 期。
[269] 杨光斌：《制度范式：一种研究中国政治变迁的途径》，《中国人民大学学报》2003 年第 3 期。
[270] 余逊达：《公民参与与公共民生问题的解决：对杭州实践的研究和思考》，《浙江社会科学》2010 年第 9 期。
[271] 张璋：《政府绩效评估的元设计理论：两种模式及其批判》，《中国行政管理》2000 年第 6 期。
[272] 张静：《行政包干的组织基础》，《社会》2014 年第 6 期。
[273] 张成福：《责任政府论》，《中国人民大学学报》2000 年第 2 期。
[274] 张成福：《公共行政的管理主义：反思与批判》，《中国人民大学学报》2001 年第 1 期。
[275] 张贤明：《政治责任与法律责任的比较分析》，《政治学研究》2000 年第 1 期。
[276] 张贤明：《政治责任的逻辑与现实》，《政治学研究》2004 年第 4 期。
[277] 张贤明：《社会主义和谐与政府责任》，《政治学研究》2006 年第 4 期。
[278] 张贤明：《当代中国问责制度建设及实践的问题与对策》，《政治学

研究》2012 年第 1 期。

[279] 赵蕾:《行政问责制度模型——基于运行程序的规范分析》,《公共管理学报》2006 年第 4 期。

[280] 赵蕾:《高官问责制度构建模式的多维比较——以中国内地和香港为分析案例》,《公共管理学报》2011 年第 8 期。

[281] 张创新、赵蕾:《从“新制”到“良制”:我国行政问责的制度化》,《中国人民大学学报》2005 年第 1 期。

[282] 张璋:《政府绩效评估的元设计理论:两种模式及其批判》,《中国行政管理》2000 年第 6 期。

[283] 中国行政管理学会联合课题组:《关于政府机关工作效率标准的研究报告》,《中国行政管理》2003 年第 3 期。

[284] 中国行政管理学会课题组:《政府部门绩效评估研究报告》,《中国行政管理》2006 年第 5 期。

[285] 周平:《香港特区政府的问责制改革》,《云南社会科学》2005 年第 1 期。

[286] 周亚越:《论我国行政问责制的法律缺失及其重构》,《行政法学研究》2005 年第 2 期。

[287] 周亚越:《行政问责制比较研究》,中国监察出版社 2008 年版。

[288] 周雪光、练宏:《中国政府的治理模式:一个“控制权”理论》,《社会学研究》2012 年第 5 期。

[289] 周黎安:《转型中的地方政府:官员激励与治理》,上海人民出版社 2008 年版。

[290] 周黎安、王娟:《行政发包制与雇佣制:以清代海关治理为例》,周雪光、刘世定、折晓叶编《国家建设与政府行为》,中国社会科学出版社 2012 年版。

[291] 周黎安:《行政发包制》,《社会》2014 年第 6 期。

[292] 周志忍:《公共组织绩效评估中国实践的回顾与反思》,《兰州大学学报》(社会科学版)2007 年第 1 期。

[293] 周志忍:《政府绩效评估中的公民参与:我国的实践历程与前景》,《中国行政管理》2008 年第 1 期。

[294] 周志忍:《我国政府绩效管理研究的回顾与反思》,《公共行政评论》2009 年第 1 期。

[295] 周杰：《中央与地方分权划分的风险原因研究——中国的经验及其对财政联邦主义意义》，博士学位论文，浙江大学，2013 年。
[296] 朱富强：《制度研究范式的逻辑基础：对象界分和分析思维》，《公共行政评论》2011 年第 4 期。